JN025508

「いま」を考える
アメリカ史

藤永康政/松原宏之
[編著]

ミネルヴァ書房

は し が き

　アメリカのいまを知ることは易しく思えるかもしれない。ところがおそらくそうはいかない。そこに見えているはずの「いま」を理解するための視座が整っていないからだ。本書『「いま」を考えるアメリカ史』は，いまをいったんカッコに入れて，わたしたちの視座の方からいちどしっかりと考え直すレッスンの書である。

　アメリカの「いま」を知る手がかりには事欠かない。アメリカ合衆国（以下，アメリカ）は，戦後の日本が最も緊密な交流を続けてきた国であり，日々の話題にものぼる外国である。映画や音楽といった大衆文化を中心に，アメリカ発の商品やサービスがいつも近くにある。スマートフォンを取り出して検索すればたちどころに膨大な情報が手に入る。その社会，経済，政治の動向は毎日のようにニュースで伝えられている。アメリカは身近である。

　その身近さにもかかわらず，よくわからない。あまりに近くにあるがゆえに，わたしたちはかえって，アメリカを正面から見られなくなっている。自由と平等をかかげるこの社会は，人種差別や移民排斥にまみれている。性的な自由を謳歌する人びととともに，妊娠中絶禁止への道をつける人びとがいる。科学技術は最先端を行き，合理性を尊ぶが，宗教右派が巨大な力をふるいもする。圧倒的な豊かさと貧しさとが同居する。民主主義の理念を世界に説く一方で，しばしば軍事力で世界を圧する。これだけの矛盾が露呈しても，驚くべきしたたかさと高潔さとで社会に変化をもたらそうとする人びとが次々に立ち上がる。アメリカはすごいのか，ひどいのか。個々の事象は見聞きしていても，全体像を描くことはできるようで，できない。

　このとき，わたしたちがすぐに参照してしまうのは日本だ。「日本はアメリカと違って…」とすぐに言いたがる。ある者は社会変革を求めるアメリカの人びとに感銘を受け，また別の者は，大人しい日本社会にこそ安堵する。各々が

i

都合の良い鏡を仕立てて，アメリカそのものを見据えない。こうして極端に揺れるアメリカ像のなかで，結局，〈アメリカ〉はわたしたちのもとから気づけば足早に逃げてしまう。

どうしてアメリカをつかまえられないのか。それはおそらく，わたしたちがひどく凡庸な近代化モデルをもとにして，アメリカ像をつくりだしているからである。近代のお手本として信じすぎて，あるいはその対極に位置づけて，アメリカの歴史と現実をとらえられないからである。この視座そのものをチェックせねばアメリカは見えない。考えよう，本書はこう誘いたい。

そこで本書は，新しい入門書のかたちを提示しようと思う。①アメリカを一望するための基礎的な情報・視角を示しつつ，次のふたつの見方で解剖していきたい。すなわち，②それについての通俗的・常識的な見方と，③その見方に対する意義申し立てと新たに導入されるもうひとつ別の見方である。この3要素からなる語りの軸線をとることで，知っているはずで実は知らないアメリカに肉薄してみたい。本書は基礎情報を提供するとともに，その見方のレッスンをほどこしたい。入門書でありながらも深くアメリカを掘り込むことを狙っている。

この見方のレッスンを際立たせるために，本書は二部編成をとる。

第Ⅰ部は基層をつかみ直してみたい。アメリカを知っているようでいながらも，表面的な理解の先に進めない理由のひとつは，「歴史」と「歴史の見方」の違いに多くの人びとが気づけないところにある。過去におきた事実（「歴史」）をある見通しに沿って編み上げたのが「歴史の見方」である。アメリカを語るときの基礎に据えられたこの見方（視座）にいかなる「癖」があるのかをあきらかにしていこう。そこでこの第Ⅰ部は，アメリカの歴史の基層を4つの切り口——「現代国家論・政治経済史」「思想史」「外交史」「文化史」——で解き直してみた。

続く第Ⅱ部では，わたしたちがアメリカの「いま」を語るときにしばしば手がかりにするトピック（キーワード）を洗い直す。選別されたトピック——「人種・政治」「移民・多文化主義」「軍事・外交」「選挙・民主主義」「消費・権力・マイノリティ」「ジェンダーとポピュラー・ミュージック」「人種・階級・ジェンダー・セクシュアリティ」「アメリカ社会思想・キリスト教」——に沿って

アメリカを描き直してみよう。狙いは必ずしも網羅性ではない。具体的なトピックに即して，アメリカの見方自体を考え直すとどうなるのかを試行してみた。たとえば，非暴力の民主主義が勝利してきたのがアメリカの歴史ではない，アメリカを移民の国，多文化主義の大国と捉えることには問題がある，国際政治の分析や語りにはジェンダーが加えられねばならない，消費という行為は誰もが等しく行う自明の行為ではない等々，それぞれの章が，アメリカに関わる常識を改めて問うている。

　考えてみよう，これが本書のスタンスである。

　したがって本書は，「教科書をはみ出る教科書」となる。この本書を，大学生にとどまらない一般読者に届けたい。12の章が，アメリカを満遍なく説明するということよりも，気づけばそこにある〈アメリカ〉をどうすれば深く理解できるようになるのかに力点を置いて記述されている。こうして本書が結んだアメリカ像は，大学の教室で学ぶ教養の一部，暗記対象としての平板なアメリカではない。それゆえ，「いま」のアメリカ，夜のニュースに登場してくるアメリカを深く考えてみたい一般の読者にも，本書は興味深い読書体験となるであろう。

　歴史にとどまらず教育一般において，暗記力より思考力ということが言われ始めて久しい。第Ⅰ部で語られる基層は，第Ⅱ部で説明されるトピックとどのような関係になるであろうか。また，ニュースに登場するアメリカでの出来事の背景にはいったい何があるだろうかという関心から，それに近いトピックをまずは読み，その後に基層に進む読み方をすれば，背景はより深みを増すであろう。そのような往還的に思考する読み方をすれば，読者各々がそれぞれ独自のアメリカ像を結ぶことができるであろう。

　2018年にこの企画が立ち上がって以後，アメリカは激しく揺れ続けた。ドナルド・トランプの型破りな政治はこの国の分断をはっきりと目に見える形にし，ブラック・ライヴズ・マター運動は史上最大級の政治社会運動となり，エンターテイメント界はセクシャル・ハラスメント問題で激動し，COVID-19の死者は100万人を突破，銃乱射事件は相変わらず頻発している。そのように揺れ動くアメリカを見つめながら，担当執筆者は，本書の企画が本格的に動き始めて以後もミーティングを重ねていった。それはしばしば，激しく揺れるアメリ

カについて議論する勉強会に近いものともなり，その意味では，出版の過程が学びの体験でもあった。

　かくして出来上がった本書には，時事的なトピック解説が並ぶだけでも，また概史を綴るだけでもない「観点」が記されている。各章の内容には重なるところがあるが，それは敢えてそのままにした。読者はその重なりあう部分に見えるかすかな観点のズレを楽しむことができるし，この重なりあいとズレこそが，動き続けるアメリカを呻吟しながらつかむにあたってむしろ貴重だと思われるからだ。このようにアメリカをつかまえることは，「歴史」と「歴史の見方」の違いを使いこなす歴史学的思考のレッスンにもなるであろう。また，各章の末尾には，関連する映画やドキュメンタリー，さらには入門書から本格的な研究書までを並べた読書案内を付している。本書に記されているひとつの「歴史の見方」を下敷きに，これらに当たれば，〈アメリカ〉への理解はさらに深められるであろう。

　このような特異な性格を持つ入門書である本書が，いつもなにか過激なことが起きている大国アメリカを，腰を据えて深く強く考えることの一助になれば編者としては本望である。

2022年8月

藤永康政・松原宏之

　各章の末尾には，「さらに考えるために」と「読書案内」の2つの参考資料を載せている。このうち，「さらに考えるために」は，活字媒体にこだわらず，身近に触れられる資料を広く掲載した。それゆえインターネットなどで容易に検索できるように，人名表記は，日本語は姓・名，翻訳を含め英語が原典のものは名・姓の順にしている。これに対して，「読書案内」には，本格的な探究や研究に役立つように，基礎的な文献，入門書から，本格的な研究書までを記載した。こちらでは，図書館などのデータベースなどで正確に検索できるように，人名表記は，姓・名の順で記載している。

「いま」を考えるアメリカ史

目　次

第Ⅱ部　「いま」をつかみなおす──トピックで考える

第Ⅰ部

アメリカの基層
―歴史で考える―

第1章

収監と移民・難民管理のアメリカ

―現代国家論・政治経済史―

移民関税執行局（ICE）が管理するフロリダ州マイアミ市のクローム拘留センター
（出所）©TNS via ZUMA Wire／共同通信イメージズ

キーワード　人種主義　監獄国家　移民・難民管理

　2021年1月20日，選挙結果の受け入れを長らく拒んでいたドナルド・トラン
プがついにホワイトハウスから退去した。共和党のトランプの敗北，あるいは
民主党のジョー・バイデンとカマラ・ハリスの勝利は，いま，そしてこれから
のアメリカの変化を示すものなのか。党派的な枠組みでアメリカ社会の歴史や
構造を理解することははたして適切なのか。アメリカの政治経済史を扱う本章
では，党派的な枠組みでは摑みきれないアメリカ社会の基層に，「ドラッグ（麻
薬）との戦い」や「監獄国家（carceral state）」化，移民・難民の管理統制がど
のように不可分に連動してきたのか，という切り口から迫りたい。

1　社会の基層としての政治経済史

　アメリカ社会を説明する言説の多くは党派的な色彩を帯びてきた。「人種・
エスニックなマイノリティ集団や女性，LGBTQ などに優しい民主党」対「白
人や異性愛者の男性，郊外の富裕層などに優しい共和党」，「国内の福祉政策に
手厚い民主党」対「新自由主義的（詳細は後述）な共和党」，さらには「国際協
調を重視する民主党」対「拡張主義的で自国中心主義的な共和党」といった二
分法は，多くの日本人にとっても見慣れた説明図式だろう。本章が具体的な争
点ないしテーマとして特に注目する「ドラッグとの戦い」や移民・難民政策に
ついても，「リベラルな民主党」と「厳罰的な共和党」という対比がこれまで
広くなされる傾向があった。
　こうした二分法的な説明は，たしかに複雑な社会実態をきれいに類型化して
くれるため魅力的である。だが，党派的な理解という枠組みですくい取られた
実態を「部分的なもの」ではなく「トータルなもの」として無批判ないし無自
覚に了解させてしまう危険性をはらんでもいる。つまり，皮肉にも二分法が有
効であるがゆえに，あるいは多くの事象を党派的に説明できてしまうがゆえに，
そこからこぼれ落ちてしまうものがもつ社会的・歴史的な意味が周縁化されて
しまうのだ。本章が考察する20世紀後半以降の「ドラッグとの戦い」や移民・
難民政策は，こうした党派的な理解を乗り越えることによってはじめて全体像
が浮かび上がるというのが，ここでの第一の基底的な問題意識である。
　そして，もうひとつの問題意識は歴史的な連続性に関わっている。20世紀初

頭のアメリカにおける禁酒法の法制化と全国的な法執行の実践を緻密に分析した歴史家リサ・マッギルは，その著書，『アルコールとの戦い』の終盤で繰り返し1980年代以降に顕在化した「ドラッグとの戦い」に触れているが，これは単なる「後日談」にとどまるものではない。アルコールやドラッグの消費・販売・流通の全国的な問題化と取締り体制の再編強化を軸にアメリカ政治経済史を中長期的な文脈で捉えるならば，「アルコールとの戦い」と「ドラッグとの戦い」は歴史的に地続きだ。禁酒という歴史的な社会実験は，このように「監獄国家」化の前史に位置づけることが可能である。表面的には無関係にみえる事象の結びつきや歴史的連続性を可視化する，その際党派的な棲み分けを自明視することなく社会の基層に目を凝らす。こうした姿勢が何より求められるだろう。

　歴的連続性の可視化という企ては，歴史家ケリー・リトル・エルナンデスの『ミグラ！』にも見出せる。1924年に設立された「ミグラ」の発展を，エルナンデスは暴力や社会秩序を軸に展開する社会的・政治的過程の密接な関わりという視角で分析した。彼女は考察の射程を移民管理という限定的な領域から犯罪と処罰の歴史へと拡張し，国境警備隊の歴史を20世紀アメリカの連邦法執行をめぐる歴史という文脈の内側に定置した。後述するように，移民管理という争点は「移民だけに関わる事柄」として語りきれるものでは決してない。一見無関係な「ドラッグとの戦い」と移民・難民の取締りの連動性を党派的な枠組みの外側で可視化することは，「監獄国家」化という事象が象徴的に映し出すアメリカ社会の基層に迫る一助となるだろう。

　さて，ここで「政治経済史」という語に関して簡単に説明を加えておきたい。本章はオーソドックスなアメリカ政治経済史の通史とは性格を異にしている。ここでは，政治・経済・文化・思想などで細分化してしまったならば，すくい取ることができない「社会の基層」を「政治経済（ポリティカルエコノミー）」と捉え，その歴史的展開を跡づけることを目標として設定したい。そこで鍵となるのは，不可視性や連続性に目を凝らし，通俗的な党派的理解や領域ないしテーマの棲み分けを疑うという姿勢だ。

　また，次節以下の議論を展開するにあたって最も重要な概念のひとつ，レイシズムについてもここで簡単に触れておきたい。レイシズムの日本語訳として最も一般的なものは「人種差別」であろう。だが，アメリカ社会の基層でレイ

シズムがどのように稼動してきたかを考えるとき，悪意の存在を暗に前提する「人種差別」は原語に 1 対 1 で対応する訳語としてあまり適切ではないように思われる。アメリカでベストセラーになったロビン・ディアンジェロの『ホワイト・フラジリティ（白人の脆弱性）』が強調するように，レイシズムは個々の白人の悪意や差別的な振る舞い，あるいは突発的な異人種間の衝突など以上に，構造に関わる問題である。個人の悪意や偏見を問題の本質として想起させる「人種差別」ではなく，多少ぎこちなくとも "race＋ism" の直訳である「人種主義」という訳語を用いることで，人種主義と社会の基層との結びつきを可視化することができるのではないだろうか。

　本章では，とりわけ 20 世紀アメリカ社会の基層に，「ドラッグとの戦い」，「監獄国家」化，移民・難民の管理統制の連動性という観点から迫る。その第一歩として，新自由主義に関わる議論がこれらのテーマをめぐってこれまでどのように説明してきたかを次節で図式的に整理しておきたい。

2　新自由主義の歴史的文脈

新自由主義への批判的接近

　1930 年代初頭，大恐慌の勃発と深刻化を受け，連邦政府が直接国民の面倒をみるニューディール政策が推進されたことは広く知られている。フランクリン・ローズヴェルト政権によるこの福祉国家政策は，20 世紀後半には次第にアピール力を失い始めた。そこで，にわかに主導原理として台頭したと考えられているのが新自由主義だ。

　地理学者デイヴィッド・ハーヴェイは端的に，「新自由主義とは何よりも，強力な私的所有権，自由市場，自由貿易を特徴とする制度的枠組みの範囲内で個々人の企業活動の自由とその能力とが無制約に発揮されることによって人類の富と福利が最も増大する，と主張する政治経済的実践の理論である」と説明する。

　たしかに理論としての新自由主義（あるいは新自由主義批判）は，目の前で起こっている事象を広い射程をもつ構造の問題としてつかみ取ることを可能にしてくれる。だが，理論としての新自由主義（あるいは新自由主義批判）は，構造

の問題を可視化する一方で，過度な一般化，個別性や特殊性の周縁化，さらには単純な対抗図式への還元——たとえば「剥き出しの階級権力」対「それ以外の一般民衆」——などの弊害を招きやすい。加えて，新自由主義（あるいは新自由主義批判）の枠組みの内側で思考していることに無自覚な結果，新自由主義にまつわる因果関係や歴史的起源をめぐる問いに対し「なぜならそれは新自由主義だから」との回答で循環するだけのトートロジー的な新自由主義（あるいは新自由主義批判）の議論に陥りかねない，という面もある。新自由主義（あるいは新自由主義批判）を社会分析のツールとして有効に活用するためには，対象を歴史的な文脈に慎重に定置しつつ，個別性や特殊性，連続性（あるいは断絶性）といった点に留意することが求められるだろう。表面的には無関係に思われる多くの事象や争点の基層にある共通した構造を可視化し看取するという目的に関し自覚的であることではじめて，新自由主義（あるいは新自由主義批判）は分析ツールとして有効となるだろう。

「公」「私」関係の再編

新自由主義を支持する者たちの一部が主張するように，はたしてこの認識枠組みの核心は，「公」から「私」への移行の必要性や必然性，すべてを市場原理に委ねることの有効性にあるのだろうか。この点はアメリカ社会の基層と新自由主義の関係を考えるうえで決定的に重要だ。たしかに公共の資産や「パブリックなもの」の商品化や私有化，あるいは企業や個人による占有は，新自由主義的な基本的傾向の特徴である。

だが，新自由主義の展開，あるいは民営化／私企業化（privatization）の進展を「公」から「私」への一方向的・不可逆的な権限の移行と捉えることは短絡的だ。たとえば「パブリックなもの」の私有化や民営化の基底には，再編された公的権威の私的な空間への伸張という逆向きのベクトルが往々にして存在している。つまり新自由主義「化」は，権限や権力の一方向的な移行ではなく，社会の基層のあり方を規定するトータルな権力構造の再編にこそ本質があるのだといえる。経済史家で思想史家であるテッサ・モーリス-スズキの言葉を借りれば，「いわゆる『民営化』——ここでは新自由主義化と読み替え可能であろう［引用者注］——の過程は，これまで『公的』かつ『政治的』と考えられ

てきた生にかかわる多くの領域を，効用や効率性を基盤とする不変の市場原理による『私的』な事象へと，その概念を再編成するものであった」。

　加えて重要なこととして，民営化／私企業化を前面に掲げた新自由主義的な政策の推進は，一見それとはわかりづらい，再編成された公的権威がそれまで以上に私的な空間のなかに網の目のように伸張することを可能にした。日本での身近な例を挙げるならば，公的空間ではない，民間のマンションやショッピングセンターなどの隅々に設置された監視カメラについても同じ構図を見出すことができる。設置を依頼する側も設置を請け負う側も「私」であり民間でありながら，有事の際に録画された映像を躊躇なく法執行機関に差し出すことにほとんど抵抗を示さないことからもわかるように，多くの場合，監視カメラを公的な眼差しの代理として日常的に受容していることに無自覚である。こうした身近な日常的風景にも，再編された公的権威の私的領域への伸張という上述した新自由主義化の動きが見出せる。

　話をアメリカに戻せば，このような社会の基層に根本から関わるような新自由主義化が起こっている現場として代表的な存在が，監獄や刑務所，移民・難民の収容施設だ。「『民営化』は，国家権力の縮小を必ずしも意味するものではない」と強調するモーリス−スズキは，「これまで『公』と『私』とに区分されてきた領域が，その機能の複合的絡み合いによって新しい領域を創造したことを提示している」例として，非合法入国者収容所の運営の民間委託を挙げる。

　移民や難民については節をあらためて後述するとして，以下ではまず，収容所や監獄や刑務所の民営化をそもそも促進した収監施設需要の急速な拡大の背景を，法制度の変化とアメリカ社会の相補的関係に注目しつつ説明する。

3　アメリカ社会の基層を映し出す「監獄国家」

新しいジム・クロウ制度

　犯罪者の取締りや収監は，刑事司法制度の問題という枠にとどまらずアメリカ社会の基層を規定し続けてきた。たとえば，禁酒法の執行や国境警備隊の発展が国家の取締り機関や法制度の影響ないし効果をアメリカ社会の隅々にまで行き渡らせる役割を歴史的に果たしてきたことは，先に紹介したリサ・マッギ

ルやケリー・エルナンデスの研究が示す通りである。刑事司法を専門とする
ジョナサン・サイモンが「『犯罪の取締り（governing crime）』と『犯罪を通し
た統治（governing through crime）』は分けて考えることが肝要である」と強調
するとき，彼の念頭にあるのは社会編成の基底的な契機としての取締りや収監
の役割だ。犯罪の取締りは犯罪の摘発そのものではなく犯罪の取締りという実
践を通して社会を統制することを目的としているのだと，サイモンは指摘する。
そして，その動きを牽引したのは，実は保守ではなくリベラルの側であった。

　この「犯罪を通した統治」の結果が，1980年代以降，刑務所や監獄などへの
ドラッグ関連犯罪者の収容が急増したことで顕在化した，「監獄国家」化や大
量収監（mass incarceration）と呼ばれる事態だ。ただここで重要なのは，犯罪
者の増加という実態が「監獄国家」化を促した，という順序や因果関係になっ
ていないことである。この点は，ドラッグが深刻な社会問題とされる1980年代
に先立つ1960年代末に，共和党のリチャード・ニクソンが具体的な施策を示す
ことなく違法ドラッグを「社会の最大の敵（public enemy number one）」と呼び，
もっぱらレトリカルな政治戦略として利用したこととも無関係ではない。

　「ドラッグとの戦い」を考えるにあたっては，「ドラッグ問題」の想像／創造
がドラッグ関連犯罪の増加に先行している，という点が決定的に重要だ。そし
てその背後にあったのが，次に説明する，非白人——多くは若年の黒人男性
——を標的とした「新しいジム・クロウ制度」下の人種主義であり，それに後
押しされて1960年代から1990年代にかけて高まったドラッグ関連犯罪に対して
厳罰化を求める声だ。問題化が厳罰化を求める世間やメディアの声を後押しし，
そのことが取締りの強化や刑事司法制度の再編を正当化し収監率を押し上げる
ことで，問題の深刻度が上昇する，という循環が存在したのである。社会の関
心の高まりが「違法なドラッグ行為」の増加を受けた結果ではない，という点
は何より重要である。

　弁護士で法学者のミシェル・アレグザンダーは，このような循環を「新しい
ジム・クロウ制度」という概念で捉え，その中心に大量収監があると強調する。
彼女は，「わたしは本当に遅ればせながら，アメリカにおける大量収監が，ジ
ム・クロウ制度と酷似したかたちで機能する，驚くほど包括的で巧みに偽装さ
れた人種化された社会統制制度として実は台頭していたことに気づくにいたっ

た」と述懐する。

　それでは，ここで対照的に据えられている旧来のジム・クロウ制度とは何なのか。端的には，南北戦争後の再建期から1954年のブラウン判決，そして1964年の公民権法および1965年の投票権法の制定まで，人種隔離を合憲とする「分離すれども平等」原則のもと南部にとどまらずアメリカ全土に広く存在した人種主義的な社会統制制度と説明することができるだろう。旧来のジム・クロウ制度においては人種主義がきわめて可視的であったのに対し，「新しいジム・クロウ制度」においては「巧みに偽装され」，一見したところカラーブラインド——人種を準拠枠として考慮しないという意味——である点に特徴がある。「新しい統制制度——大量収監——の種は公民権（市民権）運動のただ中に，つまり古い制度が崩れ落ち，新しい制度がそれに取って代わらねばならないときに撒かれた」というアレグザンダーの文章は，表面的にはカラーブラインドにみえながら高度に人種主義的な「新しいジム・クロウ制度」が大量収監という形態で誕生したことを見事に説明している。

　ことほどさように，きわめて人種主義的でありながらカラーブラインドであると偽装するところに「新しいジム・クロウ制度」の本質がある。1982年10月に共和党のロナルド・レーガン大統領が公式に「ドラッグとの戦い」を宣言したとき，犯罪だけでなく福祉や税などに関しても人種中立的な言葉で人種主義的なアピールを行っていた彼の念頭にあった批判のターゲットは，人種的な「他者」である非白人層であった。しばしば指摘されるように，このことは，1986年反ドラッグ乱用法[2]（the Anti-Drug Abuse Act of 1986）が，白人と結びつけられることが多い粉末コカインのよりも黒人と結びつけられることが多いクラックコカインに対してはるかに厳しい罰則を科したことからも明らかだ。

　大量収監と不可分の「ドラッグとの戦い」や厳罰性の高い刑事司法制度に支持を表明することは，人種正義を求める動きに反対する白人層に「新しいジム・クロウ制度」のもと人種主義者という誹りを受けることなく不満を表明する機会を提供した。「ドラッグとの戦い」＝「カラーブラインドな取り組み」という図式が，実在する人種主義を不可視化することで人種主義の遍在を促進する，という矛盾にみちた構造に，ポスト公民権運動期アメリカ社会の基層が映し出されている。

こうした点を最も象徴しているのが，ドラッグ関連犯罪の取締りにたびたび用いられてきた人種プロファイリングという捜査手法だ。端的には，捜査の対象や強度を決定するにあたり，あらかじめ人種を基準にするなどの手法を指しているが，連邦最高裁はこの人種プロファイリングを「人種のみを基準とした取締り手法」と限定的に定義することで，人種を基準として含めること自体は容認した。実際，現在，連邦最高裁は刑事司法制度のあらゆる過程で人種バイアスに関する訴えをしりぞけている。そのため，たとえ黒人であることを理由に警察官が職務質問やボディチェックを行ったとしても，「身なりが怪しい」「挙動が不信である」などの判断基準を後付け的あるいは形式的にでも加えれば，人種プロファイリングにはあたらないことになる。加えて，人種隔離状態が厳然と存在するアメリカで，特定地域に集中的に人的・物的資源を動員することで，人種を基準としているとの批判を受けることなく特定の人種集団を狙い撃ちすることは難しくない。「新しいジム・クロウ制度」のもとで，人種プロファイリングの実践が実質的に合法であるという点は重要だ。

また，刑務所や監獄の収監者にみられる人種比率を根拠に黒人などの非白人に対する集中的な取締りが正当化されてきたが，アレグザンダーはそこには因果関係の逆転があると主張する。人種プロファイリングの結果が犯罪者収容施設にみる人種比率の不均等を生んでいるのであり，その逆ではないというロジックを，アレグザンダーは「人種プロファイリングの循環的非論理性（circular illogic of racial profiling）」と呼ぶ。このようにアレグザンダーは，限られた資源を効率的に動員する方策として人種プロファイリングを部分的にでも擁護する立場を真っ向から批判する。

大量収監を梃子とした「新しいジム・クロウ制度」が刑事司法制度の基本設計を規定するとともに，アメリカ社会の基層を反映していることを理解するのに，アレグザンダーの「鳥籠のメタファー」は非常に示唆的だ。縦横に編まれた多くのワイヤーによって閉じ込められた鳥が逃げ出せないという情景を想起させながら，彼女は「大量収監制度においては，さまざまな法や制度，慣習——人種プロファイリングから偏った量刑方針，政治的権利の剥奪，そして合法的な雇用差別にいたるまで——がアフリカ系アメリカ人を事実上の（そして文字通りの）籠に閉じ込めている」と説明する。ここで重要なのは，前述した

ように，こうしたプロセスが明示的に人種を基準とすることなく実践されていることである。人種主義を悪意の問題に切り詰めることなく構造的にものとして捉えなければならない理由のひとつは，まさにここにある。

　大量収監のターゲットとなった側からみると，「新しいジム・クロウ制度」の社会的コストは甚大である。「ドラッグとの戦い」のなかでいったん犯罪者として認定されれば，罪の軽重に関わらず合法的な排除やスティグマ化という問題に直面し，二級市民としてその後の人生を生きることを強いられる。投票権や陪審に選ばれる資格などを失うだけでなく，元犯罪者としてデータベースに載せられることで雇用の機会は著しく狭められる。実際には罪を犯していないにも関わらず，人種主義的な刑事司法制度のもと長期間収容されることを恐れて有罪答弁に応じる者も多い。「元犯罪者」というラベルが出所後の人生において無数の権利を合法的に剥奪することを，当人のみならず裁判に関わる大半の者は知らない。

　総じて，「ドラッグとの戦い」は貧困や失業，家族崩壊，社会復帰の困難さによる刑務所への逆戻りをもたらすことでコミュニティを荒廃させるとともに，犯罪を抑制するのではなく犯罪発生の原因をつくり出すことになる。さらには，犯罪性と黒人性が暗黙のうちに結びつけられているカラーブラインド社会では，「元犯罪者」への差別的対応が合法であることを理由に，人種を名指しすることなく黒人を排除することが構造的に可能となる。

　また，新自由主義との関わりでいえば，大量収監は使い捨て可能な労働力を備蓄するための制度ともいえる。近年，奴隷制禁止を謳った**憲法修正第13条**を[^3]こうした文脈で再解釈する識者も多い。前節で触れた，民営化された収容所を中心に収容者の無償労働が大規模に動員されるという新自由主義的な構造を考えれば，これは「新しいジム・クロウ制度」にとって決して例外とはいえないだろう。人種的な敵意が基底にあったジム・クロウ制度とは異なり，この「新しいジム・クロウ制度」は人種的な無関心や共感の欠如によって支えられているのだ。

民主党リベラルの主導性

　20世紀後半のアメリカでの犯罪の厳罰化などをめぐっては，これまで日本に

おいても共和党と結びつけて説明する論調が主だった。だが，党派性ですくい取ることができない連続性や普遍性に目を凝らすことは，アメリカ社会の基層を捉えるうえきわめて重要だ。そうした問題意識を共有してか，近年では民主党リベラリズムと人種主義や「法と支配（law and order）」との親和性に注目する研究が多く産出されている。

　その代表的な論者のひとり，政治学者のナオミ・ムラカワは，20世紀後半の連邦の犯罪政策——少し敷衍していえば，「新しいジム・クロウ制度」——の基礎が，リチャード・ニクソンやロナルド・レーガンといった共和党大統領ではなく，民主党のハリー・トルーマンによって築かれたと主張する。トルーマン大統領や「偉大な社会（Great Society）」構想を1960年代初頭に唱えたリンドン・ジョンソン大統領が体現した人種リベラリズムは，人種的な進歩(racial progress）の名のもと収監機構の近代化を推進した。そこでは人種主義は時代錯誤的な偏見や個人的・心理的な問題と規定され，構造的な問題とは捉えられなかった。それゆえに，人種主義的暴力は基本的に「私的な」犯罪行為であると前提され，収監機構の近代化によって手続き的な保護を強化し，自由裁量的な決定や恣意的なバイアスの余地を減じて「より良き刑事司法制度」を構築することでなくすことができると捉えられていた，とムラカワは説明する。もちろんここでいう「暴力」とは非正統・恣意的な暴力を指しており，国家による正統に管理された暴力は無制限に認められている。ジョンソン大統領の署名を受けて1968年に成立した包括的犯罪防止・安全街路法（the Omnibus Crime Control and Safe Streets Act of 1968）はたとえば政府による盗聴を認めたが，そのことはリベラルな「法と秩序」のあり方を象徴しているといえよう。

　重要なのは，これまでしばしば共和党特有なものと説明されてきた「法と秩序」が，ニクソンやレーガンらに先だって民主党側からリベラルな政策として提唱されてきたことだ。また，人種的公正性を実現しようという「偉大な社会」構想の野望とは裏腹に，刑事司法上の恣意性の排除や犯罪対応手続きへの連邦の影響力拡大，そして警察の近代化といった企てが非白人にとってきわめて有害な大量収監システムの強化につながったことは“皮肉”であった。だが，公的秩序を「最優先の公民権事項（the first civil right）」とするジョンソン大統領にとっては“必然”の結果ともいえるだろう。

　民主党リベラルと「法と支配」の関係は，現在まさにアメリカで社会問題化している警察の残虐行為（police brutality）の歴史的背景を考えるうえでも重要だ。ムラカワが強調するように，人種主義を個人の問題と規定する民主党リベラルによる，警察の近代化を通じて人種偏見を押さえ込もうという試みは，国家による人種主義的な暴力の行使を正当化し，国家機構に浸潤している構造的人種主義から社会の目を逸らさせてきた。

　社会の基層を批判的に捉えるためには，いったん「人種的にリベラルな民主党政権」対『法と秩序』に訴え厳罰性の高い刑事司法制度を志向する共和党政権」という単純な党派的理解を克服する必要がある。ニクソンからレーガン&ブッシュへといたる共和党政権とクリントン政権への連続性をムラカワは次のように説明する。

　　だが，1984年までに民主党の綱領は犯罪への答えとして「寛大なリベラリズム（permissive liberalism）」を放棄し，1988年には「わがネイションの安全」の防衛手段としてドラッグとの戦いを全面的に受け入れた。1992年までに民主党の綱領は，「犯罪で荒廃したコミュニティに基本的な法と秩序もたらす守護者としての政府の役割を取り戻す」という1968年のニクソンによる誓約を真似るのみならず，「われわれの都市に秩序を取り戻す最も直接的な方法はストリートにより多くの警察を投入することである」と説明した。

　共和党に敗れた1988年の大統領選において，民主党はレーガン政権を「ドラッグとの戦い」において弱腰であったと責め，伝統的に共和党が強いとされていた法執行に狙いを絞って票を奪いにきているという恐怖心を共和党側に与えた，とムラカワは説明する。1992年の大統領選に勝利したビル・クリントンが初めて迎えた中間選挙で厳罰性の強い犯罪政策を党の看板に掲げたこと，それを具現化するものとして1994年暴力犯罪防止・法執行法（Violent Crime Control and Law Enforcement Act of 1994）を制定して66の犯罪を死刑対象として追加したこと，クリントン政権が先行するレーガンとジョージ・H・W・ブッシュの両共和党政権以上に必要的最低量刑を拡大したことは，決して意外なことではない。1991年6月，上院司法委員会の委員長だったジョー・バイデンがブッシュの犯

罪法案よりも自身のバイデン法案のほうが多くの犯罪に死刑を適用できると誇っていたこともまた，例外的なものではない。

　こうした民主党の身振りは，選挙戦略という観点のみで説明できるものではない。戦後リベラルによる「法と秩序」支持のなか，民主党の厳罰志向は「黒人の病理化」——社会構造ではなく黒人個人こそが欠陥を抱えているという説明論法——や統治制度の欠陥の延長線上にあった，とムラカワは説明する。刑事司法制度における恣意性や自由裁量性の排除，収監機構の強化，厳罰化や死刑の拡充こそが信頼や公正性を促進する方法であると捉えられたのはある意味で自然な成り行きであった。

　だが，このような民主党リベラルによる「法と秩序」は黒人の犯罪性に関する認識を強化し，非白人の物質的苦境として広く現出する構造的人種主義の問題と向きあうことを困難にした。そして後述するように，クリントン政権においてこの傾向は犯罪政策や福祉政策，移民・難民政策の一体化というかたちで顕在化したのである。

4　「移民の国アメリカ」の実態と再編

移民の犯罪者化（criminalization of migration, or crimmigration）

　「監獄国家」化や大量収監という20世紀後半以降に顕在化した事態において移民が枢要な位置を占めているという指摘はたしかに的を射ている。だが，これを今日的現象とのみ捉えてしまえば，アメリカ社会の基層をめぐる歴史的連続性を看過することになる。エルナンデスが指摘するように，1924年創設の国境警備隊や移民法執行官による入国者の取締りは，後の大量収監時代の幕開けに向けて露払い役を務めた。国境警備隊の主たる役割は，1954年の（在米の非合法移民の掃討を計った）「ウェットバック作戦」を経て移民管理から犯罪管理へと移行し，さらには1956年8月の犯罪者・不道徳者・麻薬プログラム（the Criminal, Immoral, and Narcotics program）に象徴されるように，ドラッグ・コントロールに軸足を置くにいたる。そして1970年代初頭になり，非合法移民の流入が危機的レベルに達しているとの指摘がなされるようになると，非合法移民は「犯罪者外国人（criminal aliens）」と規定された。

　国境での移民管理とドラッグの取締りが，20世紀最後の数十年の国境警備隊のあり方を規定するとともに，「ドラッグとの戦い」が国境地帯を危険な場と規定し，移民取締当局が行使する暴力を無条件に正当化した。「ドラッグとの戦い」と「移民の犯罪者化」が同時進行するなか，連邦刑務所の収容者に占める移民（＝非市民）の比率は大きくなった。連邦刑務所の全囚人に占める移民の比率は1980年の3.6％から1999年には約17.5％，さらに2011年には34.9％へと拡大する。刑務所や監獄だけでなく移民帰化局（INS）――2003年3月以降は移民関税執行局（ICE）――管轄の収容所に勾留される移民も同時に増え続けていることを考えれば，アメリカの「監獄国家」化に果たす移民・難民管理の重要性は明らかであろう。

　移民・難民管理ないし移民法改編と犯罪政策の一体化を最も象徴するのが，クリントン政権下でみられた一連の法制度化の動きだ。非合法移民に対処せよという声に応えて，クリントンは前述した1994年暴力犯罪防止・法執行法のなかに移民に関わる条項を組み込んだ。これにより国境警備や亡命申請不許可者の送還，罪を犯した非合法移民の収監などに資金が充当された。そして，この移民・難民管理と刑事司法機構の一体化という動きのクライマックスが，1996年不法移民改革・移民責任法（the Illegal Immigration Reform and Immigrant Responsibility Act of 1996：IIRIRA）や1996年反テロリズム・効果的死刑法（the Anti-Terrorism and Effective Death Penalty Act of 1996）の制定であった。

　1996年移民法（IIRIRA）は国境警備隊を拡充するとともに，移民法関連の違反に対する罰金を引き上げ，合法移民の強制送還につながる犯罪の敷居を下げた。また同法は，前科のある移民の罪を遡及的に追求して強制送還することや強制的勾留を制度化することを可能にした。クリントン政権は，強制送還を可能にする「加重犯罪[(4)]（aggravated felony）」の対象を些細な窃盗や軽微なドラッグ関連犯罪，家庭内暴力，飲酒運転などにまで拡大することで，刑事罰を理由とした移民の排除を容易にした。これにより聴聞なしに移民を速やかに排除することが法的に可能となった。

　クリントン政権下での犯罪政策と移民管理の一体化，言い換えれば，犯罪者の収監と移民の勾留の一体化を徹底したのがこの1996年移民法（IIRIRA）であり，それにより「犯罪者外国人」とされた多くの移民が適法手続きを拒否され

た。だが，彼らが裁判前に勾留されたり，裁判後の移民収容所移送まで勾留される率が著しく高いのは，逃亡リスクが高いとみられていることによる。本来，移民の勾留や強制送還，移送，厳しい尋問は，厳密な意味では「罰則」ではない。それでも，しばしば一般の犯罪者と同じ施設に収容され，同じ刑事司法制度のもとで束ねられることで「移民の犯罪者化」は恣意的なものではなく自然な現象として認知されていく。その背後で長期の収監や強制送還の根拠となる加重犯罪を拡充するような法整備がなされていることは，すでに説明した通りである。

難民排除を支えるポリティカルエコノミー

　「移民の犯罪者化」と人種主義，新自由主義の不可分な結びつきを考えるために，ここではハイチ人の**難民**（および亡命）申請者の事例を取り上げたい。共産主義国キューバからの出国者とは異なり，20世紀後半以降，アメリカ政府はハイチ人への難民資格の付与に一貫して後ろ向きであった。もちろんその姿勢の背後に冷戦イデオロギーがあったことは間違いない。だが同時に，ほとんどのハイチ人の難民希望者が「黒人移民」であるという事実を無視することはできない。後述するように，ハイチ人に対する人種主義は，難民希望者の受け入れ拒否だけでなく，すでにアメリカに到着しているハイチ人亡命希望者に対する処遇も強く方向づけてきた。

　インドシナ出身者や，マイアミに濃密なコミュニティを形成しているキューバ人などと比べて数的にはるか劣るものの，ハイチ人への排他的な対応は移民・難民政策と「監獄国家」化および大量収監の関係，さらには人種主義や脱領域性（ないし遠隔地性）がどのようにアメリカ社会の基層を規定しているかを理解するのに有用なショーケースの役割を果たしている。地理学者のジェナ・ロイドとアリソン・マウンツは，30年以上の前のハイチ人の勾留が今日の非市民を対象とした大規模な勾留や人種主義に基づく強制送還の実践の土台を作ったと論じる。

　フランソワ（父）とジャン＝クロード（子）のデュヴァリエ親子が長らく大統領として政権を独裁的に率いていた親米国家ハイチからの難民や亡命に対して，アメリカは長らく門戸を固く閉ざしてきた。1978年にバハマ政府が同国に

居住していたハイチ人を逮捕・追放し始めると，本国への送還を恐れたハイチ人の多くがフロリダへと殺到する。彼らが大挙して亡命申請者の列に並び，「黒い大波」が州に押し寄せているという不安を連邦政府当局者が抱くようになったことを受け，INS は「ハイチ人プログラム」を開始した。同計画に基づき，INS と国務省は可及的速やかにハイチ人の排除手続きを完了すべく協働した。

　だが，1979年7月に連邦裁のジェイムズ・ローレンス・キング判事は「ハイチ人の経済状況は政治的なものである」と述べ，ハイチ人の亡命申請が非差別的な方法で再検討されないうちは約4,000人の強制送還を認めないとの画期的な判決を下し，ハイチ人の強制送還を停止するよう INS に命じた。キング判事は，キューバ人とは異なりハイチ人の圧倒的多数が黒人である点にも言及している。

　この後の展開は，難民政策とアメリカ社会の基層の関係をうかがい知るうえで示唆的だ。民主党ジミー・カーター政権下で翌1980年に制定された難民法は，冷戦イデオロギーの影響力を弱めるとともに，難民認定を国際標準に従わせよ，という声に応えたものであった。また，人権保護に敏感なカーター政権は同年6月20日に「キューバ人／ハイチ人入国者」という特別分類を妥協的に設定し，亡命申請に関してキューバ人とハイチ人を平等に処遇するという姿勢をみせた。これにより，1981年1月1日までに入国したハイチ人はアメリカでの滞在が認められた。だが，このような動きにも関わらず INS と国務省がハイチ人を「経済移民」とみる方針を改めることはなく，1980年難民法の精神は骨抜きにされる結果となった。

「リーガル・ボーダーランド」

　1980年の大統領選挙に勝利したロナルド・レーガンは，1980年難民法が規定する裁定プロセスの「煩雑さ」に苦慮していた。レーガン政権は，それを回避するため，ハイチ人がアメリカに到達する前に排除するという，沿岸警備隊による洋上拿捕を開始する。レーガンが設置した対策委員会は，ハイチ人亡命希望者をアメリカ領域外で洋上拿捕することで国連が定めた難民保護に関する規定を回避できると説明した。対策委員会はまた，数としては少ないハイチ人亡

命申請者の勾留を内外に示すことで今後の亡命申請を抑止する効果があると考えてもいた。

　洋上拿捕を通じた入国阻止によってアメリカ国内法も国際法もともに回避できるという発想は，「リーガル・ボーダーランド」という枠組みにつながるものである。この「法的な境界」では，法の内であるか外であるかは権力者によって恣意的に決定される。ハイチ人亡命希望者への対応が象徴するように，彼らを政府が強制的に勾留・排除できるという意味では「内」と捉えられる一方で，アメリカの市民権保護などの規定が適用されないという意味では彼らは「外」に置かれた。これにより，大半のアメリカ人の目に触れることなく法的・社会的・地理的な周縁で権利侵害や排除を合法的に行うことが可能となった。

　アメリカ社会の基層のあり方という観点からすれば，このような展開は決して例外ではなく，むしろその後本格化する非市民の大規模収監のプロトタイプのひとつとして理解されるべきものだ。実際，1980年代以降，遠隔地での収容施設の建設が本格化した。これによりその地の被収容者は法的支援，親族の訪問を受けることが著しく困難になるとともに，収監の期間も人知れず長期化した。世間の関心を引きづらい遠隔地の大規模施設にドラッグ関連犯罪か移民法関連犯罪かといった収容理由の区別なく長期間にわたり勾留されることで，施設のなかに蔓延する権利侵害や暴力，刑事司法制度上の人種主義といった問題がいっそう不可視化されていったのだ。

　この「リーガル・ボーダーランド」性に起因するさまざまな問題は，ハイチ人勾留のあり方の変化を通してうかがい知ることができる。カーター政権下の1980年，亡命希望のハイチ人の多くはキューバ人とともにフロリダ州のクローム収容所で勾留された。入国資格が定まっていないハイチ人にとってクロームは地理的に「国内」でも法的には「国外」であった。さらにいえば，彼らが収容された南側の施設は，キューバ人に割り当てられた北側より圧倒的に劣悪で，そうした待遇差に人種主義の存在を指摘する者も多い。1980年9月に司法が公衆衛生上の違反を理由にクローム収容所の閉鎖をINSに命じると，ハイチ人収容者は自由連合州であるプエルトリコのフォートアレン米軍基地に移送されることとなる。

　さらに，レーガンの後任者であるジョージ・H・W・ブッシュ大統領は，洋

19

上で捕らえたハイチ人をキューバのグアンタナモ基地に移送し収監した。国外でありながらアメリカ軍の管轄下にある同地は，アメリカ合衆国憲法の権利保護規定が適用されることがない一方で収容の管理運営を自由に行うことができる「リーガル・ボーダーランド」そのものであった。社会の監視の目がおよびづらく，それゆえ批判的な声を糾合しづらいグアンタナモ基地が，2001年9月11日の「同時多発テロ事件」以降，「敵性戦闘員（enemy combatants）」の収容や尋問に利用されたことを考えると，ハイチ人亡命希望者の収容がもつ先駆性や象徴性がみてとれる。

　1992年の大統領選挙の前には，ハイチ人亡命希望者を聴聞なしに独裁国家に送り返すことは非人道的であると強調していた民主党のビル・クリントンは，大統領就任直後に翻意し，前ブッシュ政権の洋上拿捕政策を継続すると宣言した。ここには，急速に移民制限主義や厳罰主義へと傾いていくクリントンの姿勢が垣間みえるだけでなく，「監獄国家」化として具現化する厳罰主義の歴史的連続性が反映されているといえるだろう。

5　アメリカの「いま」を文脈化するために

　「法と秩序」や厳罰的な刑事司法制度と民主党リベラリズムとの親和性を強調する研究の大半は，そこには共和党の無謬性を指摘する意図はないと繰り返し念押しする。もしも上述したナオミ・ムラカワらの分析が「法と秩序」を推す共和党とそれに抗する民主党というような通俗的な図式を単に反転させたものとして受けとめられるならば，それは元の図式に固執するのと同じくらい問題含みである。社会の基層を党派的な二分法で理解することは短絡的であり，歴史的文脈に定置しつつも構造的な連続性――さらには，それを維持するために召喚される人種主義や厳罰主義など――に目を凝らすことが求められているのだ。私たちはまた，表面的には位相を異にする犯罪政策と移民・難民政策が「監獄国家」化という大状況下で境界線を溶解させて一体化し，手を取り合って新自由主義化をいっそう加速する，という相補的で循環的なメカニズムを看取しなくてはならない。

　そのような見取り図に照らせば，1980年代以降に顕在化した「ドラッグとの

戦い」や「監獄国家」化，非市民の勾留や彼らの「犯罪者化」が分かちがたく
結びつき，それが刑務所や監獄の民営化／私企業化を後押ししているという展
開が可視化されるだろう。クリントン政権下で制定された1996年移民法
（IIRIRA）は，このような連鎖の産物に他ならない。本来，「犯罪者」ではない
はずのハイチ人亡命申請者や資格審査中の移民が長期勾留されるという憂き目
にあっているのは，彼らが境界線の曖昧な犯罪政策と移民・難民政策という迷
宮のなかで「迷子」になっているからである。

　新自由主義原理が起動する厳罰化や規制緩和，福祉の解体は，技術水準の低
い無防備な労働者を大量に生み出し，グローバルな規模で社会経済構造を再編
した。ある研究者の言葉を使えば，「移民は刑務所産業で今日急成長中の換金
作物」なのだ。

　これまで繰り返し記してきたように，党派的な図式化は社会の基層を見誤ら
せる。「ウィリー・ホートン[6]を監獄に閉じ込めろ！」。そう訴えたのはレーガン
やブッシュ（父子）ではなく，当時上院司法委員会の委員長で現大統領の
ジョー・バイデンだ。2020年 5 月に世界的にも注目されたブラック・ライヴ
ズ・マター（BLM）運動への反応などにおいてドナルド・トランプと対照的に
捉えられたことで想起しづらいが，バイデンが手続きの恣意性を排除した厳罰
主義や「法と秩序」の重要性を長らく説いてきたことは厳然たる事実である。

　同様の指摘はバラク・オバマについてもできる。後任者のドナルド・トラン
プ大統領がオバマ政権によって制度化された「若年移民に対する国外強制退去
の延期措置（DACA : Deferred Action for Childhood Arrivals）」の無効化を試みた
ことは記憶に新しい。だが，オバマは「同時多発テロ」後に反テロ政策の一環
で移民制限に傾いたとされているジョージ・W・ブッシュ（子）政権以上に多
くの非市民を交通法違反などの軽微な理由で強制送還したというのもまた事実
だ。

　もちろん，ブッシュ（父子）やトランプよりもオバマやバイデンのほうが制
限主義的で非寛容であるといいたいわけではない。そうではなく，表層的な党
派的理解が社会の基層を見誤らせるという陥穽に注意を喚起したいのである。
もしもオバマからトランプ，そしてバイデンへという移行が歴史の「断絶」を
表すのではなく，同じ社会の基層を映す現象形態の違いに対応しているに過ぎ

ないとすれば，アメリカはいったいこれからどこに向かうのだろうか。

　新型コロナウイルス（COVID-19）パンデミックが全世界で宣言された2020年以降，アメリカでは度重なるアジア系住民に対するヘイトクライムを受け，ジョー・バイデン大統領と，かつてカリフォルニア州で検察官や司法長官を務めた副大統領のカマラ・ハリスのコンビは，人種主義的暴力に対して強い姿勢で臨むと表明した。たしかに人種主義に対して曖昧，あるいは「寛容」ですらあった前トランプ政権と比べて，基本的姿勢をめぐる違いが顕在化した局面だといえるだろう。だが，二期目は叶わなかったとはいえ，2020年の選挙で7,000万票以上を獲得したドナルド・トランプを支持する根強い声の存在は，現政権の政策やアメリカにおける人種的公正性などをめぐる議論にこれからも影響を与え続けることは間違いない。本章でこれまでみてきたように，バイデン民主党政権が「法と秩序」という大きな枠組みに結局のところ回収されてしまうのか，それともトランプ支持者らの票をたとえ失ったとしても新しい「**多からなる一**（E pluribus unum）⁽⁷⁾」の模索へと足を踏み出すのか。中長期的な視野で事態を注視しながら，歴史を参照枠として批判的に「いま」を捉えることが私たちに求められるだろう。

村田勝幸

注
(1)　英語のイミグレーションにあたるスペイン語。移民本人ではなく，移民を取り締まる国境警備隊を指す別称として，メキシコ系住民を中心に日常的に使われている。
(2)　同法制定時の規定によれば，必要最低量刑5年に該当する粉末コカインの所持量が500グラムであったのに対し，クラックコカインの所持量はわずか5グラムであった。
(3)　1865年確定の同条は奴隷制度の廃止を規定している。ただ現在注目されているのは，「犯罪に対する刑罰として当事者が適法に宣告を受けた場合」には強制労働が容認される，という第1節の例外条項である。
(4)　強制送還の理由となるカテゴリーとして1986年の反ドラッグ乱用法で設定された際は，殺人や薬物関連など適用はきわめて限定的であった。だが，IIRIRA制定以降，身分証明書の偽造など，対象が大幅に拡大した。
(5)　「難民（refugee）」として認定されるには，本国で審査を受け，渡米前に許可を得る必要がある。他方，「亡命（asylum）」申請者は，入国時か渡米後にアメリカ政

府に庇護を求めるというプロセスを踏む。

(6)　終身刑に服していた黒人の彼は、マサチューセッツ州の仮釈放制度を利用して一時出所中に暴行や強姦の罪を犯した。同州知事マイケル・デュカキスと争う1988年大統領選でジョージ・H・Wブッシュは事件を徹底的に政治利用した。

(7)　多様性と統一を背反的ではなく相互補完的なものと捉える、アメリカ建国の歴史に根ざした考え方。バラク・オバマが2008年に行った「より完全なる連邦」演説にみるように、しばしば目指すべき理想として掲げられてきた。

― さらに考えるために ―

イブラム・X・ケンディ（渡辺由佳里訳）『アンチレイシスト・ベビー』合同出版、2020年
人種の差異や多様性を考慮するなと説く「カラーブラインド」の問題性を子ども目線でわかりやすく説明した、ボストン大学反人種主義研究・政策センター所長のイブラム・ケンディ作の絵本。人種的な多様性に注意を喚起するだけでなく、「わたしもあなたも、ときおりレイシスト的な考え方を口にします。レイシズムを打ちこわすのには、それを自分でみとめるのが、いちばん役立つのです」と優しく語りかける。彼の（児島修訳）『アンチレイシストであるためには』辰巳出版、2021年も必読書。

エイヴァ・デュヴァーネイ監督『13th――憲法修正第13条』（Netflix、2016年）
合衆国憲法の奴隷制廃止規定と大量収監の関係に踏み込んだエイヴァ・デュヴァーネイ監督・脚本のドキュメンタリー。憲法修正第13条により合法とされた囚人の無償労働がどのように20世紀アメリカの人種主義的社会編成を規定しているかという点に注目している。同監督が2019年に制作した、冤罪のセントラルパーク・ジョガー・レイプ事件を題材とした連続ドラマ『ボクらを見る目』も刑事司法制度における人種主義を知るうえで必見。同作品にはドナルド・トランプも重要人物として登場する。

Michelle Alexander, *The New Jim Crow*, 10th Anniversary ed., New York : The New Press, 2020.
ミシェル・アレグザンダーの手になる同書は、公民権運動を経て公式の人種隔離制度が消滅したとされる現代アメリカ社会に台頭した「新しいジム・クロウ制度」に注目。黒人のオバマ大統領の誕生をポスト人種社会の到来と肯定的に捉える見方とは対照的に、人種を明示的に語らないことで人種主義が不可視化され構造化されるという逆説を、特に刑事司法制度に立ち入って分析している。ドラッグの氾濫が厳しい法を生んだのではなく、取締りや処罰の強化が問題を生んだという分析は説得

的。

読書案内

Alexander, Michelle, *The New Jim Crow : Mass Incarceration in the Age of Color-blindness*, 10th Anniversary ed., New York : The New Press, 2020.

Chase, Robert T. ed., *Caging Borders and Carceral States : Incarcerations, Immigration Detentions, and Resistance*, Chapel Hill : The University of North Carolina Press, 2019.

ディアンジェロ，ロビン（上田勢子訳）『ホワイト・フラジリティ――私たちはなぜレイシズムに向き合えないのか？』明石書店，2021年。

Dowling, Julie A. and Inda, Jonathan Xavier, eds., *Governing Immigration through Crime : A Reader*, Stanford : Stanford University Press, 2013.

Dudziak, Mary L. and Volpp, Leti eds., *Legal Borderlands : Law and the Construction of American Borders*, Baltimore : The Johns Hopkins University Press, 2006.

Enns, Peter K. *Incarceration Nation : How the United States Became the Most Punitive Democracy in the World*, Cambridge : Cambridge University Press, 2016.

Garcia, Maria Cristina, *The Refugee Challenge in Post-Cold War America*, New York : Oxford University Press, 2017.

ハーヴェイ，デヴィッド（渡辺治監訳）『新自由主義――その歴史的展開と現在』作品社，2007年。

Hernández, Kelly Lytle, *Migra! : A History of the U. S. Border Patrol*, Berkeley : University of California Press, 2010.

Lindskoog, Carl, *Detain and Punish : Haitian Refugees and the Rise of the World's Largest Immigration Detention System*, Gainesville : University of Florida Press, 2018.

Loyd, Jenna M. and Mountz, Alison, *Boats, Borders, and Bases : Race, the Cold War, and the Rise of Migration Detention in the United States*, Berkeley : University of California Press, 2018.

モーリス-スズキ，テッサ（辛島理人訳）『自由を堪え忍ぶ』岩波書店，2004年。

McGirr, Lisa, *The War on Alcohol : Prohibition and the Rise of the American State*, New York : W. W. Norton & Company, 2016.

Murakawa, Naomi, *The First Civil Rights : How Liberals Built Prison America*, Oxford : Oxford University Press, 2014.

村田勝幸『アフリカン・ディアスポラのニューヨーク――多様性が生み出す人種連帯のかたち』彩流社，2012年。

村田勝幸『〈アメリカ人〉の境界とラティーノ・エスニシティ――「非合法移民問題」の社会文化史』東京大学出版会，2007年。

Simon, Jonathan, *Governing Through Crime : How the War on Crime Transformed American Democracy and Created a Culture of Fear*, Oxford : Oxford University Press, 2007.

第2章

理念国家アメリカの誕生とこじれる人びと

—思想史—

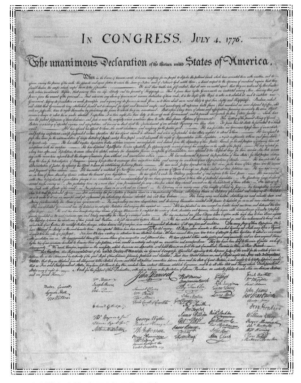

アメリカ独立宣言（1776年7月4日）

キーワード　共和主義　民主主義　セルフメイドマン

　アメリカとはいかなる社会であろうか。章の扉に掲げたのは，1776年7月4
日に植民地指導者たちが発したいわゆる独立宣言である。ここでのアメリカは，
「すべての人間は平等」と説き，人間の譲り渡すことのできない権利として「生
命，自由，幸福の追求」を掲げる。しかしそのアメリカは，根強い人種主義や
性差別でも知られる。これら両面が並存するこの社会をどう考えれば良いのだ
ろう。

　理念にのっとる本来のアメリカからの逸脱が差別主義だろうか。それとも差
別主義的なアメリカが普遍理念を見せかけにして都合良く使っているのだろう
か。ことはもう少し複雑である。本章は，一見すると対照的な普遍理念と根強
い差別とがその根底で分かちがたく結びついていることを，アメリカの建国期
にさかのぼって論じてみたい。

1　アメリカ革命——理念国家の誕生

アメリカの独立と革命

　1775年に始まった長い戦争を経て，1783年パリ条約で13の英領アメリカ植民
地が果たしたのは単に本国からの独立ではなかった。イギリス王の支配から脱
して，「われら人民」が自ら治める国へ。それはアメリカ革命とよぶべき，新
しい仕組みへの転換であった。

　この革命が思いがけないものだったことには注意しよう。そもそも強国イギ
リスから独立を勝ち取ることが簡単とは思えなかった。そして何より，市民と
は何者で，アメリカ人とはいったい誰のことかが難問であった。

　市民革命の時代がやってくるというのは後知恵である。知識人が唱える**啓蒙
思想**は知られていたが，それを実践する国はまだどこにも生まれていない。後
述するようにそもそもアメリカ植民地はまとまっていなかった。植民地人の多
くは自分たちをイギリス王のよき臣民と見なしており，当初から独立を願った
わけではなかった。ところが「代表なくして課税なし」という要求をイギリス
議会に拒絶されたことで，彼らは自分たちが本国人並のイギリス臣民でないこ
とに気づかされたのであった。

　イギリスのもとでは要求が認められないことに驚いた植民地指導者たちは，

啓蒙思想を選び取らざるを得なくなった。独立宣言で人間の自由や平等を「自明」と論じたときそれらはまだ当たり前でなかったわけで，彼ら指導者たちは独立を説明するためにそうした価値をいわばつくり出したことになる。フランス革命に先駆けて1787年に制定されたアメリカ合衆国憲法は世界史上初の成文憲法であり，大統領がとりしきる行政権，議会が担う立法権，裁判所の司法権とがバランスを取る三権分立が定められた。この憲法に1791年に加えられた10カ条の憲法修正は権利の章典と呼ばれ，言論や信教の自由を保証した。ここに，単に独立の獲得でなく，自由な個人からなる近代的理念国家が登場してしまったのである。

アメリカニズム

　思いがけず採用したにも関わらず，啓蒙主義的な革命の理念はアメリカ人がまとまるために重要な意味をもった。13の北米植民地がひとつのアメリカ合衆国になるには，理念に依拠せざるを得なかったからである。植民地人たちをアメリカ人たらしめたこの思想をアメリカニズムと呼ぼう。

　建国期にあって，同じ「アメリカ人」と呼べるような集団は存在しなかった。17世紀に生まれた英領植民地という共通性はあっても，カリブ海からいまのカナダにいたるまで中米・北米に点在した30余の植民地は，その来歴も，目的も，社会のあり方もおおいに異なった。アメリカに参加することになった大西洋岸の13植民地に限っても，奴隷を用いる大規模プランテーションを基礎とする南部，商業を中心とする中部，信仰共同体を礎とした北部など，その違いが目立った。

　植民地の内部をみても，しばしば階層や身分の違いが大きい。南部は顕著な例であり，一方には大土地所有者がおり，他方には年季奉公人や奴隷がいた。独立戦争のさなかですら，身分や階層をたがえる植民地人は一致団結しなかった。出身地域でみても，イギリスからの移民は多かったが，アメリカ大陸には強力なスペイン帝国の系譜を引く者がおり，フランス人がいた。ニューヨークがかつてニューアムステルダムと名付けられたのは，そこがオランダ人の植民地だったからである。言うまでもなく北米には数多くの先住民がおり，アフリカ諸地域から奴隷として連れてこられた人びと，そしてさまざまな混血の人び

とがいた。

　これらの人びとみなが共有したアメリカらしい文化はなかった。英領植民地において英語は支配的な言語だが，スペイン語話者は建国時人口の４分の１にも達したと言う。先住民との関係でも多くの言語が必要とされ，北米は多言語社会であった。民族的に多様で，思想，文化，慣習において一様でなかった。入植者にとってキリスト教は大きな存在だが，多くの教派が並存した。階層や身分によっても考え方，ふるまい方，話し方までが別であった。

　まとまりのなさは建国後でさえも変わらない。北米大陸の東海岸からはじまったこの国は，アパラチア山脈を越え，ミシシッピ川を越え，北米大陸の内部へと進出した。これら諸地域を，アメリカ合衆国になる運命だった無主の地とみてはならない。短く見積もっても**1812年戦争**(2)が終わるまで，ミシシッピ川流域，アーカンソー渓谷，フロリダ半島，五大湖周辺地域など広範な地域で先住民が主導権をもっていた。スペイン帝国やフランス帝国，そしてイギリス帝国の影響力が強かった地域も多い。メキシコ共和国からテキサスやカリフォルニアを奪うにあたっては，そこに暮らす先住民やスペイン語を話すメキシコ人と折り合いをつけなければならない。しばしば暴力を用いて西部へと版図を広げたアメリカは，広大なボーダーランドでの折衝を通して地理的にも社会的にも変化しなければならなかった。ここが変わらぬホームだと呼べる土地はなかった。

　アメリカ人の顔つきはひとつに定まらない。建国当初わずか300万人弱だった人口が，南北戦争直前の1860年には10倍の3,000万人に達し，1920年には１億人を超えた。プロテスタントの国と言われるアメリカには，19世紀半ばには多くのカトリックが流入する。奴隷制がアフリカ，カリブの諸地域から人びとを連れ込み，19世紀後半からはアジアからの移民もまた増えた。現在，最大のマイノリティは中南米諸地域からのラティーノである。移民の出身地域は刻々と変わり，３億2,000万人の総人口はいまも増えている。

　まとまりを欠いた人びとがいかに独立し，ひとかたまりのアメリカ人となり，新参者が増えようともアメリカ人であり続けたのか。アメリカ革命が思いがけずもち込んだ普遍理念が鍵であった。同一の国民性をあらかじめ備えていなかった人びとは，自由や平等といった夢を共有することでアメリカ人になった

のである。普遍的な価値でありながら，アメリカにおいてのみ純然たるかたち
で実現する理念すなわちアメリカニズムである。

響き続けるアメリカ革命

　アメリカ人がいまも建国の理念を参照する理由がここにある。そもそも多様
な人びとはアメリカ人になるための経路を確認しなければならない。所与の共
通性を当てにできないがゆえに，彼らは理念的な国民創成の儀式を繰り返すの
である。

　こう見ると，自由で平等な個人からなる国というヴィジョンがアメリカの進
路を定めてきたことがわかる。なるほど，建国期のアメリカは奴隷制を温存し，
女性に従属を強いた。しかしそれでも，自由を求める声は，1863年には奴隷制
の廃止を宣言せしめた。1920年には女性参政権を実現した。4つの自由を掲げ
て第二次世界大戦を戦い，1964年の公民権法の成立を後押しした。同年の移民
法改正は移民への門戸を広げた。2015年，連邦最高裁は同性婚を認めた。人種
主義は依然として残るものの，ブラック・ライヴズ・マター運動をはじめ抗議
の声が力強い。

2　反民主主義的な革命？──共和主義者の攻勢

名望家たちの国

　さてしかし，イギリスからの独立を図って理念国家になるのは物語の一面に
過ぎない。国内社会を誰がどうやって統治するのかという課題があった。革命
と言いながら，アメリカ建国を指導したのはそれまでも植民地を支配してきた
名望家（ジェントリ）たちであった。彼らは，王制を廃した後のアメリカ人が
みな自由で平等とは考えなかった。

　アメリカとは何かと問う本章にとって，建国期における名望家支配という要
素は興味深い。気づくのは，結局は白人男性が支配的だったのがアメリカだろ
うという見方が妥当でないということである。建国期に参政権を与えられな
かったのは女性，先住民，奴隷だけではなかった。注目すべきは，たとえ白人
であり，男性であっても，彼らがただちには参政権を手にできなかったという

事実である。1789年，憲法制定後最初の国政選挙で投票したのは人口のわずか
6％に過ぎない。翌1790年の帰化法は「自由白人」がアメリカ人になることを
可能にしたが，選挙の詳細を委ねられた各州は，財産資格を満たす者だけに投
票を許した。白人であろうと，男性であろうと，大多数のアメリカ人は非正規
メンバー扱いであった。

共和主義の伝統

　富裕な地主や商人からなる名望家が支持したのは共和主義の思想である。彼
らは，新しい共和国はそれを担うだけの力量をもった市民が率いるべきだと考
えた。自然状態にあって人は自由だという自由主義に親しむ一方で，万人の政
治参加を掲げる民主主義には警戒的であった。人が自由でいるためには条件が
あり，みなが平等に政治に参加できるとは考えなかったからである。

　鍵は財産であった。第2代大統領になるジョン・アダムズは，財産をもたな
い人びとは，「自分自身で判断することができず，財産所有者の命ずるままに，
語り，投票する」とみた。「財産が神の法ほどには神聖でないという考えが社
会にはびこり，財産を守ろうという法も正義もないと見なされるなら，無秩序
（アナーキー）と専制が始まるだろう」とさえ彼は断じた。

　この観点からすれば民衆は当てにならない。第4代大統領になるマディソン
はその著『フェデラリスト』のなかで，「自由は権力の乱用と同様に自由の乱
用によって危機にさらされるかもしれない」と述べて，民主主義を不安視した。
日々の生活に追われる無産者は，国政を論じるための教養を欠き，大所高所に
立って考えられず，仕事や利得を配分してくれる者の言いなりになるからであ
る。権力を暴走させずに，公共善を実現するのは，それにふさわしい選ばれた
市民であるべきであった。

　土地を相続し，教養を蓄え，エリート同士のネットワークで守られる名望家
たちの態度は，既得特権層のいやらしさに見えるかもしれない。ところが，こ
とは理念国家アメリカをいかにつくるかという問いに発していた。

　フランス革命やハイチ革命に先駆けたアメリカ革命の頃，身分制なき市民社
会はまだ世界に存在していなかった。民主主義は衆愚政治にも近く思われ，警
戒された。アメリカを取り巻く国際情勢も油断がならなかった。王や貴族に代

わって共和国を担う責任ある主体を確立しなければ，国内社会はもろくも崩れ，対外的にもアメリカの独立を保つことはできないと思われた。この苦況を持ちこたえうる共和国の市民とは誰か。この実験国家を誰が担うか。これらは真剣に検討すべき問いであった。

反民主主義の国──合衆国憲法の制定

　名望家の民衆への不信は多くの民衆反乱を招いた。名望家が主導する革命に，民衆もまた不満だったからである。財政再建や経済復興を目指した徴税の強化や債権回収の試みは，現金収入に乏しい民衆を直撃した。税の軽減や，負債返済の延期，負債投獄者の救済などを求めて1786年から87年にかけてマサチューセッツ西部で起きたシェーズの反乱は，彼ら民衆の不満が垣間見えた一事例である。各邦で投票可能な人びとが増えると，民衆は減税，債務者の救済，農民への土地譲渡を要求した。名望家と民衆の利害は一致しなかった。

　近年の研究は，アメリカ合衆国憲法が気高い理念の現れというよりも，こうした民衆の要求を抑え込む制度だったと指摘している。共和主義と民主主義とは厳しくぶつかった。名望家にとって，民衆の力をいかに削るかは関心事であった。民衆の発言力が強い各邦から，租税や関税についての権限を連邦議会に奪ってくることが，合衆国憲法制定の大きな眼目であった。人民の主権者としての地位を守るための憲法には，その内実として民衆の力を制限しようとする試みが埋め込まれたのである。

3　アメリカ人ならセルフメイドマンであれ──ある妥協点

民主主義の潮流

　共和主義と民主主義とのこうしたせめぎあいがアメリカ人のあり方を幾重にも規定した。

　第一に，自由と平等の理念が民主主義を育てた。名望家の牽制の一方で，アメリカは革命前と同じ社会ではない。長い独立戦争は，植民地人の幅広い支持なしには遂行できなかった。独立宣言が謳ったように，王政から訣別したアメリカの政府は「被治者の合意の下で」はじめて成立するはずであった。1776年

の独立宣言後の諸邦は投票権の財産制限を緩めていった。イギリスとの1812年戦争でも，あらためて民衆の動員が必要であった。一握りの名望家が意思決定を担っていた植民地社会は，たとえ間接的にでも人びとの合意を調達しようと試みる民主的な社会へと移行していった。

　民衆を牽制するのが合衆国憲法だったとすれば，1791年までにほどこされた10の憲法修正は中央政府に対する民衆の防壁であった。いわゆる権利章典である。言論，信教，集会の自由，市民が武装する権利，出版の自由が保証された。修正第10条は，「憲法が合衆国に委任せず，または州に対して禁止していない権限は，それぞれの州または人民に留保される」と定めて，連邦政府にもたやすく制約されない人民の自由を確保した。

　生まれたばかりの新型国家は幅広い国民の支持を必要とし，民衆はそれに呼応することで社会的地位を得ようとした。建国を祝う毎年7月4日のパレードで，路上で，居酒屋で，民衆は政治を論じた。参政権をもつ夫は，妻の賛同を得ることを期待された。増加した議席を得て夫が議会のある町に出てしまえば，残った妻は地域共同体の人びととの合意形成を担った。「被治者の合意」を建前にした社会にあって，投票で意思を示せない人びとの意向はかえって留意すべきものと考えられた。

　財産の有無を問わずに参政権を与えて，民衆を国民として統合する策が取られていく。1820年代にほとんどの州で白人男性の普通選挙制度が導入された。選挙の民主化である。この文脈上に，1828年大統領選でのアンドリュー・ジャクソン(3)の勝利を位置づけることができる。エリートたちが占めてきた大統領の座に，たたきあげの「セルフメイドマン」である人物が初めて就いたのである。

セルフメイドマン──共和主義の読み換え

　しかし第二に，共和主義的なアメリカ人であれという要求が並存した。研究者らは，セルフメイドマン，すなわち「たたき上げの人物」という概念に注目してこの過程を説明している。民主主義それ自体はまだ疑いの対象であった。アメリカにいるなら誰もがアメリカ人と呼ぶのは安直で，市民として満たすべき資質があるはずであった。真の共和国市民は，自由で自立した人間でなければならなかった。財産もなしに理念の国アメリカを担うにふさわしいというな

らば，人はそれを証し立てなければならなかった。1820年代になるまで，男性や白人であることはさほど助けにならない。問われたのは「セルフメイドマン」であるか，すなわち自立しているかどうかだった。

　自営農民や親方職人はいちはやく呼応した。身分や出自でなく，財産の有無でなく，他でもない自分の能力で身を立てる者こそがアメリカ人にふさわしい。実生活では，兄弟で相続した土地は細分化しており，農民たちの生活は楽ではなかった。都市の職人たちもまた工場との競争に遠からず巻き込まれるのであった。それでも，小さくとも一国一城の主であるという観念は彼らを励ました。彼らは誰に指図されることもない自立した市民であり，名望家たちと肩を並べうる共和主義的市民のはずであった。

　より下層の民衆も名乗りを上げた。徒弟や遍歴職人は，親方たちの拡大家族に包摂され，労働から娯楽までをともにする共同体の一員であった。修行を積みながら技術を手にし，独立して工房を構えることを目標とした。奉公人たちも経験を積み，資金を蓄えて，自分の店を開くことを目指した。いつかは独り立ちするからには，彼らもまた共和国市民の座を占めているはずであった。

　これらセルフメイドマンたちは，白人男子普通選挙権で政治的主体という地位も手に入れた。都市部では労働者の政党すら登場した。選挙を通して公的領域に乗り出す彼らは，財産の有無に関わらずアメリカの正規メンバーとしての地位を得たことになる。

セルフメイドマンと非自由民

　ただし第三に，このセルフメイドマンは，自由でない者との対比で自らを証明しようとした。すなわち，自由民か奴隷か，扶養者たる夫か被扶養者たる妻や子どもかといった区別である。

　19世紀のアメリカで，経済的な自立を得ることは難しかった。大規模化しはじめた工場や商社をもつには多額の資金と経営の才が必要である。技術力を磨いても自分の店をもてるわけではなかった。親方や商店主たちとその雇われ人との格差も懸念された。職人たちは労働者と呼ばれ，奉公人たちはいつまでも雇われの身であり，独立することが難しくなっていった。

　転落の不安を抱えた雇われ人たちにとって，奴隷との違いは重要であった。

歴史家デイヴィッド・ローディガーによれば，19世紀前半の労働者たちは奇妙なまでに言葉づかいに敏感であった。下層職人たちは，自分が親方たちと同じメカニックと呼ばれるのか，目下のジャーニーマンと言われるのかを気にした。雇われ人は，誰かに仕えるという含みのある奉公人（サーヴァント）でなく，家事手伝い（ヘルプ）という呼称を好んだ。彼らにとって，雇用主を主人（マスター）と呼ぶのはもっとも忌むべきで，せめてボスと呼びたかった。

　こうした自由への執着は，南部奴隷制社会にとどまらず，全米に広がった感覚であった。少なくとも自分は，何を職業とし，誰と暮らし，どこに住むかを決められる。たとえ財産が乏しく，自分の店を構えられずとも，自分は自分を所有している。こう論じる労働者たちは，奴隷との差異を強調した。自由の対極にある奴隷と対照することで，自由民たちは共和国正規メンバーの地位を確保しようと願った。誰かを「ご主人様（マスター）」と呼ぶような境遇とは違うと念押ししたのである。

　奴隷との違いは，下層労働者にとっていっそう切実であった。典型は，1830年代以降に増えたアイルランドからの移民であろう。ニューヨークやフィラデルフィアなど東海岸都市部に入ってきたこの新参者と奴隷の生活水準に大差はない。彼らは最下層の労働者が住む地区に部屋を借り，ともに働いた。この移民労働者たちは異質なカトリックであり，粗野で，怠惰で放埒だと批判された。彼らはホワイトトラッシュ（白人のくず）と呼ばれ，奴隷的な存在と見なされた。

　この見方に対抗しようと，下層労働者たちは奴隷との差異を強調した。19世紀に高まる奴隷制廃止運動に反対したのもまた彼らであった。自分たちの危うい地位を守るには，自分よりもはっきりと下位の存在が必要だったからである。彼らはミンストレルショー[4]に入れ込んで，顔を黒塗りした白人役者たちが演じる奴隷たちの行状をあざけり笑った。ふしだらで放埒な黒塗りの登場人物に仮託して，規律にしばられるわが身の憂さをひととき晴らしながら，俺はこんなに間抜けでないと確認したのである。

　奴隷と自由民との違いを証明するもうひとつの経路は家族における性別役割であった。他人のために働くのが不自由さの真髄ではない。それだけならば，多くの雇われ人たちも大差がない。奴隷たちの隷属性がもっとも現れるのは，

彼らが家族を保ち得ないことにある。奴隷主の財産であって，妻や子をいつ売り払われるかもしれない奴隷の男はあくまでも非自由であった。

　対照的に，自由民はたしかに自由と思われた。彼らが誇ったのは，妻や子どもたちを扶養していることであった。妻子を養う自分は自立しているセルフメイドマンであり，この意味で大地主や工場主から農民や職人までが肩を並べる自由な市民であった。

　こうした家庭の理想化を主導したのは中上流階級であった。実は彼らもまた，共和主義的な市民にふさわしく自らの能力で自立できるのかという不安にさらされていた。かつての名望家たちが市場経済の波に乗れるとは限らなかった。新興の中産階級といえども，乱高下する市場のもとでいつか没落するのではと不安を隠せなかった。こうしたなかで，家庭において夫が妻や子を扶養し，妻が情愛細やかに夫に尽くし，子どもたちを育て上げられるかは，彼らの階級的・社会的な地位を確かめるための重要な方法であった。新旧中産階級はこぎれいな住宅や身なりで民衆との格の違いを強調しようとし，民衆たちもまたそれに追随を図った。

　いずれにせよ，民主主義と共和主義のせめぎあいの渦中にあって，自由民たちはそのセルフメイドマンとしての地位を何とか保とうと努めたのである。

4　セルフメイドマンの困難——19世紀社会の激変

セルフメイドマンと産業化

　ところが19世紀半ばには，このセルフメイドマン物語の維持と実現はいっそう難しくなっていった。

　個人経営主や親方職人でいること，奉公人や徒弟として経験を積みいつかは店をもつこと，こういった夢は潰えつつあった。個人経営だった商家は会社組織へと衣替えし，大規模な工場が登場した。自営業者として自立できる者はもはや多くない。ニューヨークやボストンといった都市でみると，すでに19世紀半ばには労働者の多くは賃金労働者として雇われの身であった。自立したセルフメイドマンであることを理想としたアメリカ人は，常態的に誰かに指図される人びとになりつつあった。

　かつて，職人や徒弟は，親方のもとで働きつつも職人としての自由を享受した。彼らは親方と労働をともにし，同じ釜の飯を食い，終業後も酒をともにした。雇われてはいてもいつかは独立して一人前になるはずの彼らは，ひとつの職人共同体のリズムと自主性を共有した。日曜日にたっぷり酒を楽しみ，翌日をスローペースで始める聖月曜日の慣行もが息づいていた。

　ところがいまや，雇われ人たちの生活リズムを支配するのは工場の時計である。始業時間までに出勤し，言いつけられた仕事を機械が求めるペースでこなさなければならない。職人の共同体に替わって，雇う側と雇われる側とが分断される。親方たちはいまや，賃労働者たちに月曜の朝から規律良く働くことを強い始めていた。次々と渡ってくる移民労働者たちとの間に共同性をつくれるとは限らず，労働者たちは細分化され，発言力を低下させた。

セルフメイドマンとジェンダーのゆらぎ

　セルフメイドマンの性別役割にも混乱が増した。

　下層男性労働者にとって，生産者として自立して，妻子を扶養しているというフィクションを保つのは困難であった。実態として，労働者所帯ではしばしば男も女も働いた。家長の稼ぎは家族を一手に養えるとは限らず，妻や娘たちもまた家計を支えた。内職から，召使い，店舗や工場での就労まで，各種の仕事で彼女たちが得た賃金なしに日々の食卓は支えられない。食事，清掃，子育て，洗濯，繕い物などの家事は，貨幣収入では賄えない多岐にわたるニーズを満たした。

　セルフメイドマン男性たちの政治的な特権もゆらぎはじめた。1848年，ニューヨーク州郊外のセネカ・フォールズでエリザベス・スタントンらが発した所感宣言(5)は「すべての男女は平等」と謳った。中産階級女性が主導した女性参政権運動は，政治は男だけのものでない，女性にも発言させよ，投票させよと要求した。

　女性たちのこの要求の根底に，アメリカ革命の前から起きていた信仰復興運動があったことを見逃せない。アメリカにおいて，信仰心を抜きに人間とは何かは考えられない。習慣的に教会に通いつつも，人びとは宗教的な回心体験の欠如に悩んでいた。彼らに巡回説教師の声が聞こえてきたとき，北米社会は大

覚醒と呼ばれる熱狂に身を任せた。牧師のお仕着せでなくたしかに自分で神の声を聞いたと体感した人びとは，神の前にひとりで立てるという新しい感覚を手にした。たとえ啓蒙思想は知らなくとも，財産なしでも，家長でなくとも，女性であっても，神の前で平等でありうるという感触は，身分制とは違う社会を予感するに十分であった。

　革命後の人びとはこの自由と自立の感覚をいっそうわが物にした。とりわけ，各地に生まれた市民結社，福音主義結社は重要な役割を果たした。当初は名望家たちが主導した結社は，会費を払うさまざまな人びとへとその門戸を開いていった。とりわけ植民地期には発言の機会に乏しかった女性たち，若者たち，土地財産をもたない者たちが，結社を通して，公共圏へと姿を現していった。出版業の急発展とともに，新聞，雑誌，あるいは諸結社のニューズレターの読者そして書き手として，彼らは言論空間に進出した。

　かくして，家庭という私的な領域に押し込まれたはずの女性たちのなかから，家庭を守るためには公的領域の保全・改良が必要だと考える者が現れた。彼女たちが取り組んだのは女性参政権運動にとどまらない。彼女らは，貧困問題を憂い，信仰を広めようと小冊子を配り歩き，道徳の改良を唱え，禁酒をはじめとする生活改善運動を展開した。平等原理に反する奴隷制への反対運動は，婚姻下の夫と妻の関係が，奴隷制下の主人と奴隷とに相似していることに気付く契機でもあった。

　諸運動がしばしば批判したのが労働者たちの生活態度であった。男性が妻や子どもを養育する務めを果たしていないのでないか。男たちの怠惰ゆえに窮乏していないか。だらしない飲酒習慣が問題でないか。性的な不品行はないか。19世紀各種の社会改良運動は，家族が適切なジェンダー規範を守れていないと責めて，労働者たちの自立性を疑った。

　こうした批判が，中産階級自身の不安の現れだったことに留意したい。彼らは没落の不安を相殺すべく自分たちの家庭を理想化したが，彼らとてその理想通りに過ごせたわけではなかった。リディア・マリア・チャイルドの『倹約する主婦』が説いたのは，いつ没落するとも限らない中産階級が何とか身ぎれいに暮らすための技術であった。彼らはその家庭性の優位を，下層民家族との比較で相対的に確かめようと努めた。

　いずれにしても，家庭内のジェンダー関係をセルフメイドマンの証しに据えた戦略は，内外からゆさぶられたのである。

奴隷制の廃止

　そして，セルフメイドマン最後の砦と言うべき奴隷制が廃止された。

　綿花プランテーションの隆盛にともなう奴隷州の拡大は自由州との勢力バランスを崩し，アメリカは1861年ついに史上最大の内戦に突入した。南北戦争である。1863年に奴隷解放宣言が出され，1865年の憲法修正第13条で奴隷制が禁止された。1867年の憲法修正第14条が旧奴隷にも市民権を与えることを定め，旧奴隷の投票権を南部諸州が妨害することを阻んだ1870年の憲法修正第15条を経て，奴隷制を存続させる試みは潰えた。

　このとき，セルフメイドマンは奴隷制の廃止を必ずしも歓迎できなかった。南部人だけではない。北部や西部のセルフメイドマンにとっても，奴隷制の伸張を止めることは必要でも，奴隷解放の意味は多義的であった。奴隷との違いをよりどころにしてセルフメイドマンであろうと奮闘していた人びとは，奴隷解放の知らせにいらだった。アメリカニズムの掲げた自由と平等が，自分の地位を脅かさないかと人びとは思案せねばならなかったのである。

5　「自由」を！──白人であること，男らしくあること

自由の国の人種主義

　セルフメイドマンでいられない，このことがかき立てた不安を理解しなければならない。自立は理念国家アメリカの市民でいるためにどうしても必要であった。奴隷制の廃止は，共和国アメリカの市民にふさわしい独立性の担保を失う危機であった。

　ここにおいてアメリカの自由民たちは，〈人種〉[6]を理由にかつての奴隷たちとその子孫を差別し始めた。強調しておこう，歴史上ここに初めて彼らは自らを人種的に白人と見なす方法を内面化しはじめた。白人でない有色人種に対して，学校，食堂，劇場など公共の場での隔離を法制化した。

　人種の観念や黒人という呼び名がそれまで存在しなかったわけではない。

1790年の帰化法は自由白人にその資格を与えた。同年のセンサス法でも，皮膚の色は国勢調査を進めるうえで注目点とされた。1830年頃までに投票に関わる財産制限が外されていくと，普通選挙権を得たのは白人男性であった。たとえ自由民であっても，白人男性でないものに選挙権は与えられなかった。一時期は選挙権をもっていた自由黒人たちは19世紀前半のうちにその権利を剥奪されもした。

　それでも，人種の境界線が決定的な意味をもったのは，奴隷制が廃止されていく19世紀中盤以降のことであった。自由の対極にある奴隷との対比で自らの自由と自立を確認していた人びとは，その境界線をつくり直す論理として人種を持ち出した。自由民たちは自らを〈白人〉と見なし，旧奴隷とその子孫を〈黒人〉と位置づけ直していったのである。

　ときは折しも，科学的な人種主義が台頭する頃であった。チャールズ・ダーウィンの『種の起源』（1859年）を起爆剤に，人種の差異を測定する科学が普及していった。人種主義は，前近代的な偏見の残りかすではない。それは，市民からなる近代的国民国家アメリカが誕生し，奴隷制を廃止したのち，19世紀後半になって歴史の表舞台に出てきた新しい現象なのである。

自由の国のセクシズム──男らしくあること，女性を保護すること

　人種の境界をつくるときに，**セクシュアリティ**[7]の問題が重要であった。黒人が忌むべき異人種だとすれば，黒人と白人の血が混ざってはならない。異人種間の性交はゆゆしきことであった。人種隔離を定めたいわゆるジム・クロウ法の中心にあったのは異人種間結婚の禁止に他ならない。

　1863年にニューヨークで刊行されたパンフレット「人種混淆」はこのことを伝える好例である。いまだ南北戦争のさなか，奴隷解放宣言が出された後の北部都市で出まわったこの小冊子は，奴隷解放を，黒人男性が白人女性との間に子どもをつくることだと表現した。性的不安をあおるこの方法は以後も繰り返された。南部社会で人種隔離法が定着していく1880年代ごろから1930年代ごろまでに，南部を中心に黒人男性へのリンチが続出したことが想起される。白人男性たちが徒党を組んで黒人男性を拘束し，首吊りに処した。この私刑を下した理由としてしばしばあげられたのは，黒人男性による白人女性のレイプ疑惑

であった。人種間の境界が崩されてならないとすれば，性的な混淆は，人種の純潔性に対する生物学的なレベルでの侵犯だと論じられたのである。

　こうした法やレトリックを，黒人を非難する材料としてセクシュアリティが使われた事例とみるだけでは核心を捉えそこなう。ことは逆でもあるのだ。性別役割と地位を守るために人種の論理が利用されもした。

　奴隷制の廃止が，自由民が自分たちの自由さを際立たせる非自由民という存在を消し去っただけでない。それは，南部北部とを問わず男性の特権がドミノ倒しに巻き込まれる始まりであった。かつて男たちは，参政権をもつ自分たちこそが妻や子どもを代弁すると自負した。ところがいまや，男たちは女たちから挑戦を受けるのである。

　旧奴隷が投票権を得る事態は，女性参政権運動を活性化した。旧奴隷ですら投票できるというのに，どうして女性には参政権がないのか。女性を精神病者や服役者と同列に扱うと言うのか。建国期以来，奴隷制廃止とともに女性の参政権を求めてきた人びとはいっそう声をあげた。彼女たちは1868年の憲法修正第14条で女性へも参政権を与えるよう運動をし，それが実現しないと，投票所に足を運んで自ら投票権を行使しようとした。こうしたデモンストレーションは，自由民男性たちだけのものであった政治的特権をまたひとつ浸食する。そればかりか，男たちの自由と自立の証だった被保護女性という存在を奪いかねない要求であった。

　ここに，自由民男性家長の脆弱さがむき出しになった。旧奴隷との経済的競合にも巻き込まれるであろう自由民男性たちに，妻子を扶養するほどの稼ぎがあるとは限らなかった。奴隷制プランテーションが解体される南部の零細白人への打撃はなおさら深い。新南部への工場の進出は南部の女性や若年者に職を提供しはじめた。貧しい白人男性農民たちはここでも依存者を失おうとしていた。

　ここにおいて自由民男性は，その自由と自立を一挙に回復する手を求めた。ともに依存者であった旧奴隷と女性の存在は自由民男性の自立性の根拠であったので，これらをまとめて処理する方法が模索された。

　人種混淆を問題視することは，セクシュアリティを媒介に，黒人と女性とをともに制する方法であった。黒人男性を不法な異人種間婚姻者やレイプ犯とし

て私刑に処することは，自己を律せない獣的な存在として黒人を特徴づけただ
けでない。それは同時に，その黒人から白人女性を保護する力をもった者とし
て白人男性を位置づけ，自立度を高めつつあった白人女性たちを返す刀で保護
されるべき存在へと押し込めることであった。自立したアメリカ人としての地
位を得ようとした人びとは，人種主義とセクシュアリティの管理を組み合わせ
て「白人男性」になった。強調しよう，ここでもかつての自由民たちはいわば
初めて「男性」であることを自分たちの基盤に据えたのである。

　1776年のアメリカ独立宣言から100年を経て，共和国アメリカは白人男性の
国になろうとしていた。かつて，白人や男性であることは社会的な地位を保証
しなかった。共和国市民にふさわしく自立したセルフメイドマンであろうとし
た奮闘が，執着に執着を重ねて，黒人男性を脅威として排除することで白人女
性たちを保護対象として抑え込もうとする白人男性を生み育てていったのであ
る。

理念の国アメリカと，白人男性至上主義──「いま」に続く水脈

　こうした経緯をふまえると，現代アメリカの見え方は変わってくるだろうか。
現代アメリカに蔓延しているのは前近代的で馬鹿げた人種主義や男性至上主義
ではない。その執着は，アメリカ社会のよって立つところに関わるすぐれて近
代的なものである。理念国家にふさわしい市民であろうとする努力こそが，い
まにも存続する白人男性至上主義を生んだのである。

　つまり，こういうことだ。一方において，アメリカにとって理念は飾り物で
はない。元来ばらばらの人びとをアメリカ人たらしめるのが普遍理念に訴える
このアメリカニズムという装置であった。アメリカはたしかに理念国家であっ
た。他方，このアメリカにはその普遍理念を踏みにじるように人種や性差に執
着する者がいる。しかしそれをもって白人男性たちがアメリカを牛耳り続けて
いると言うのは早計である。歴史的にみて，白人男性であることは社会的地位
を約束しなかった。普遍理念国家アメリカにふさわしいセルフメイドマンであ
ろうと努め，それが困難に突き当たるなかで，あがくようにして手にしたのが
白人であること，男性であることを重視する方法であった。それは理念を飾り
にした既得権益層の本音というよりも，理念的な資質を満たそうと奮闘するな

かでわらにもすがるようにつかんでしまったものであり，それは容易に手放せない。アメリカの理念に忠実であろうとするがゆえに，普遍理念に背いてしまうのである。問題の根は深いと言わねばならない。

　ただしかし，この歴史的な生成物は，アメリカにいつも変わらず存在したわけでもなければ，いつも安定した状態にあったわけでもなかった。苦し紛れにつかんだ白人男性至上主義は，常に挑戦にさらされ，内部矛盾を露呈し，調整なしには持ちこたえられない。アメリカ共和国の深部に根差しながらも，状況は変化へも開かれている。現代アメリカ社会はこの現在進行形の折衝のさなかにあると言えるだろう。

松原宏之

注
(1)　合理的・批判的な思考で，既存の体制や価値観を再検討した一群の思想。ここでは，王政や身分制への懐疑と，自由や平等といった概念の提起のことをいう。
(2)　ナポレオン戦争期にイギリスが米仏間の貿易を妨害したことを一因に1815年まで続いた。第二の独立戦争とも言われ，アメリカでナショナリズムが高まり，経済的にもイギリスからの自立度が高まった。
(3)　第7代大統領。1829年から37年まで在職。弁護士，政治家，軍人として立身出世した初の庶民出身の大統領。
(4)　顔を黒く塗った芸人が黒人の所作や口調をまねて歌や踊りを披露した演芸。19世紀半ばから人気を得た。
(5)　女性の権利獲得を訴えて男女300名ほどが集まったいわゆるセネカ・フォールズ会議で起草された。独立宣言を模して女性の平等を謳った一節で知られる。
(6)　一見すると自明に思える人種が歴史的，社会的につくり出されたものだとするこの見方を構築主義と呼ぶ。
(7)　性的嗜好もまた自然で普遍的なものとは限らず，歴史的，社会的に規定されてきた。構築主義的な性差や性別役割の理解である。

――――――――――― さらに考えるために ―――――――――――

古矢旬『アメリカニズム――「普遍国家」のナショナリズム』東京大学出版会，2002
アメリカとは何か。ある社会の原理的な特徴はなにか。こうした大きな問いに真っ向からぶつかっていくその手際を堪能したい。普遍主義的な理念国家が，20世紀にかけていかなる現実とつきあたっていかなる変容を遂げたかを一望する。本章との

比較にも挑戦して欲しい。

デイヴィッド・R・ローディガー（小原豊志，竹中興慈，井川眞砂，落合明子訳）
『アメリカにおける白人意識の構築――労働者階級の形成と人種』明石書店，2006
年
一見してあきらかに存在するように思われる肌の色や人種の違いが，実は歴史的に
構築されたものだと喝破した記念碑的な一冊。19世紀の人びとの言い回しやミンス
トレル劇などを手がかりに探究していく様子がスリリング。ローディガー自身が自
分の思考の縛りに気づいていく自伝的な序章も読みどころ。

ソニア・O・ローズ（長谷川貴彦，兼子歩訳）『ジェンダー史とは何か』法政大学
出版局，2016年
本章でも触れたジェンダー史の方法を知るには，研究史についても具体的に描いて
くれるこの本が親切かつ刺激的。ジェンダーの構築性に気づくと，ジェンダーが性
差にとどまらないいくつもの要素と一緒に歴史的に構築されることがわかる。アメ
リカ史に限らない事例で視野も広がる。

読書案内

Bouton, Terry. *Taming Democracy : "The People," the Founders, and the Troubled Ending of the American Revolution.* Oxford ; New York : Oxford University Press, 2007.

Brooke, John L. *Columbia Rising : Civil Life on the Upper Hudson from the Revolution to the Age of Jackson.* Chapel Hill : University of North Carolina Press, 2010.

フォーナー，エリック（横山良，竹田有，常松洋，肥後本芳男訳）『アメリカ　自由の物語――植民地時代から現代まで』岩波書店，2008年。

古矢旬『アメリカニズム――「普遍国家」のナショナリズム』東京大学出版会，2002年。

ガットマン，ハーバート・G（大下尚一，長田豊臣訳）『金ぴか時代のアメリカ』平凡社，1986年。

Harris, Leslie M. *In the Shadow of Slavery : African Americans in New York City, 1626-1863,* Chicago : University of Chicago Press, 2003.

Holton, Woody. *Unruly Americans and the Origins of the Constitution.* New York : Hill and Wang, 2008.

アイゼンバーグ，ナンシー（渡辺将人監訳）『ホワイト・トラッシュ――アメリカ低層白人の四百年史』東洋書林，2018年。

貴堂嘉之『移民国家アメリカの歴史』岩波新書，2018年。

貴堂嘉之『南北戦争の時代——19世紀』岩波新書，2019年。

Kimmel, Michael S. *Manhood in America : A Cultural History*. Fourth edition. New York, NY : Oxford University Press, 2018.

中野耕太郎『20世紀アメリカ国民秩序の形成』名古屋大学出版会，2015年。

Pascoe, Peggy. *What Comes Naturally Miscegenation Law and the Making of Race in America*. Oxford ; New York : Oxford University Press,, 2009.

ローディガー，デイヴィッド・R（小原豊志，竹中興慈，井川眞砂，落合明子訳）『アメリカにおける白人意識の構築——労働者階級の形成と人種』明石書店，2006年。

サンデージ，スコット・A（鈴木淑美訳）『「負け組」のアメリカ史——アメリカン・ドリームを支えた失敗者たち』青土社，2007年。

シルバー，ニナ（兼子歩訳）『南北戦争のなかの女と男——愛国心と記憶のジェンダー史』岩波書店，2016年。

ウィレンツ，ショーン（鵜月裕典，森脇由美子，安武秀岳訳）『民衆支配の讃歌——ニューヨーク市とアメリカ労働者階級の形成1788〜1850』木鐸社，2001年。

ウッダード，コリン（肥後本芳男，金井光太朗，野口久美子，田宮靖彦訳）『11の国のアメリカ史——分断と相克の400年』岩波書店，2017年。

第3章

アメリカ例外主義の遍歴

―外交史―

It's "up to" them / Udo Keppler.
（出所）Library of Congress

キーワード　例外主義　対外戦争　帝国

　2017年第45代米国大統領に就任したドナルド・トランプは例外主義を放棄した大統領ともいわれる。例外主義とは，アメリカは物質的・道義的に比類なき存在で，世界に対して特別な使命を負うという考えで，歴史上，アメリカ外交をさまざまに特徴づけてきた。「世界に搾取され，弱くなったアメリカ」を前面に打ち出し，国益の赤裸々な追求を肯定したトランプ外交は，例外主義の伝統を否定するものだった。

　トランプ後のアメリカは，例外主義を取り戻していくべきだろうか。そう単純ではない。世界に対する責任を放棄したトランプ外交は問題であったが，道徳的に優れた「例外国家」として振る舞ってきた過去のアメリカ外交も，国際社会との間に多くの軋轢を生み出してきた。本章では，例外主義的な意識が，アメリカ外交をいかに規定してきたかに着目しながら，建国以来の外交を学ぶ。

1　孤立主義のアメリカ

堕落しないアメリカ

　17世紀にイギリスやフランスなどヨーロッパ諸国から北米大陸に移住してきた人びとは，自らの出自であるヨーロッパを，封建制や身分制に縛られ，腐敗した「旧世界」と見なし，自らが辿り着いた「新世界」に自由や平等の実現を託していった。こうしてヨーロッパという「他者」を鏡に，世界でひとり堕落や衰退の危険を免れ，それゆえ人類史において特別な使命を担う「例外国家」アメリカという自国像が発展していく。

　このような自国像は，孤立主義と呼ばれる外交政策を支えていくことになる。初代大統領ジョージ・ワシントンは，3選を辞した1796年の告別演説で，世界から隔離されたアメリカの位置は，他国とは異なる歴史のコースを辿ることを可能にしていると，アメリカの例外性を強調した。そして，どうしてそのような特別なアメリカの運命を，ヨーロッパの権力政治や腐敗に巻き込む必要があるのかと訴え，外国とは，通商関係は拡大する一方で，政治的な関係や軍事的な関係は可能な限り回避すべきだとする孤立主義を掲げた。当時，ヨーロッパは，フランス革命後の混乱の中にあった。ワシントンの孤立主義は，そのようなヨーロッパの動乱を念頭に置いたものだった。それは，建国してまもない小

国アメリカが，ヨーロッパの戦争や対立に巻き込まれる事態を回避し，その安全と独立を確保する現実的要請にもかなっていた。

　専制政治や戦争が蔓延するヨーロッパと，自由で平和なアメリカという二分法は，その後もアメリカが世界と関わる際の基本的な認識枠組みであり続けた。第5代大統領ジェームズ・モンローは，1823年，連邦議会にあてた年次教書で，後にモンロー・ドクトリンと呼ばれる外交原則を打ち出した。その内容は，ヨーロッパ諸国と，南北アメリカ諸国の政治体制は本質的に異なるとして，相互の不干渉を打ち出すものだった。

　もっとも，モンローがこのように主張するとき，ラテンアメリカ諸国が，アメリカと同じ共和政体を選ぶことは自明視されていた。ここに顕著に見られる，ラテンアメリカ諸国の主体的な政治選択を認めない対外姿勢は，その後，アメリカが同地に度重なる介入を展開する思想的な素地となっていく。1904年の年次教書でセオドア・ローズヴェルトによって確認されたモンロー・ドクトリンは，ヨーロッパとの相互不介入の論理よりも，アメリカのラテン・アメリカ諸国への介入の論理としての性質を色濃くしていた。ローズヴェルトは，ヨーロッパ諸国とは異なり，アメリカには領土的な野心がなく，それゆえに，ラテンアメリカ諸国に対し，純粋に利他的な介入ができるという論理で，アメリカの介入を「警察」行為として正当化した。

　ラテンアメリカへの介入姿勢が示すように，孤立主義はあくまでヨーロッパに限定されていた。20世紀になると，アメリカはアジア太平洋地域へと積極的に勢力を伸張させていく。1898年，アメリカはキューバの独立をめぐるスペインとの戦い（米西戦争）に劇的な勝利を収め，その結果，プエルトリコ，グアム，フィリピンを領有し，キューバを独立させて実質的な保護国とした。これらの海外植民地の領有は，アメリカにアイデンティティ上の問題を突きつけた。道徳的に堕落したヨーロッパ諸国と対置される「新世界」を自負し，ヨーロッパ流の帝国主義を批判してきたアメリカも結局，帝国主義国への堕落を免れないのか，という問題である。この問題は1900年大統領選挙でも争われ，その結果，帝国主義的な拡張を批判した民主党候補の**ウィリアム・J・ブライアン**[1]は，共和党のウィリアム・マッキンレーに大敗北を喫した。再選されたマッキンレーは就任演説で，こう宣言した。「アメリカの制度は，拡張することによっ

49

て腐敗することはない」。すなわち，過去の帝国は，外に向かって拡張した果てに腐敗し，滅びる運命を辿ったが，アメリカはそのような歴史法則における例外であるというのである。こうした認識に立って，マッキンレーは，アメリカに領有されることによって，むしろそれらの地の人民は自由になるのだと謳いあげた。

「民主主義のための戦争」

　第一次世界大戦の勃発は，ヨーロッパからの孤立を原則としてきたアメリカ外交に大きな挑戦を突きつけた。戦争が勃発した当初，ウッドロー・ウィルソン大統領は建国以来の方針にならい，中立政策をとった。アメリカという高潔な存在は，各国の争いから超越し，公平な調停者として平和に貢献すべきだと考えていたのである。しかし，その後，ドイツ軍が遂行した無制限潜水艦作戦により，アメリカ人を乗せたイギリス船ルシタニア号の沈没事件が起こると，アメリカでも反ドイツ感情が高まっていく。こうした背景のもと，ウィルソンは戦争準備を決断する。

　1917年4月，上下両院合同会議でウィルソンは参戦を訴える演説を行った。その際にウィルソンが掲げたのが，「世界を民主主義にとって安全なものとする」という大義であった。このようなレトリックによってウィルソンは世界大戦を，これまでのヨーロッパの歴史を連綿と彩ってきた帝国主義戦争とは根本的に異なる，崇高な大義を実現するための戦いと意義づけたのである。その一方で，ウィルソンは参戦する際，「協力国（associated power）」という，他の国とは異なる特別な立場で参戦することにこだわった。ここには，ヨーロッパの戦争に事実として介入するが，だからといってヨーロッパと同列の存在になったわけではないという，建国以来の認識の継続がうかがえる。そうした意味で，ウィルソンの参戦の決定は，ヨーロッパの戦争から超然とすることを原則としてきた外交方針の転換ではあったが，ヨーロッパとは異なる，道義的に崇高なアメリカという自国認識まで変更するものではなかった。

　アメリカの参戦は上下院で賛成多数で可決された。しかし，民間には，「民主主義のための戦争」という戦争大義に懐疑の目を向ける人びともいた。女性参政権運動のリーダー，ジェーン・アダムズは女性党の党首として，「民主主

義のための戦争」の欺瞞を指摘し，反戦を掲げた。アダムズの戦争への反対は，大戦中に訪れたヨーロッパで戦場を視察したことにより，確信に変わった。第一次世界大戦は，化学兵器に加え，戦車や飛行機，機関銃，潜水艦など新兵器が投入される総力戦となり，無数の死者と負傷者を出した。野戦病院をめぐっていたアダムズに，ある兵士は，次のように語ったという。私たちは文明を守るために戦っていると告げられてきた。しかし戦争は文明を破壊する。大学で最高の教育を受けた人びとも，学者も，哲学者も，詩人も，ひとたび塹壕で恐怖にさらされる毎日を過ごせば，粗暴な農民と同等の下劣さや野蛮さを発揮するのだ，と。戦場での見聞からアダムズは，「民主主義のための戦争」と美化された戦争の実態が，剥き出しの暴力による殺し合いに他ならないことをあらためて認識した。

　ウィルソンは，建国以来の孤立主義を転換し，「民主主義」の大義を掲げて参戦した以上，大戦の帰結は，単なる終戦ではなく，より高次の平和へと帰結する必要があると考えていた。このような考えから生まれたのが，大戦中に発表された戦後の国際秩序についての14カ条の原則であった。秘密外交の廃止，公海の自由，通商障壁の撤廃，軍縮，被治者の合意に基づく統治，そして**国際連盟**の設立などを盛り込んだ14カ条は，「旧世界」ヨーロッパの政治を否定し，「新世界」アメリカの主導で新しい平和をつくるという意気込みに満ちていた。とりわけウィルソンが重視したのが，国際連盟の創設であった。ウィルソンは連盟の設立により，これまでヨーロッパで行われてきた，大国間の勢力均衡に基づく，不安定で非道徳的な「平和」は終わらせられると考えていた。代わりにウィルソンが目指したのは，侵略が起こった際には，連盟の加盟国が一致してその国家を守る集団安全保障体制の構築であった。大戦後，戦後処理のために開催されたパリ講和会議でウィルソンはさまざまな妥協を迫られたが，連盟の創設については譲らなかった。

　しかし，せっかく創設された連盟に，当のアメリカが参加しないという皮肉な結末が待っていた。上院の共和党議員たちは，ひとたび連盟に加盟し，その集団安全保障体制に加われば，アメリカは，海外の戦争に際限なく巻き込まれると，連盟加盟に反対したのである。こうして連盟の船出は，アメリカという重要なメンバーを欠くという困難なものとなった。1930年代，ドイツや日本の

侵略行動によって国際秩序が動揺していくなかで，連盟の集団安全保障が有効に機能することはなかった。

2　世界関与へ

孤立主義への回帰？

　ひとたび大戦が終わるとアメリカ国民は，連盟に加盟し，世界平和に対して責任をもつことよりも，孤立主義に回帰することを求めた。1920年の大統領選挙では，共和党のウォレン・ハーディングが「常態への回帰」，さらには「アメリカ・ファースト」のスローガンを掲げて，民主党候補のジェームズ・コックスに大差をつけて勝利した。その後，カルビン・クーリッジ，ハーバート・フーバーと3代にわたって共和党出身の大統領が続き，いずれの政権も連盟への加盟は拒絶した。

　もっとも，1920年代の共和党による外交を孤立主義と呼ぶことは妥当ではない。相互依存を深めた20世紀の世界は，もはやアメリカに世界からの隔絶を許さなかった。ハーディング政権は，アジア太平洋の国際秩序の安定を目指すワシントン会議(1921-22)を開催し，米英日の海軍軍縮を実現させ，続くクーリッジ政権の国務長官フランク・ケロッグは，フランスの外相アリスティード・ブリアンとともに，自衛目的以外の戦争の放棄と，紛争の平和的解決を誓約したパリ不戦条約(3) (1928) の締結を主導した。共和党政権のもとで否定されたのは，あくまで連盟の集団安全保障，すなわち，軍事力を手段として世界平和に貢献することであり，世界への関与自体が否定されたわけではなかった。

　連盟加盟をめぐり上院で大論争が起こったのに対し，不戦条約の批准は上院で圧倒的多数で可決された。連盟への参加が集団安全保障への参加，つまり侵略国に対する制裁行動への参加を意味したのに対し，不戦条約は，制裁について何ら規定を設けておらず，締約国になったことで具体的な義務が生じることはなかったからである。このような不戦条約の性質は，世界平和のための具体的なコミットメントはなるべく回避したいが，平和や国際協調に関心があるように装いたい共和党政権にとって都合がよいものであった。

　さらにいえば，クーリッジ政権にとって，戦争とは，領土欲に駆られたアメ

リカ以外の諸国家が行うものであり，アメリカが行うものとして想定されていなかった。クーリッジ政権は，不戦条約の締結交渉と平行して，政情不安が続いていたニカラグアに艦隊を派遣し，漸次，軍事占領の規模を拡大したが，このことは矛盾として意識されなかった。そこには，19世紀のモンロー・ドクトリン以来のアメリカのラテンアメリカに対するまなざしがあった。すなわち，戦争や帝国主義といった害悪は「旧世界」ヨーロッパからもたらされるものであり，西半球でアメリカが行う介入は，ラテンアメリカの治安維持という，純粋に利他的な動機に基づくもので，たとえ軍事力が伴っても，「戦争」ではないという認識である。

真珠湾攻撃の衝撃

1933年3月，恐慌対策に失敗した共和党のフーヴァー政権に代わり，民主党のフランクリン・D・ローズヴェルト政権が誕生した。もっともこの政権交代が対外政策に及ぼした影響は，当初は限定的であった。ヨーロッパの国際秩序の動揺とともに，決してそれに巻き込まれまいとする孤立主義的な風潮は，世論や議会でいっそう堅固なものとなっていた。ジャーナリストのエングルブレヒトとハニゲンによる『死の商人』がベストセラーとなり，第一次世界大戦は「世界を民主主義のために安全にする戦争」などではなく，アメリカは単に軍需産業や金融資本の陰謀で戦争に「巻き込まれた」のだという見方が人びとに広範に共有されていった。このような世論を背景に，1934年，ノース・ダコタ州選出の共和党上院議員ジェラルド・P・ナイは軍需品調査委員会を組織し，2年間に及ぶ調査活動の末，先の大戦へのアメリカの参戦は軍需産業の陰謀であったとする長文の報告書を発表した。下院では，1935年，インディアナ州選出の民主党議員ルイス・L・ラドロウが，アメリカ本国が直接攻撃されたケースを除き，議会が宣戦布告する際には国民投票を経なければならない旨を憲法に明記すべきだとする憲法改正案を提出した。1938年1月，最終的にラドロウ憲法改正案は下院で否決されたが，反対と賛成の数は209対188と拮抗していた。世論調査によると，国民の7割がラドロウ憲法改正案を支持していた。

議会の孤立主義の最も顕著な表れが，一連の中立法の制定であった。1935年，議会は，大統領が戦争状態の存在を宣言した場合，交戦国に対して武器や軍需

品を売却することを禁ずる中立法を制定した。これを盾に，ローズヴェルトは
イタリアによるエチオピア侵攻に対し不介入を表明した。1935年中立法は時限
立法であったが，期限を迎えた1936年と1937年それぞれにおいて延長が決定さ
れ，内容も強化された。

　アドルフ・ヒトラー率いるドイツがオーストリアとチェコスロバキアを併合
し，ポーランド，ベルギー，オランダ，フランスへと侵略を拡大しても，アメ
リカの参戦世論は盛り上がらなかった。参戦に反対する「アメリカ・ファース
ト委員会」などの団体が，新聞やラジオ，集会などを通じて活発な宣伝を行っ
たことも影響していた。同委員会の有力なスポークスマンであった飛行家
チャールズ・リンドバーグ[4]は1941年，「独立したアメリカの運命」を高らかに
掲げてスピーチを行い，アメリカは西半球に干渉しようとする国とは戦うべき
であるが，海外で民主主義を守るために戦う必要はないと訴えた。

　こうした世論の状況を一変させたのが，1941年12月の日本軍による真珠湾攻
撃であった。ギャラップ社の調査によると，攻撃後，実に97％の国民が参戦を
支持していた。攻撃を受けた後すぐ，ローズヴェルトは日本への宣戦布告を議
会に求め，上院は全会一致，下院は1人が反対したのみで，宣戦布告を承認し
た。下院でたった1人，「女性として私は戦争に行くことはできませんし，他
の人を送ることもできません」と反対に回ったのが，モンタナ州選出のジャネッ
ト・ランキンであった。ランキンは，1917年女性初の連邦議会の下院議員とな
り，第一次世界大戦への参戦に反対票を投じた50名の議員の1人でもあった。

原爆投下

　1945年8月，二発の原子爆弾が広島と長崎に投下され，即死を含め，1945年
中に死亡した人の数は，20万人以上に及ぶとされる。二発の原爆投下の数日後，
日本は無条件降伏を受け入れた。2022年5月現在，アメリカは原爆を実戦で使
用した唯一の国である。

　原爆の開発は，1942年，ローズヴェルト政権のもとで「マンハッタン計画」
の暗号名のもとに開始された。すでにドイツにおいてウランの核分裂が確認さ
れており，ドイツが原爆開発に成功する前に，なんとしても原爆開発に成功し
なければならないという切迫感を背景に，原爆の開発には20億ドルという巨額

の金が投入された。

　原爆投下やその管理に関しては，科学者の間でさまざまな意見があった。実戦での原爆使用は極力避け，まずは無人地帯に投下し，その威力を知らしめるべきだと意見も相当数の科学者によって支持された。すでに関係が悪化していた米ソ間に，原爆投下をきっかけに核軍備競争が起こることへの懸念から，核に関する情報を，マンハッタン計画のパートナーであったイギリスやカナダだけではなく，ソ連とも共有し，核の共同管理システムを樹立するよう主張する声もあった。しかし，急逝したローズヴェルトに代わったハリー・トルーマン大統領や政府高官は，科学者の警鐘に耳を傾けることはなかった。

　トルーマンは，核兵器の独占的保有を，アメリカの例外的な道義性に訴えて正当化した。1945年10月，海軍記念日の演説でトルーマンは，アメリカの核保有は「神聖な委託」であると訴え，平和を愛し，世界との信頼を大事にするアメリカが保有する核兵器が，他国の脅威となることはありえないと断言した。こうした主張は裏を返せば，アメリカのように道義的ではない国，直接的にはソ連に核保有を許さないという論理であった。このときから現在に至るまで，アメリカは，自らが核兵器を保有する権利を当然視しながら，アメリカにとっての敵あるいは敵となりうる国を，核を利己的に使用しうる「ならず者」と名指し，核保有を許さない態度を貫いている。

　トルーマンは回顧録で，２発の原爆投下は，日本を降伏させるためのもうひとつのオプションとして検討されていた日本への上陸を無用にし，戦争終結を早め，結果として多くの米兵の命を救ったと，当時の決断を正当化している。この正当化の論理は，その後もアメリカ社会で長く支持されてきた。しかし，21世紀に入った今，アメリカの世論は確実に変わってきている。1945年，原爆投下直後のギャラップ社の世論調査では，85％のアメリカ国民が投下の決定を支持していた。しかし2015年にピューリサーチセンターが行った世論調査によると，投下を支持すると回答した人の割合は56％で，34％の人が支持しないという回答であった。若者世代に限って見ると，投下は正当化できないと考える人が，できると考える人を上回っている。さらに2020年にNHKが行った調査によると，18歳から34歳までのアメリカの若者の80％が原爆投下について学ぶことに意欲を見せ，この値は，同じ年代の日本国民より10％以上高いものだっ

た。広島や長崎を訪問する若者も増えている。

　もっともこのような原爆に関するアメリカ国民の意識の変化は，現実の核軍縮には必ずしも結びついていない。2021年１月，核兵器の開発・保有・使用を禁じる**核兵器禁止条約**が発効したが，中国やロシアなどその他の核保有国とともに，アメリカは参加していない。

3　自由主義世界の盟主

精神の孤立主義

　第二次世界大戦中の1941年，『タイムズ』誌の創刊者ヘンリー・ルースは，「アメリカの世紀」と題した，時代の転換を画する論説を発表した。この論説でルースは，アメリカを，自らの富や幸福だけを追求することなく，それを人類に分け与える使命を果たす「善きサマリア人」と位置づけ，アメリカ独立宣言や憲法，それらに具現化されたアメリカの政治理念や価値観が全世界に普及する「アメリカの世紀」の到来を予見した。

　ルースの主張には，アメリカの世界関与の問題点が集約されていた。たしかにそこには，第二次世界大戦前夜までアメリカの対外関与を特徴づけた孤立主義的な迷いはもはやなく，アメリカの積極的な世界関与への意気込みが満ちている。しかし，そこで想定されている世界関与とは，アメリカが一方的に世界に作用を及ぼし，その理念や価値観を一方的に伝達するものであり，アメリカと諸国家との対等な相互作用や，相互変容は想定されていない。第二次世界大戦を経て，アメリカはたしかに，建国以来の孤立主義を最終的に放棄し，新しい世界関与の時代を迎えた。しかしそこに，メンタリティの次元における孤立主義の脱却は伴わなかった。アメリカは，アメリカの卓越性や全能性を大前提とする例外主義的なメンタリティはそのままに，世界に大々的に関与していくことになる。

　アメリカの例外主義的な意識は，連盟の失敗を教訓に，第二次世界大戦後に創設された国際連合への関与を通じても，相対化されることはなかった。20年前，アメリカの連盟加盟を阻んだのは，連盟規約に盛り込まれた集団安全保障であった。ひとたび連盟に加盟すれば，アメリカは，自国の安全や利害に関わ

りない海外の戦争に際限なく巻き込まれるという危惧が，議員や国民を，連盟加盟に反対させた。対照的に，連盟よりも強力な集団安全保障体制を具備した国際連合への加盟は，上院で圧倒的多数で可決された。アメリカ国民の大多数も，国連加盟を支持した。研究者たちは長らく，国連に対するアメリカの国民的な賛同を「国際主義の勝利」と高く評価してきた。

しかし，国連への加盟という事実だけで，アメリカ外交において，孤立主義に国際主義が勝利したと結論するのは早計である。重要なことは，その後，アメリカがいかなる精神で国連に関与し，いかなる場として活用していったかである。そこには，国際平和という共通目標に向けて，諸国家と妥協や調整をしながら協力しようとする精神や姿勢があっただろうか。米ソ関係の悪化とともに，アメリカ国内には，国連において拒否権を行使してアメリカの提案をことごとく挫折に追いやるソ連への不満が広がっていった。それに伴い，アメリカの国連外交の力点は，安保理におけるソ連との対話や交渉よりも，自由主義陣営の「数の圧力」に訴えることができる総会の権限強化や，憲章51条が定める個別的・集団的自衛権[6]に基づく安全保障条約の締結に置かれていった。国連は米ソ冷戦の一舞台に矮小化され，アメリカの政策目標のために利用できる限りで尊重されるものでしかなくなっていった。

2つの生活様式の戦い

1947年，イギリスからの申し出を契機に，トルーマン政権は対外関与に関する選択に迫られた。当時イギリスは，左翼ゲリラと抗争中のギリシアの王党派政府に経済支援をしていたが，財政が逼迫し，支援の継続が困難となっていた。そこでアメリカにギリシアに対する経済支援の肩代わりを求めたのである。トルーマン政権はイギリスの申し出を受け入れる意向であったが，悩みは，議会と世論に，遠いギリシアへの経済支援がなぜ必要かを説得できるかどうかにあった。

そこでトルーマンが用いたのが，アメリカ国民の「例外国家」としての自意識だった。議会でトルーマンは，ギリシア援助の必要性を訴えて，後に「トルーマン・ドクトリン」と呼ばれる演説を行った。演説のなかで，ソ連との戦いは，単なる利害や勢力圏をめぐる争いではなく，2つの生活様式の争いとして描か

れた。すなわち米ソ対立とは，「多数者の意思に基礎を置き，自由な諸制度，代議政府，自由な選挙，個人の自由の保障，言論と信教の自由，そして政治的圧政からの自由によって特徴づけられる」生活様式と，「多数者を力によって抑圧する少数者の意思に基礎を置き，恐怖と圧政，統制された出版と放送，仕組まれた選挙，個人の自由の圧迫の上に成り立つ」生活様式との対立なのであった。このようにトルーマンは，ギリシアへの援助を，全世界を舞台とする2つの生活様式の戦いの一環に位置づけ，アメリカは自由主義世界の盟主として行動しなければならないとしたのである。

　このような善悪二分法的な世界観は，冷戦期のアメリカ外交を全般的に特徴づけた。ソ連との対抗上，アメリカは，北大西洋条約機構（NATO），東南アジア条約機構（SEATO），日米安全保障条約など，多国間・二国間の防衛条約を次々と結び，全世界的な同盟ネットワークをはりめぐらせていった。

ベトナム戦争

　しかし，アメリカ的な価値観はその卓越性ゆえに世界各国に自発的に受け入れられ，ほどなく自由や民主主義といったアメリカ的な価値観が普遍化した「アメリカの世紀」が到来するというルース的な楽観は，共産主義という巨大なカウンター・イデオロギーの存在によって裏切られていく。特にアジアにおいて，社会主義・共産主義は，西欧や日本の植民地支配からの解放のイデオロギーとして民族独立運動と結びつき，急速に広がっていった。1949年には中華人民共和国が成立し，1950年に勃発した朝鮮戦争の結果，ソ連と中国を後ろ盾とする朝鮮民主主義人民共和国と，アメリカが支援した大韓民国との分断が固定化した。これらの事態を受け，アメリカの政策決定者の間では，一国の共産主義化を容認すれば，ドミノ倒しのようにその他の国・地域の共産主義化も進んでしまうという「ドミノ理論」が共有されていく。1950年代前半，アメリカは，アジア各国と個別・集団的な防衛条約を締結し，対ソ・対中包囲網を形成していくことになる。

　硬直した反共主義は，アメリカの対ベトナム政策を大きく歪めることになった。1945年8月，東南アジアまで侵略を広げていた日本が最終的に敗北し，その翌月，第一次世界大戦の頃からフランスからの独立運動を牽引してきた

ホー・チ・ミンは，ベトナムの独立を宣言する。その独立宣言は，「すべての人間は生まれながらにして平等であり，その創造主によって，生命，自由，および幸福の追求を含む不可侵の権利を与えられている」というアメリカ独立宣言の文言を継承するものだった。

　にも関わらず，アメリカは，その硬直した反共産主義ゆえに，ホー・チ・ミンを，民族独立を隠れ蓑にした共産主義者と見なして敵視し，植民地勢力であるフランスの支援に回った。1954年，最終的にフランスがベトナムに敗北し，インドシナ半島から撤退すると，ベトナムの共産化を恐れるアメリカは，南ベトナムのサイゴン（現ホーチミン）に傀儡政権を樹立して介入を深めていく。ベトナムの人びとの解放を謳いながら，植民地勢力を支援し，さらにはその肩代わりをするというアメリカの行動は矛盾に満ちていたが，アメリカ政府には，自分たちが今や植民地勢力側に立っているという自覚は皆無であった。世界をますます，資本主義と共産主義の対立に単純化するようになっていたアメリカの政策決定者たちは，植民地支配下に置かれてきた人びとの独立への渇望，ナショナリズムの強さを理解できなくなっていたのである。しかし，ベトナム側は，アメリカ側の何倍もの死傷者を出しても抵抗をやめず，最終的にアメリカは1973年，ベトナムから全面撤退する。この戦争によるベトナムの民間人の死者は，200万から300万にのぼると推定されている。

　それから２年後の1975年，ホー・チ・ミン率いる北ベトナムの軍隊が，南ベトナム政府の首都サイゴンを制圧した。アメリカ大使館員らは米軍ヘリでの脱出を余儀なくされ，ヘリの発着所となったアメリカ大使館には，北ベトナム軍の報復を恐れる南ベトナム市民が詰めかけた。

　戦況の悪化を受けてベトナム介入への懐疑がアメリカ国内で高まるはるか以前から，介入に一貫して反対してきた国際政治学者の**ハンス・J・モーゲンソー**は，アメリカが自ら信じる自国像と，ベトナムの人びとの目からみたアメリカ像との深刻な乖離を，次のように洞察していた。アメリカは自分たちが，共産主義の脅威からベトナムの人びとを解放する存在だと信じて疑わない。しかし，ベトナムの人びとから見るアメリカは，反共主義を掲げて世界中で変革を阻止し，現状維持に努める保守勢力に他ならない。「アメリカは，他の植民地勢力が辿ったような堕落とは無縁であり，常に歴史の正しい側に立ってい

れる」——こうした傲慢な認識が，アメリカのベトナム政策を決定的に誤らせたのである。

　ベトナムからの全面撤退を受け，社会学者のダニエル・ベルは，「アメリカ例外主義の終焉」を宣言した。しかし，それは必ずしも悲観的な宣言ではなかった。ベルは，ベトナムにおける経験が，アメリカ人に，自分たちも他国と同じように過ちをおかす存在であり，決して例外ではないことを認識させることを期待した。しかし，ベトナム戦争を契機とする自国の傲慢さへの内省は，ロナルド・レーガンが「強いアメリカ」を掲げて大統領に就任すると，社会の隅へと追いやられていった。レーガンは，たしかにベトナム戦争でアメリカは敗北したが，その戦争大義は高貴なものだったと公言してはばからなかった。

4　「帝国」アメリカ

「テロとの戦い」

　第二次世界大戦後のアメリカは世界秩序への関与を本格化させていく一方で，自国の政策や行動の制限となりうる多数の国際条約に背を向けた。特に冷戦が終焉し唯一の超大国となると，そうした傾向は加速した。アメリカは，120カ国以上の国が調印した対人地雷禁止条約（オタワ条約）に不参加を決め，温室効果ガスの削減目標を決めた京都議定書もいったん署名したが，その後撤回した。戦争犯罪や人道に対する罪，集団殺害などを裁く常設の裁判所として設置された**国際刑事裁判所**[8]についても，ジョージ・W・ブッシュ政権は，海外駐留の米兵の犯罪が訴追対象となることを危惧し，署名を撤回した。担当の大使であるデイヴィッド・シェファーはこのアメリカの行動を説明して，アメリカは，平和に対する最大の責任を負っており，その行動が訴追から免除されるのは当然であると主張した。シェファーの主張には，例外主義の伝統が脈々と流れる例外主義の伝統を確認できる。すなわち，国際法や国際条約は，利己的な他国の行動を制約すべきものであり，アメリカの行動を縛るものであってはならないし，そもそも道義的なアメリカの行動を法で制約する必要はないという論理である。

　この論理は，2001年9月に起こった同時多発テロ事件の後，ジョージ・W・

ブッシュ政権が「テロとの戦い」へと乗り出していく中で増幅されていった。攻撃を受けた9月11日，ブッシュは全国民に向けた演説で，アメリカが攻撃対象とされたのは，「世界で最も輝く，自由と機会のかがり火」だからであり，このたびのテロは，アメリカ国民のみならず，自由やアメリカ的な生活様式に対する攻撃であったと宣言した。こうして「テロとの戦い」は，人びとの生命のみならず，自由やアメリカ的生活様式を守るための正義の戦いと位置づけられ，手段を問わずに人びとの命を狙うテロという巨悪と戦うためには，アメリカも，国際法や国際道徳に縛られてはならないとされた。翌月には，テロの首謀者と断定されたアルカイダのオサマ・ビンラディンとその協力者に対する軍事行動「不朽の自由」が開始された。この名称は改称後のものであり，当初の作戦名は「無限の正義」であった。アメリカの軍事行動により，多数のアフガニスタン市民が犠牲になったが，それらの犠牲がアメリカの「無限の正義」への確信を揺るがすことはなかった。

2002年，ブッシュ政権は国家安全保障戦略を発表したが，そこには，「テロ支援国家」および大量破壊兵器を開発・貯蔵する国に対し，一定の条件下で，アメリカが自衛のために先制攻撃することは正当であるとする「予防的戦争」の考えが盛り込まれた。翌年には，大量破壊兵器を所持している疑いが濃厚なイラクの侵略を「先制」するという論理で，多数の加盟国の反対を無視して安保理決議を経ずにイラク戦争に踏み切った。

国際法や国際世論を無視したアメリカの「帝国」的な振る舞いが，国際的な批判を巻き起こすと，国務長官ドナルド・ラムズフェルドはこう言い放った。「われわれは帝国であることを求めない。過去に帝国だったこともない」。このラムズフェルドの主張には，歴史的にアメリカの軍事行使を特徴づけてきた認識の継続をみてとることができる。20世紀転換期，米西戦争に勝利したアメリカは，他の帝国主義列強と異なり，アメリカによる支配は植民地の人民に自由をもたらすという論理で植民地の保有を正当化した。アメリカによる武力介入や支配は，常に現地住民の自由や幸福のために行われ，アメリカが帝国へと堕すことはないという認識は，21世紀のイラク戦争にも受け継がれたのである。

もはや「世界の警察官」ではない

　2003年3月，イラクを攻撃したアメリカは約20日間で首都バグダッドを陥落させたが，その後の駐留は長期化した。その過程で，アブグレイブ刑務所でのイラク人拘束者への虐待が明らかになるなど，アメリカの道義性を大きく揺るがす事態も起こった。結局，イラクの治安を回復させることもできないまま，2011年，アメリカはイラクからの撤退を完了させた。撤退を実現したのは，イラク戦争をそもそも選ぶ必要がなかった「選択の戦争」と批判し，自分にはそれを終結させる能力があると訴え，戦争の泥沼に倦んだアメリカ国民の心を捉えたバラク・オバマであった。

　しかし，オバマもまた，軍事介入をめぐってたびたび困難な選択に迫られた。2011年，シリア内戦(9)が勃発すると，オバマはバッシャール・アル＝アサド政権による民間人の殺害を繰り返し非難し，同政権の化学兵器使用を「レッドライン（越えてはならない一線）」と警告しつつも，内戦に本格的に介入する選択は回避し続けた。2013年，アサド政権が化学兵器を使用し，子ども426人を含む1,429人を死亡させたことが明らかになると，オバマは限定的な武力行使を検討したが，実施直前になって議会の承認を得る方針に転換し，最終的に，武力行使の選択は回避された。オバマは国民に対する説明で，「アメリカはもはや世界の警察官ではない」と宣言した。

　オバマが世界でアメリカが果たすべき役割と，その役割の遂行を困難にする国内外の事情との間で苦悩したのに対して，オバマに代わったトランプの決断は率直なものだった。2019年10月，トランプ政権はシリアからの米軍の撤退を唐突に決定し，実行した。この決断についてトランプは，「なぜ米兵がシリアのために戦わなければならないのだ。……7,000マイルも離れているというのに！」という短いツイートで説明の代わりとした。

　このようなトランプの意見は，多くのアメリカ国民を代弁するものでもある。アメリカが世界各地で展開してきた「テロとの戦い」のコストを分析しているブラウン大学のワトソン国際・公共問題研究所の「戦争のコスト」プロジェクトによれば，過去20年間の「テロとの戦い」の費用の総額は8兆ドル（880兆円）にのぼる。「対テロ戦争」によって命を落としたアメリカ兵の人数は7,000人を超え，同盟国軍や地元民間人を含めた死者の総計は90万人近くにのぼる。「テ

ロとの戦い」開始から20年経ったいまのアメリカでは，これまであまりに多く
の人的・金銭的な犠牲を払いながら，過剰に世界に介入してきたという意識が
いよいよ高まり，アメリカの国際的な役割をより穏当なレベルに引き下げるべ
きだという考えは党派を超えたコンセンサスとなりつつある。各種世論調査で
も，「アメリカは世界の警察となるべきではない」「他国のことより国内問題，
特に雇用の問題に取り組むべき」「同盟国に安全保障のコストをもっと負担さ
せるべき」といった見解は，党派を超えて広く支持されている。

　こうした世論の高まりのなかで，2021年4月，ジョー・バイデン大統領は，
20年にわたる「テロとの戦い」において，画期となるひとつの決断を下した。
「アメリカ史上最長の戦争を終えるときだ」と宣言し，アメリカ同時多発テロ
から20年を迎える2021年9月11日までにアフガニスタンの駐留米軍を完全撤退
させると表明したのである。

　その後早められた8月末の期限に向け駐留米軍の撤退が進められるなか，反
政府勢力のタリバンが各地で勢力を急拡大させ，8月15日，首都カブールを制
圧した。こうして20年にわたって欧米が支援してきたアフガニスタン政府は
あっけなく瓦解した。カブール空港には，タリバンによる迫害を恐れてアフガ
ニスタンからの脱出を試みる市民が殺到し，死者も生まれる大混乱となった。
こうした光景は，数十年前のサイゴン陥落とその後の混乱を彷彿とさせるもの
だった。

　カブール陥落の翌日に行われた演説でバイデンは，あらためて米軍撤退の判
断の正しさを強調し，次のように述べた。アメリカが20年前，アフガニスタン
を攻撃したときの目的は，同時多発テロ事件を起こしたテロ組織アルカイダが
再びアメリカ本土を攻撃しないようにすること，アフガニスタンがそのような
テロ攻撃の拠点にならないようにすることであった。これらの目的は達成され
た，と。

5　例外主義を超えて

中間層のための外交
　2017年，大統領に就任したトランプは就任演説で，中間層が痩せ細り，多く

の人びとが貧困層に転落しているアメリカの現状を「大惨事（carnage）」と言い表し，その原因の重要な一端を，第二次世界大戦後，長きにわたって続けられてきた国際主義外交に求めた。トランプによれば，過去数十年間，アメリカは，自国の安全や経済，利益を犠牲にして世界平和や繁栄に貢献してきた。こうした認識に立ってトランプは，今後はアメリカも，他国と同様に，自国の安全と利益を第一に追求する「アメリカ・ファースト」の外交政策を遂行すると宣言したのだった。大統領に就任するとトランプは，アメリカの労働者の利益を脅かすとして，世界経済の４割を占める巨大貿易圏構想，**環太平洋経済連携協定**（TPP）から「永久に離脱する」とした大統領令に署名し，温室効果ガス排出削減等のための国際枠組み，パリ協定からの離脱を発表した。

　トランプの台頭は，第二次世界大戦以降のアメリカの世界関与に関するコンセンサスの不在を露わにした。アメリカの外交政策が国際主義的な傾向をもってきたのは，ワシントンDCやニューヨーク，カリフォルニアなど政治やIT産業の中心地を拠点とするエリートの意見を主に反映してきたからであり，中西部で製造業に従事する労働者たちがそのような外交を求めてきたわけではない。グローバル化と技術革新が進み，産業構造が変化するなかで，これらの労働者たちはいよいよ，政策エリートたちによって自分たちの利益が無視されているという憤懣を募らせ，トランプの「アメリカ・ファースト」の訴えに共感を寄せたのである。

　しかし，アメリカの例外性を否定し，他国と同じようにアメリカも公然と国益を追求するとしたトランプの「アメリカ・ファースト」の外交は，国際社会，そこにおけるアメリカのリーダーシップに大きな打撃を与えた。トランプ政権のアメリカが内向き志向を強めるなか，それをチャンスと見なし，自由貿易や気候変動対策のリーダーたることを大々的に謳い，国際社会で存在感を高めたのが中国であった。2017年１月，トランプの当選により，アメリカのTPP離脱の可能性が高まるなかで開催されたダボス会議で，習近平国家主席は，グローバルな自由貿易への支持と，保護主義への反対を宣言した。トランプがパリ協定からの離脱を発表すると，中国はすぐさま，他協定国とともに協定を着実に履行していくとあらためて強調した。

　トランプに代わったバイデンは，同盟関係を修復し，世界に再び関与する意

向を明確に示している。そうした主張が，「アメリカ・ファースト」を高らか
に掲げて，数多くの国際協定に背を向け，同盟国間の協調を乱し，秩序を攪乱
したトランプ外交の否定を意識していたことは明らかだった。他方でバイデン
外交は決して，単純な国際協調への回帰を志向するものではない。バイデンは
就任以来，「中間層のための外交」を掲げて，今後アメリカ外交は，労働者家
庭への影響を念頭に置いて展開されなければならないと強調し続けている。ト
ランプほど赤裸々な訴えではないものの，中間層に過大な負担をかける大規模
な対外関与は，バイデン政権にとっても選択肢ではない。

　政権発足から半年，バイデン外交に対しては，国際協調は結局のところレト
リックに過ぎず，その実態は，トランプ外交と本質的には変わらない「アメリ
カ・ファースト」であるという批判が寄せられている。アメリカとともに長年
アフガニスタンに関与してきたNATO加盟国にも十分図ることなく，一方的
にアフガニスタンから米軍を撤退させたからだ。バイデンは米軍撤退の判断を
正当化して，「アメリカ人の命をあと何人分，アーリントン国立墓地に延々と
並ぶ墓石に変えたらいいのか。アメリカの国益にならない紛争にいつまでも留
まり戦うこと，米軍を延々と派遣して国をつくり変えようとすること，このよ
うな過ちを繰り返してはならない」と赤裸々な国益の論理をもち出した。同盟
国のアメリカへの信頼は揺らいでいる。

パンデミックの衝撃

　就任当時のバイデンは，外交よりも，国内の新型コロナウイルス対策に注力
しなければならない状況に置かれていた。2020年に世界に拡大したコロナ危機
は，アメリカはもはや世界に向かってその強さや優越を誇れる存在であるどこ
ろか，その社会保障制度に致命的な問題を抱えた国であることを露呈した。新
型コロナウイルスの感染者・死者数ともにアメリカの数値は一貫して突出して
いた。2021年2月末には，感染による死者数は50万人を超えた。これは，第一
次世界大戦と第二次世界大戦，ベトナム戦争の3つの戦争で亡くなったアメリ
カの戦死者の総数に相当する数である。かつてアメリカに「社会主義がない」
ことは，その豊かさや自由への誇り，優越感を伴って主張されることだったが，
今日では，多くのアメリカ国民が「社会主義がない」現状に疑問と不満を募ら

せている。

　今日，甚大な新型コロナウイルス被害の経験から，アメリカの安全保障のあり方への本質的な模索が生まれつつある。2020年，上院議員バーニー・サンダースは10％の軍事費削減を主張し，その理由として「安全保障」に関する考えの根本的な変化を挙げた。脆弱な社会保障制度しかもたないアメリカにとっては，いまや戦争よりも感染症の方が現実的な危機であり，国防費の増大よりも，社会保障と福祉の充実こそが，最大の安全保障政策である。パンデミックがアメリカに教えているのは，爆弾，ミサイル，ジェット戦闘機，戦車，潜水艦，核弾頭，その他の大量破壊兵器を製造することより，むしろ，国民生活の向上こそが最大の安全保障であるということだ，と。サンダース流の安全保障観は，一般国民に着実に浸透しつつある。進歩派議員たちの政策立案にも協力しているデータ・フォー・プログレスの最新の世論調査によると，アメリカの有権者の56％が，新型コロナウイルス対策や教育，医療，住宅などに充てるために国防予算を10％削減することを支持し，削減に反対する人の27％を大きく上回っている。巨額の軍事支出よりも社会保障の充実こそが人びとの安全にとって本質的ではないかという民主党進歩派の問題提起はますます重要かつ現実的なものとなっている。

未来へ――若者たちの多国間主義

　今後アメリカ社会や政治の中心となっていくミレニアル世代（1981-96年生まれ）やその下のＺ世代（1997年以降の生まれ）は，2000年代のアフガニスタン・イラクへの軍事介入とその後の膠着をみて育った世代であり，アメリカの軍事介入に懐疑的である。彼らは世界金融危機，その後の長期的な不況に苦しんできた世代でもあり，戦争関連費用で圧迫されてきた予算を，国内，特に教育や社会保障など，若い世代への投資に使うべきだと考える。

　もっとも軍事介入に消極的だからといって，彼らを内向き，あるいは世界平和に関心がない「アメリカ・ファースト」主義者と見なすことは妥当ではない。世論調査によれば，これらの世代は，多少の妥協を伴ったとしても，アメリカ単独ではなく，国連など多国間協調を介して国際問題を解決すべきだと考える割合が他の世代よりも高い。国連への関与は国益にかなうと考える割合は，民

主党・共和党支持者ともに過半数を超える。

このような若者の多国間主義への志向は，自国の弱さを率直に認める現実主義から生まれている。世論調査で，「自国の偉大さ」に関する質問となると若い世代ほど，自国を偉大であると考えていない。しかも，今日の世界には，気候変動をはじめ，いかに強力な国家であっても，そもそも一国では解決できないグローバルな問題が山積している。グローバル化する世界におけるアメリカ一国の力の限界への冷静な認識から，若者たちは，だからこそアメリカは敵をなるべくつくらず，共通の目的のために他国と協調しなければならないと考え，多国間協調を志向する。

本章で見てきたように，歴史的にアメリカ外交は，アメリカを世界における「例外国家」と見なす思考に囚われ，国家と協調して問題解決にあたる志向を欠如させてきた。アメリカは国連など国際的な枠組みに関与し続けたが，その根底には，アメリカにはいざとなれば，一国で諸問題を解決できる力があるという，自国の強さへの自信と，そこから生まれる単独行動主義への志向があった。しかし，コロナ禍を経て，アメリカの例外性の神話は最終的に放棄され，今後アメリカでは，自国の弱さを直視できる若者たちを担い手に，成熟した国際協調外交への志向が高まっていくかもしれない。

外交は，時の権力のみならず，社会や価値観の変化や，国際環境の変化にも影響される。そうしたさまざま窓口から展望されるアメリカ外交の未来も，ぜひ関心を寄せていってほしい。

三牧聖子

注
(1)　ブライアンは1896年の大統領選でも民主党の指名，そして人民党の指名を勝ち取った。人民党は累進課税制度の導入や8時間労働など，当時としては急進的な政策や，直接民主制を掲げ，昨今，ポピュリズムの先駆として注目されている。
(2)　世界初の平和のための普遍的国際機構。国家が戦争に訴える自由に制限を課し，戦争の違法化を推進した他，国際連盟保健機関を通じ，伝染病に関する情報を発信し，国境を超えた伝染病の拡散防止に貢献するなど，平和を多面的に促進した。
(3)　米仏に加え，イギリス，ドイツ，イタリア，日本など当時の主要国を含む15カ国間で締結され，第二次世界大戦前夜には9割以上の国（当時）が署名あるいは批准した。大戦を防げなかったことで，否定的に評価されてきたが，近年，戦争の違

法化に果たした長期的な貢献に光が当てられている。

(4)　2016年大統領選でのトランプ勝利後，「アメリカ・ファースト」の先駆けとして再び注目を集めている。第二次世界大戦中の大統領選で，親ナチスのチャールズ・リンドバーグが勝利を収めるという架空の設定に基づくドラマ『プロット・アゲインスト・アメリカ』なども制作された。

(5)　オーストリアやメキシコなどが議論を主導し，2017年に国連で122カ国・地域の賛成で採択されたが，核保有国の他，アメリカの「核の傘」の下にある日本や韓国も参加していない。核実験や核兵器の使用で被害を受けた人への支援，影響を受けた環境の修復に向けて必要な措置を取るようにも求めている。

(6)　しばしば混同されるが，集団的自衛権は個々の国家とその同盟国の安全保障に限定した概念であるのに対し，集団安全保障は，国際社会全体の平和に関する概念である。国連憲章はこの集団安全保障の考えに基づき，平和に対する脅威，平和の破壊，侵略が認定された場合，加盟国が軍事的強制措置をとることを定めている。

(7)　現実主義の国際関係論の金字塔といわれる『国際政治』などで日本でも知られている。ベトナム介入を一貫して批判し，当時にあってその知的影響力は，今も反戦や帝国主義批判を展開し続けるアメリカの代表的左派知識人ノーム・チョムスキーに匹敵するものと見なされた。

(8)　史上初の常設の国際刑事裁判所で，国境を越えて人権侵害の加害者を裁くことを可能にした。国家や武装グループ等の集団を裁くことはできず，国際人道法に違反する行為をした個人を裁く。各国の刑事裁判権を補完することを目指し，裁く意思や能力がない国での事件のみを受理できる。アメリカの他，中国も未加盟（2022年5月現在）。

(9)　2021年11月時点で，2011年のシリア危機勃発以降，シリア全土で約40〜47万人以上の死者，約670万人以上の国内避難民が発生し，周辺諸国等に約570万人以上の難民が流出したとみられ，今世紀最悪の人道危機と言われる状況が継続している（日本外務省）。

(10)　アメリカの離脱を受けて TPP の影響力は下がり，代わって注目を集めるのが，東アジア地域包括的経済連携（RCEP）である。RCEP は日中韓や東南アジア諸国連合（ASEAN）など15カ国が参加する世界最大の自由貿易協定（FTA）であり，日本政府は TPP を超える経済効果を見込んでいる。その後，バイデン政権は中国への対抗を念頭に，新たな経済連携インド太平洋経済枠組み（IPEF）を打ち出した。

(11)　アメリカで新型コロナの感染被害が甚大なものとなった制度的な理由には，国民皆保険制度の不在がある。サンダースの長年の主張のひとつに，国民皆保険（メディケア・フォー・オール）の導入がある。トランプ大統領（当時）がコロナに感染すると，サンダースは大統領が受けたものと同等の治療をすべての人が受けられるべきだと主張した。

―――――― さらに考えるために ――――――

西崎文子『アメリカ外交とは何か――歴史の中の自画像』岩波新書，2004年
歴史的にアメリカ外交は，自分たちは選ばれた特別な存在であり，特別な使命を担っているという強烈な自意識に特徴づけられてきた。本書はアメリカの自画像を浮き彫りにしながら，植民地時代から21世紀までのアメリカ外交の歴史を辿る。終章では，イラク戦争後，力にものを言わせるアメリカ外交への世界的な批判が高まるなかで，アメリカ国内にも，自国の傲慢な外交への抵抗，より平等な国際関係への模索が生まれていることが示される。アメリカの模索は今も続いている。

オリバー・ストーン／ピーター・カズニック『オリバー・ストーンが語るもうひとつのアメリカ史⑴――２つの世界大戦と原爆投下』早川書房，2015年
映画監督オリバー・ストーンと学者のピーター・カズニックがアメリカの軍事介入の裏事情など，政府にとって不都合な事実をあぶりだす。広島・長崎への原爆投下を，戦争を早期に終えるためと正当化した政府見解も批判されており，国際的に核への批判意識が高まるいまあらためて読みたい。本書はアメリカへの痛烈な批判に貫かれつつも，根本には，アメリカが過去に学び，よりよい未来へ向かうことへの希望があり，随所で，実際に選択されたものとは異なる政策を主張した人びとにも目が向けられている。

中村哲『医者，用水路を拓く――アフガンの大地から世界の虚構に挑む』石風社，2007年
2021年８月30日，バイデンは「アフガニスタンでの20年におよんだ米軍の駐留は終わった」と宣言した。しかしそれは，アメリカにとっての「終わり」に過ぎない。本書は，2001年にアメリカの軍事攻撃の対象とされた後もアフガニスタンにとどまり，干ばつと戦い続けた中村医師による記録。「対テロ戦争」が，標的とされた国の市民にとって何を意味したのかを知る上でも欠かせない資料といえる。同書の言葉が多数引用されたドキュメンタリー「武器ではなく命の水を」（NHK，2016年初回放送）もおすすめ。

読書案内

Acharya, Amitav. *The End of American World Order*, 2nd ver. Cambridge : Polity Press, 2018.
青野利彦・倉科　希・宮田伊知郎編『現代アメリカ政治外交史　「アメリカの世紀」から「アメリカ第一主義」まで』ミネルヴァ書房，2020年。
ケース，アン・ディートン，アンガス（松本裕訳）『絶望死のアメリカ――資本主義

がめざすべきもの』みすず書房，2021年。

ダワー，ジョン（三浦陽一監訳）『戦争の文化——パールハーバー・ヒロシマ・9.11・イラク』（上・下）岩波書店，2021年。

古矢旬『グローバル時代のアメリカ——冷戦時代から21世紀』岩波新書，2020年。

ハーツ，ルイス（有賀貞訳）『アメリカ自由主義の伝統』講談社学術文庫，1994年。

井口治夫『誤解された大統領——フーヴァーと総合安全保障構想』名古屋大学出版会，2018年。

上英明『外交と移民——冷戦下の米・キューバ関係』名古屋大学出版会，2019年。

菅英輝『冷戦期アメリカのアジア政策——「自由主義的国際秩序」の変容と「日米協力」』晃洋書房，2019年。

三牧聖子『戦争違法化運動の時代——「危機の20年」のアメリカ国際関係思想』名古屋大学出版会，2014年。

宮本ゆき『なぜ原爆が悪ではないのか——アメリカの核意識』岩波書店，2020年。

中嶋啓雄『モンロー・ドクトリンとアメリカ外交の基盤』ミネルヴァ書房，2002年。

中野耕太郎『戦争のるつぼ——第一次世界大戦とアメリカニズム』人文書院，2013年。

中山俊宏『介入するアメリカ——理念国家の世界観』勁草書房，2013年。

西崎文子『アメリカ冷戦政策と国連 1945-1950』東京大学出版会，1992年。

Restad, Hilde Eliassen. *American Exceptionalism : An Idea That Made a Nation and Remade the World.* London : Routledge, 2015.

斎藤眞・古矢旬『アメリカ政治外交史』東京大学出版会，2012年。

酒井啓子『9.11後の現代史』講談社現代新書，2018年。

佐々木卓也編『戦後アメリカ外交史』（第3版）有斐閣，2017年。

杉田弘毅『アメリカの制裁外交』岩波新書，2020年。

ティレル，イアン・セクストン，ジェイ編著（藤本茂生他訳）『アメリカ「帝国」の中の反帝国主義』明石書店，2018年。

ウォルツァー，マイケル（萩原能久訳）『アメリカ左派の外交政策』應義塾大学出版会，2018年。

油井大三郎『平和を我らに——越境するベトナム反戦の声』岩波書店，2019年。

第4章

アメリカ文化の四つの地層

―文化史―

911メモリアルミュージアム
（出所）松原宏之撮影

キーワード　実験精神　理念先行国家　自衛の文化

　公的医療保険はなく，銃は野放しで警察による安易な射殺も横行する，深刻な格差社会アメリカ。自由と平等を掲げながらも，人種差別や性差別を払拭できず，社会主義アレルギーやイスラム教徒への敵意など，思想的・宗教的不寛容も根強い。その一方でアメリカは，世界最先端のイノベーションを誇り，娯楽産業が多様で新たな文化表現やイベントを供給する，豊かでエキサイティングな国でもある。この光と影の混在は，いかなる精神風土をこの国が内包していることの帰結なのか。衣食住や価値観，社会運動や余暇，娯楽，教育など日常生活におけるさまざまな文化現象から，現代アメリカの不可解な二面性の背後に潜むメカニズムに迫ってみよう。

1　四つの地層としてのアメリカ文化

アメリカ文化の地盤

　文化的土壌とか文化的風土と呼ばれるように，文化は土に例えられやすい。アメリカ文化の場合，現在の地表から掘り進むと，異なる性質をもつ，古い順に以下の三つの主要な地層が存在する。

① 　19世紀半ばに至るまでの，文化的独立への試行錯誤の痕跡が刻まれた層
② 　19世紀後半の産業社会への移行から，20世紀半ばの超大国への脱皮の時期における，豊かさを土台とした文化創造の形跡が見られる層
③ 　20世紀後半における，カウンターカルチャーの登場を契機とした，文化戦争の勃発を記録した層

そして，2001年の同時多発テロ事件，2016年大統領選挙を経てのトランプ政権の登場，2020年のコロナ危機などによって増幅されてきた，「疑いと恐怖の文化」が，現代アメリカで堆積中の新たな層として積み重なるかたちで，アメリカ文化の地盤はいわば四つの地層から形成されている。

新たな地層を生み出すメカニズム

　重要なのは，これらの地層の間に力が作用し続けているという点だ。後から

できた地層は，その前に積もった地層内部の矛盾や限界の帰結としての意味を
もち，時間軸に沿って垂直方向に伝わる力がはたらき続けている。これは，そ
もそもこの国が，自由と平等という実現されていない理想を掲げ，人為的集団
統合といういつ完成するかもわからない目標に向けて出発した理念先行国家で
あり，現実を理想に近づける実験を常に繰り返していることと関係がある。い
つの時代も理想と現実とのいわば水平方向の綱引きが絶えず，その歪みはいつ
しか堆積した地層を突き破る垂直方向のベクトルへと転化し，地表に新たな地
層を形成していった。そして，理想の実現には程遠い状況は，過去の地層内部
での水平方向の綱引きの痕跡を，あたかも地震の衝撃波のように地表たる現在
にまで呼び込み続けている。

　アメリカ文化の地層は，水平方向と垂直方向の両方に向かって活発に運動す
るメカニズムを有しており，一見混沌として矛盾めいた現代アメリカの実態の
裏側には，実験国家の壮大なエネルギーが潜んでいる。これらの地層は，いか
に形成され，どのように次の地層を生み出してきたのだろうか。

2　モデルなき国家の深層

実験性と異種混交性──食べ物に刻まれたアメリカの原風景

　アメリカの植民地が独立を真剣に考え始めたのは，フレンチ・インディアン
戦争の莫大な戦費の穴埋めを目的に本国イギリスが植民地への統制を強化した
1760年代半ば以降であった。その後，独立戦争を経て1783年のパリ条約によっ
てアメリカ合衆国は国際的に承認されるが，このことは，非常に短い期間に十
分な準備もなく混乱の中からこの国が船出したことを物語っている。

　ところが，そのアメリカが独立革命を通じて提示しようとした新たな国家像
は，当時の西洋の常識を打ち破る斬新なものであった。個人の自由と平等を掲
げ，絶対王政に代わる大統領制や三権分立，連邦制を導入したアメリカは，啓
蒙思想の理念を政治制度に落とし込みながら，西洋のどの国も着手していな
かった民主主義の壮大な実験に踏み出した。見本となるモデルなき新国家をあ
えて目指そうとする大胆な実験精神が，なぜアメリカで開花したのだろうか。

　もちろんその背景には，革命を起こした以上，本国イギリスへのアンチテー

ぜとなるような世界をつくり出そうとする欲望があっただろう。だが，壮大な
実験へと一気に踏み出せたのには，そもそも実験に対する抵抗感を払拭するよ
うな何かが，すでに植民地の日常生活に入り込んでいた可能性を暗示する。

　現に，植民地時代の食文化には，実験精神の痕跡が顕著に見られる。植民地
ごとの独立性が高く，当初は本国からの物資の補給も不安定だったため，入植
者が本国の食生活を維持するのは不可能だった。そこで植民地の人びとは，先
住インディアンに倣って，トウモロコシやカボチャ，ターキーなどのヨーロッ
パではなじみの薄かった食材を受け入れ，西洋料理風にアレンジしていった。
こうした混血的創作料理の実験は，感謝祭[(1)]のメニューに痕跡を留めている。ま
た，後にアメリカの領土となる，フランスが築いたルイジアナ植民地のニュー
オーリンズでは，先住インディアンの食材に黒人奴隷がアフリカから持ち込ん
だ米やオクラなどを加え，フランス料理風に仕上げるクレオール料理が生まれ
た。メキシコから現在のアメリカ南西部に勢力を拡大していったスペイン系の
人びとと先住インディアンの食文化の融合も見られた。

　植民地時代の北アメリカ大陸では，西洋と非西洋の食文化が各地で独特のか
たちで融合し，世界のどこにもなかった混血創作料理を作り出す実験が各地で
重ねられていた。後にアメリカ国民から愛されることになるポップコーンや
バーベキューも先住インディアンからの恩恵が大きい。異なる集団の接触から
新たな共有財産をつくり出す実験は，すでに食という領域で進行していたので
ある。

　イギリスによる植民地への干渉の重要な舞台が，砂糖や茶といった食品への
課税や統制であった点を考えれば，独立革命とは，食という日常の文化の領域
ですでに芽生えていた実験精神が政治の世界に移植されていく瞬間だったとい
えよう。異種混交的な創造力を発揮しつつ，どこにもなかったものをつくり出
そうとする実験精神こそ，アメリカの原風景に宿っていたものなのである。

アイデンティティをめぐる葛藤——アメリカの遠心力と旧世界の引力

　だが，見本となるモデル国家が存在しないなかで，現実には達成されていな
い自由や平等の理念をかたちにするのは，決して容易ではない。イギリスをは
じめとするヨーロッパ世界の影響から逃れようとする新世界アメリカの遠心力

は，旧ヨーロッパ世界の引力にときとして絡めとられ，両者のはざまでこの国は深刻な矛盾や亀裂をも抱え込んでいった。

　一応の政治的独立を果たしたアメリカにとっての次なる課題は，「アメリカらしさとは何か」という文化的問いに答え，アメリカ人としてのアイデンティティや誇りを醸成することであった。それには，後発国家としての歴史の浅さに対する劣等感を克服すべく，ヨーロッパにはなくアメリカにこそ存在するものを評価したり，ヨーロッパでは概して低い価値しか与えられていない事物に逆にプラスの価値を見出すような発想の転換が求められた。

　19世紀半ばにかけてアメリカの文学や美術が格闘していたのは，まさにこの点だった。そこでは，広大な自然こそアメリカをヨーロッパから分かつ指標であり，文明世界に毒されていない，子どものような純粋さこそアメリカらしさの土台に相応しいと考えられた。絶対王政や宗教界の腐敗，商工業の発達に伴う経済的搾取などを根拠にヨーロッパを堕落した世界と見なす一方，広大な自然が残るアメリカは，文明や都市の道徳的退廃を免れることができる世界と見なされた。自然との調和の中で文明化や都市化を抑制できれば，子どものような純粋さを保つことができ，それは悪知恵の働く打算的な大人よりも道徳的に高潔な存在たりうると考えられた。文明よりも自然，大人よりも子どもに価値を置く発想の転換によって，アメリカらしさの中身を規定しようとしたのである。

　この痕跡は，現代アメリカにも残っている。1872年のイエローストーン国立公園の制定以来，アメリカは世界に先駆けて国立公園制度を整備し，貴重な自然を国の共有財産として保護してきた。現在でもアウトドアは国民の重要なレクリエーションである。また，童心に帰れる場所としてウォルト・ディズニーによって作られた遊園地ディズニーランドが国民的聖地に祭り上げられている事実は，子どもがアメリカ文化において特別な存在感を与えられてきた様子を映し出している。

　しかし，フロンティアの開拓は，文明と自然の上下関係を反転させる戦略に大きな矛盾を生じさせた。手つかずの自然を破壊する開拓は，結局は辺境への文明世界の進出にほかならず，新たな経済的搾取や不平等とも無縁ではなかった。実際にはアメリカは，自分たちのアイデンティティのよりどころとするは

ずだった自然を文明世界に引き渡しながら，拒絶しようとしたはずの旧世界の遺産を新世界に接ぎ木していたのである。

　南北戦争に至るまで奴隷制度を廃止できず，人種隔離制度がその後再構築された経緯や，19世紀を通じて女性の権利が制限され，**ヴィクトリアニズム**[2]と呼ばれる厳格な性道徳の下に女性が抑圧されていた事態も，旧世界からもち込まれた人種・階級・ジェンダーをめぐる差別的階層秩序にアメリカ社会が絡めとられていた様子を示している。文明世界を逃れ，自然をアイデンティティや誇りの源泉に位置づけようとしたアメリカの遠心力は，ヨーロッパ文明世界の引力から決して自由にはなれなかったのである。

未熟な民主主義の代償──自衛の文化と世俗的権威への不信

　建国から一世紀を経ても，アメリカらしさの土台は固まらず，理想と現実の落差の解消も前途多難であった。そもそも独立革命は，絶対王政という巨大な権力への不信と，その裏返しとしての自衛本能を体現していた。それらは，新興国家の未熟な民主主義の下でかえって刺激され，皮肉にもそこから，ヨーロッパと一線を画す，独特な自衛の文化というべき風土が広まっていった。民主主義の機能不全は，西部のフロンティアや奴隷制プランテーションが根づいた南部でとりわけ深刻だった。

　行政や司法の整備が開拓のスピードに追いつかなかったフロンティアでは，しばしば住民の手で問題や犯罪を解決しなければならなかった。最終解決手段の役割を担ったのは，法ではなく銃による暴力であった。自分の身は自分で守るという自衛志向は，他者への依存を嫌い，自己責任を重んじる風土を助長した。また，実用的な知識や経験がものをいうフロンティアの開拓では，高度な教養は敬遠され，反知性主義も強まる結果となった。

　一方，自由と平等というアメリカの理想に明らかに反しているにも関わらず，経済的利益のために奴隷制プランテーションを死守しようとしていた南部は，連邦政府の奴隷制度への介入を警戒していた。そして，州の内政に連邦政府は介入できないとする州権論によって奴隷制の維持に努めた。巨大な権力を忌避し地方分権を唱える南部の発想も，未熟な民主主義がもたらした，不信の裏返しとしての自衛の文化の一形態であった。

　本来の民主主義は，相互の信頼に基づく。だが，新興国家の未熟な民主主義
は，他者への不信を自衛の文化へと編成し，アメリカらしさは，皮肉にも民主
主義を後退させかねない風土のかたちをとって表れ始めていた。そして，政治
や科学のような世俗の権威に従うことよりも自立と自衛の優越を説く思考様式
は，俗世間を超えた世界を志向する存在としての宗教の地位をかえって押し上
げ，宗教勢力がその権威を利用して逆に世俗の問題に慈善事業や行動の指針の
提示などのかたちで介入できる余地を広げた。

　今でもアメリカは，銃を所持する権利が憲法で保障され，3億丁の銃が氾濫
する前近代的武装社会としての顔をもつ。しばしば法を無視した銃による過剰
な暴力が発動され，公的医療保険制度も脆弱で，病気にも自衛の論理がはたら
く。他の先進国では影響力が後退した宗教の存在感が大きく，妊娠中絶や天地
創造説をめぐる議論が繰り返されている。典型的な先進国とは一線を画すこう
した独特の風土には，文化的独立への試行錯誤が必ずしも順調にはいかなかっ
た，建国期から19世紀半ばにかけての経緯が少なからず影を落としている。

　アメリカは，旺盛な実験精神や異種混交的創造力を基点に出発しつつも，一
方では，人為的集団統合の目標に逆行しかねない他者への不信や世俗の権威か
らの自立志向を，自衛の文化として埋め込み始めていた。アメリカ文化の地盤
の最下層は，潜在力とそれを蝕みかねないリスクとが交錯する，いわば巨大な
活断層の上にこの国が築かれていることを示しているのである。

3　産業社会の到来とアメリカン・スタイルの形成

豊かさと同化主義——テクノロジーの進歩と最適化圧力

　19世紀半ばまでの文化的独立への試行錯誤は，民主主義の理想を掲げる新興
国家として誇れる文化を必ずしも確立できなかった。開拓の名の下に先住イン
ディアンが迫害され，奴隷制度をめぐる国内の対立が内戦という最悪の事態を
招いたことは，この国の民主主義の未熟さを物語っていた。そして，南北戦争
後の19世紀後半における産業社会への転換に伴い，自然をアメリカらしさのよ
りどころとする戦略も壁に突き当たることとなった。

　だが，産業社会の到来は，アメリカが世界に誇れるものを手に入れた瞬間で

もあった。南北戦争での生産体制の強化を境に急速に工業化が進み，イギリスを抜いて1880年代に世界一の工業国となったアメリカは，資本主義がもたらした未曽有の豊かさから国民文化をつくり上げるという新たな実験を始めた。

　産業社会の基盤を提供したのは，効率重視の発想とテクノロジーの進歩だった。とりわけ，時間をめぐるパラダイムシフトは，人びとの生活を一変させた。長らく西洋では，時間は神が司るとされ，それを人間が勝手に決めるなど許されず，太陽の南中時刻が異なれば時差が存在した。だが，これは自給自足的世界なら問題なくとも，地域間の経済活動の活性化には向かない。そこで1883年には，鉄道会社ごとに50にも及ぶ異なる時間が採用されていた煩雑さを回避して鉄道の運行を効率化するために，一定範囲の地域の時間を統一する，今日でも使われている**標準時**[3]が導入された。人間が時計という機械を用いて人為的かつ効率的に時間を管理する時代の本格的な到来であった。

　だが，時間概念の大きな変化は，逆に時計が人びとの生活を管理する時代の始まりでもあった。フレデリック・テイラーは，工場に機械をどう配置し，労働者がどう動けば最も生産効率が上がるかストップウォッチを使って計測し，テイラーシステムと呼ばれる最適な生産体制を提唱した。人間は一定時間内に成果を最大化するための歯車へと組織化される一方，効率を上げるためのテクノロジーの進歩が促された。新技術を消費者に売り込む広告業も発展し，1920年代には冷蔵庫や掃除機などの基本的な電化製品が普及した。

　産業社会への移行は，時計とテクノロジーによって生産と生活を最適化し，安価に大量生産されたモノを消費する新たな生活様式に道を開いた。しかし，このシステムを可能にしていたのは，工場の低賃金労働力の担い手となった移民下層階級であった。アメリカの工業化に貢献した，イタリア系，ユダヤ系，東欧系などのヨーロッパの低開発地域からの移民は，従来のイギリスを中心とした移住者とは言語・宗教が異なる集団だった。それゆえ，産業社会以前からアメリカに渦巻いていた他者への不信は，既得権益の保全という自衛の感覚を超えて，移民を同化しようとする圧力を強めた。だがこれは，いまだにヨーロッパ世界に対抗できる肯定的な自画像が不在で同化すべき中身が空虚なのに，新参者にこの国への同化を強要するという，根本的な矛盾をはらんでいた。

　この難題の解消は，安価に大量生産され始めた「モノ」に委ねられた。生活

最適化グッズは，移民労働者をアメリカの環境に適応させると同時に，同一の
モノの所有と使用による集団統合の意味合いをもち始めた。産業社会への移行
と移民への不寛容は，最適化と同化を両立できる，モノの豊かさがつくり出す
画一化されたアメリカン・スタイルというべき生活様式を定着させたのである。

夢という商品――競争社会の共有財産としての娯楽産業

　しかし，モノを土台とした最適化・同化戦略は，世界でアメリカが突出した
豊かさを享受するような状況ならまだしも，近代的生活様式が世界に普及して
いけば，アメリカらしさの受け皿や集団統合のツールとしての意味合いは薄れ
ていく。産業社会が作り出したモノや技術を，何らかの精神的価値が吹き込ま
れた文化装置へと発展させ，それらを他国の追随を許さぬかたちで国民の共有
財産化していく作業が一方では求められていた。

　こうした要請に応えたのが，映画やスポーツビジネスなどの娯楽産業であっ
た。これらは，映像や放送といったテクノロジーを利用しながら，余暇や娯楽
として広く国民が利用できる安価な文化的消費財を大規模に流通させるシステ
ムを編み出した。先端技術を庶民の娯楽と結びつけ，それまで存在しなかった
新たな文化産業を切り開くという発想は，そもそもこの国の文化の原点に埋め
込まれていた実験精神や異種混交的創造力を彷彿させる。1920年代には，ハリ
ウッドに映画スタジオ群が整備され，ベーブ・ルース[4]の登場で大リーグは黄金
期を迎えていた。

　同時にこれらの娯楽産業は，資本主義下の競争社会で疲弊する人びとに夢を
与える存在でもあった。決して恵まれない環境からのサクセスストーリーを少
なからず体現していた映画やスポーツのヒーローやスターたちは，ヨーロッパ
的階級社会への反証というべき，アメリカの夢の生き証人であった。夢を体感
できる文化装置の存在感の大きさは，ブロードウェイ・ミュージカルの繁栄に
も見て取れよう。スポーツやショウビジネスで活躍する人びとは，夢の体現者
として今でも国民に強い影響力をもつとともに，国民統合や社会の福祉に積極
的な役割を担うことが期待されている。

　停滞していたアメリカらしさの中身を規定する作業は，産業社会への移行と
ともに新たな段階を迎えた。モノから国民の共有財産を創り出す試みは，アメ

リカン・スタイルの豊かな生活様式の確立に加えて，組織化と画一化で窒息しそうだった個人に夢を届ける，ショウビジネスやスポーツの大規模な娯楽産業化へとつながり，アメリカが誇れる共有財産としての文化装置がようやくここに出現したのである。

豊かさの代償──ミドルクラスとサバービアの閉塞感

　娯楽産業の興隆は，アメリカらしい文化装置の出現を告げたとはいえ，それが提供する夢は，消費されるモノであり，金で買える商品でもあった。産業社会は，モノにアイデンティティや集団統合の土台を求め，モノに夢を吹き込むことで，建国以来の課題であった，自由や平等という理念を現実の制度や社会に落とし込む作業の未完成部分を補おうとしていた。しかし，第二次世界大戦後の1950年代，この戦略の限界が露呈し始める。

　戦後復興を強いられたヨーロッパや日本を尻目に，超大国としての地位を確立した戦後のアメリカは，豊かさの中身を更新していた。自動車の普及で通勤範囲が広がり，郊外住宅地の開発で国民の6割がミドルクラスの生活水準に到達した。アメリカン・スタイルの豊かな生活様式はここに頂点を極め，その拠点となった郊外（suburb）は，庶民の夢を叶えた理想郷，サバービアとなったのである。だが，典型的な郊外住宅地のモデルとされた**レヴィットタウン**[5]が体現していた，同じ作りの住宅がどこまでも連なる光景は，規格化され大量生産されたモノに囲まれる無機質な生活こそが，不自由のない暮らしの実態であることを物語っていた。

　周囲の人びとと何ら変わらない没個性化した暮らしへの埋没は，皮肉にも今度は人びとの精神的貧困を顕在化させた。自分が他人と同程度に経済的に恵まれていれば，他の事柄には頓着しない，順応主義と呼ばれる日和見主義へと人びとは傾斜していった。戦後のアメリカでは依然として人種隔離や性差別が横行し，豊かな生活から取り残されていた人びとがいたにも関わらず，サバービアのミドルクラスは，アメリカ社会の未完成さに対して無感覚であった。実際には根拠なき中傷にすぎなかった**赤狩り**[6]旋風が吹き荒れたのも，戦後の米ソ冷戦構造の下，批判的思考の鈍った人びとが反共思想という思想的不寛容に容易に絡めとられた様子を物語っていた。

　モノに囲まれた豊かな暮らしは，見かけは夢のような世界だった。だが，そ
れと引き換えに，人びとの個性や尊厳は脅かされ，社会問題に対する感受性は
低下していた。サバービアの閉塞感は，アメリカン・スタイルのモノの豊かさ
を土台とする集団統合の実験が，道半ばにして精神的貧困という大きな壁に直
面したことを暴露した。同時にそれは，建国時に掲げた自由と平等の理想と真
正面から向き合うことを避け，ひたすらモノの豊かさに問題解決の活路を見出
す戦略に見直しを迫るものであった。アメリカ文化の第二の地層には，産業社
会の文化創造の到達点と限界の両方が刻まれているのである。

4　カウンターカルチャーと文化戦争

反抗の意思表示としての衣食住——ヒッピーたちの登場

　1950年代のミドルクラスの閉塞感への強烈な危機意識を抱いたのは，その子
どもたちであった。実際，1960年代に入ると，ミドルクラスの価値観やアメリ
カン・スタイルの生活様式に公然と反抗する，ヒッピーと呼ばれる若者発のカ
ウンターカルチャーが登場した。

　カウンターカルチャーが社会に大きな衝撃を与えたのは，衣食住という生活
の根本のレベルから強烈に反抗の姿勢を示していたためであった。ヒッピーた
ちは，もはや改革勢力としての気概の欠如したミドルクラスとの対決姿勢を示
すべく，ブルーカラーの象徴的存在だったジーンズ[7]を男女とも愛用した。それ
には，男女の服装の区別という，ジェンダー規範の根幹への挑戦という意味合
いも含まれていた。また，ヒッピーたちは，環境保護や消費者保護の考え方を
吸収しながら，企業の営利第一主義によって自然環境や健康が脅かされている
ことを問題視し，自分たちが口にする食べ物の刷新に取り組み，有機農業や菜
食主義を実践した。さらにヒッピーたちは，核の時代の到来やベトナム戦争の
泥沼化を背景に，反戦運動などの政治闘争にも加わるとともに，コミューンを
つくり，自由で差別のない共同体の建設にも挑戦した。

　順応主義の精神的貧困を打開しようとしたヒッピーたちは，資本主義や物質
主義が抑圧してきたものを解放し，画一化された効率優先の暮らしが犠牲にし
てきた多様性を復権することで，西洋近代の支配的文化に反旗を翻す実験を始

めたと言える。それゆえヒッピーたちは，差別されてきた黒人のリズムアンド
ブルースから発展したロックンロールを支持し，ピューリタン的な禁欲主義を
排して奔放な性を志向し，左翼思想に傾倒したのであった。

　カウンターカルチャーは，効率的に大量生産されたモノの豊かさにアメリカ
らしさの基盤を求めた産業社会の戦略と一線を画す，強力な対抗軸の出現を意
味していた。ヒッピーたちが支持した自然食やロック音楽が今や支配的な文化
へと上り詰めてきている事実は，カウンターカルチャーの実験がもはや現代ア
メリカにとって不可欠な構成要素を生み出した様子を映し出している。

白人男性中心主義の打倒——フェミニズムと多文化主義の興隆

　モノの豊かさよりも金銭に置き換えられない価値，効率重視の標準化よりも
多様性を浮上させたカウンターカルチャーは，ミドルクラスの価値観やアメリ
カン・スタイルの生活様式といった支配的文化への反逆であった。実際，従来
の白人男性中心社会からの転換を求める女性解放運動や黒人たちの公民権運動
も，ほぼ時を同じくしてかつてない規模に発展した。経済的恩恵はもとより，
そもそも自由や平等という建国時に掲げた理念や基本的権利が女性やマイノリ
ティには行き渡っていない現実に対する異議申し立てと，アメリカ社会は向き
合わざるを得なくなっていった。

　こうした事態は，女性やマイノリティの自己実現や社会的地位の向上の機会
を奪ってきた制度や慣行を抜本的に見直す必要性を提起していた。一定範囲内
の人工妊娠中絶を合憲とし，出産をめぐる女性の選択権を認めた1973年の連邦
最高裁判決（ロー対ウェイド判決）や，大学の入学枠を一定程度マイノリティに
振り分ける**アファーマティヴ・アクション**[8]の導入は，アメリカが着実に変わり
始めたことを意味している。教育へのアクセスの改善に伴う，女性やマイノリ
ティの学生の比率の増加は，教育内容にも変化をもたらし，従来の白人男性中
心的な視点に代わって，アメリカ社会の多様性に配慮したカリキュラムに改め
られていった。

　高等教育機関の変化に伴い，今ではフェミニズムや多文化主義を正面から否
定する議論は社会的説得力をもはやもち得なくなった。女性やマイノリティへ
の配慮に欠けた発言を公の場から一掃しようとするポリティカル・コレクトネ

ス（PC）の運動も，白人男性中心主義への強力な防波堤となった。しかし，多様性の尊重が揺るぎない合意事項になったとはいえ，それは差別の根絶を意味したわけではなかった。公の場に露骨に垂れ流すことができなくなった差別意識は，保守派の反転攻勢を後押しすることになる。

泥沼化する分断──リベラリズム叩きと保守派の誤算

　カウンターカルチャーが出現した1960年代は，物質的繁栄よりも精神的充足感に目を向け，多様性を擁護し，自由と平等の実現のために既存の社会制度や慣行に介入していくリベラリズムの気運を高めた。しかし，ベトナム戦争への莫大な戦費は1970年代には重くのしかかり，アメリカ経済はかつての繁栄を失いつつあった。フェミニズムやマイノリティによってそれまでの地位を逆に脅かされる立場に立たされた人びとは，ベトナム戦争の失敗への衝撃や経済の衰退への不安感も相まって，強いアメリカの復活とリベラリズムの打倒を同時に求めていた。その結果，経済回復への期待感とリベラリズムへの反感の受け皿として保守派が台頭し，1980年代は共和党政権の時代となった。

　二期8年にわたったレーガン政権の下では，減税と規制緩和を軸としたレーガノミクスによる景気刺激策が実施され，産業構造の転換が図られる一方で，保守的な価値観や道徳観への回帰が提唱された。しかし，すぐには経済が回復せず，アメリカの復活を阻んでいる犯人捜しが始まり，リベラリズムの遺産である多様な価値観がアメリカ再建の障害物として攻撃された。宗教右翼の存在感が高まり，妊娠中絶反対運動や同性愛者への排撃が強まる一方，フェミニズムや多文化主義による教育内容の多様化は，国民が共有すべき基礎学力を低下させたと批判された。

　1980年代は，多様な価値観を擁護する1960年代リベラリズムに対して，白人男性中心主義を譲ろうとしない保守派からの巻き返しが起こり，両者の文化戦争の構図が鮮明になった。この対決の図式は，基本的に21世紀のアメリカにも受け継がれている。だが，両者の膠着状態が40年にもわたって解消されていないのは，中南米からのヒスパニック系の流入を機にマイノリティの勢力が拡大基調にあり，リベラリズムの側からの反撃が活性化されている点に加え，保守陣営の誤算も関係している。

　経済を牽引する新規産業を生み出そうとしたレーガノミクスの成果は，IT産業の興隆となって1990年代にようやく現れ，アメリカ経済は再び拡大を始めた。だが，減税とハイテク産業の恩恵は高学歴の専門職を潤したものの，ITによる省力化や新興工業国の台頭で事務職や基幹製造業の労働者は窮地に立たされた。新規産業がもたらした富は決して効果的に国民に分配されず，国全体の経済は繁栄しているのに，従来のアメリカ社会の屋台骨だったミドルクラスはかえって没落し，貧富の差が拡大する，格差社会が到来したのである。

　その結果，リベラルと保守の文化戦争は，政府観・経済観の対立とも結びつき，前者は連邦政府の権限強化による公正な富の配分，後者は小さな政府の下での自由市場の拡大を包含するようになり，対立の裾野は逆に広がっていった。アメリカ文化の第三の地層には，産業社会の閉塞感を打開しようとした実験が，結果的に深刻な文化戦争と社会の分断を招いた様子が刻まれている。

5　疑いと恐怖の文化

疑わしきは罰す──同時多発テロ事件と監視社会の到来

　格差社会の到来で深まっていたリベラルと保守との対立は，2001年9月11日の同時多発テロ事件で新たな展開を見せ始めた。イスラム原理主義のテロリストにハイジャックされた旅客機がニューヨークのワールドトレードセンターなどに激突し，約3,000人の死者を出したこの事件は，イスラム教徒への憎悪を掻き立て，翌10月にアメリカは，テロリストに拠点を提供していたアフガニスタンに侵攻し，タリバン政権を崩壊させた。

　愛国主義の高揚で，リベラルと保守の対立は一時休戦となった。しかし，テロとの戦いに万全を期すには，国外のテロリストへの報復に加え，国内の不穏な動きを事前に察知する必要があった。アメリカは愛国者法を制定し，捜査機関による通信の傍受や令状なしの逮捕に道を開くとともに，**プロファイリング**[9]による危険人物のリストアップを行い，一般市民からの情報提供も奨励した。個人が政府からも市民からも監視される時代となったのである。

　テロとの戦いの始まりと監視社会の到来の根底には，見えない敵が潜んでいるに違いないという疑念と，いつ攻撃されるかわからないという恐怖感が強烈

に流れていた。それは，アメリカ文化の第一の層に堆積していた，不信の裏返しとしての自衛の文化を現代に呼び込み，疑いと恐怖の文化へと上書きしながら，自衛のためなら先制攻撃も辞さないという発想を強化した。

　アメリカは，十分な証拠のないままイラクがテロリストにわたりかねない大量破壊兵器を隠しているとして2003年にイラク戦争に踏み切り，フセイン政権を崩壊させただけでなく，2012年には同時多発テロ事件の首謀者オサマ・ビンラディンをパキスタン領内で暗殺した。国際法を無視した武力行使は，共産圏の崩壊に伴う冷戦終結によってアメリカが唯一の軍事超大国として生き残ったがゆえに可能だった面もあるが，疑わしきは罰すという，不信の裏返しの自衛の文化が先制攻撃へと転化した瞬間であった。テロとの戦いに伴う愛国主義の高揚で，なぜ自分たちがテロの標的になったのかを理解しようとする冷静さを失うなか，報復から一気に先制攻撃へとエスカレートしていった監視社会アメリカの姿は，テロ事件後の疑いと恐怖の反動の大きさを物語っていた。

格差社会における分断と連帯──トランプ時代と自己防衛本能

　同時多発テロ事件を境に，不信の裏返しとしての自衛の文化の伝統は，疑いと恐怖の文化としての顔ももち始め，アメリカ社会を覆いつくした。だが，棚上げされていたリベラルと保守の対立は，2008年のリーマンショック[10]を経て，急速に発達した金融工学が資本家をいっそう潤す一方，貧しい庶民が貧困ビジネスによって食い物にされていく構図が浮上すると，一気に再燃した。疑いや恐怖は，格差社会を放置し，そこから甘い汁を吸ってきた，国内の政治的・経済的エリートに一転して向けられるようになり，より過激な現状変更を求める勢力が，リベラルと保守双方の内部で台頭した。民主党では左派，共和党では右派の勢いが増し，格差社会の分極化が進んだ。

　折からのネット社会の到来は，不信や怒りを共有可能にするツールを登場させ，草の根的な連帯の可能性を切り開いた。社会は分極化されているのに，立場を同じくする人の連帯は逆に強化される事態となった。実際，庶民の変革への希求の受け皿となった2009年の黒人初の大統領であるオバマ政権の誕生，それに対する抵抗運動として増税に反対するティーパーティーの運動の台頭，さらには，女性初の大統領を目指したヒラリー・クリントンを攻撃しワシントン

の既成政治の打破を掲げた2017年のトランプ政権の誕生，これに危機感を抱いた直接行動としてのウイメンズ・マーチなどは，いずれもリベラルと保守双方の内部の草の根的な怒りの結集の応酬としての面をもつ。

　一方でインターネットは，中傷やあやふやな情報によって公的世界の秩序を揺るがし，他者への疑いや恐怖を拡散させかねず，監視社会の到来とともに活性化されていた自己防衛本能を増幅するリスクももつ。周囲を壁で囲まれ，居住者以外立ち入れないゲイテッド・コミュニティと呼ばれるタイプの住宅地の増殖は，これと符合する現象と言える。

　さらに，冷静さを失った自己防衛本能は，陰謀論にそそのかされた過激な行動の温床となりかねない。新型コロナ対策よりも専ら自らの大統領再選を追求し，ジョー・バイデンの当選を受け入れず，2020年大統領選挙に不正があったと根拠のない陰謀論を振りまき，支持者を扇動してバイデン当選を確定させようとしていた連邦議会に乱入させたトランプ大統領の姿は，いみじくもそのリスクが現実になったことを物語っていた。

　分断と連帯が錯綜する状況は，格差社会とインターネットによって，疑いと恐怖の文化の根底に潜む自己防衛本能が増幅されてきている様子を映し出している。監視社会からトランプ時代へという軌跡が体現しているのは，リベラルと保守との文化戦争の分断状況が固定化され，もはやその対立の中身よりも，立場を異にする他者への不信感の表明と自己防衛へと人びとの関心がシフトしていった過程なのである。

分断の時代の他者との距離——ポストコロナ時代のモラル・ハザード

　産業社会のモノを基点にした集団統合が限界にぶつかり，それを超えようとしたリベラリズムと，反動として浮上した保守派の綱引きの膠着状態が分極化へと陥るなか，不信の裏返しとしての自衛の文化が疑いと恐怖の文化として息を吹き返し，アメリカ文化の新たな地層として堆積し始めた。それは，文化戦争を解決できずにいたなかで蓄積された人びとの不満が，ついには集団統合に逆行する地殻変動へと転化し始めた姿を映し出している。

　そもそも自衛の文化には，民主主義を後退させかねないリスクが潜む。格差社会の分断を助長しかねないネット時代におけるその復活は，最悪のタイミン

グと言えなくもない。そこへ到来したコロナ禍は，ウイルスの起源が中国だとの疑いゆえにアジア系の人びとへのヘイトクライムを横行させ，テレワークの恩恵もなく対面での仕事の継続を余儀なくされたマイノリティを死の恐怖にさらすなど，疑いと恐怖の文化をさらに増幅する面をもつ。自己防衛本能の殻に人びとが閉じ籠っていきかねない，危険な因子が現代アメリカには溢れている。

これを打開するには，初心に帰って，実現されていない自由と平等を現実にどう落とし込むかというミッションに真剣に向き合う以外にはあるまい。アメリカの混乱の原因の根本は，この本題を先送りしてきたことにあるからだ。それには，植民地時代から産業社会を経てカウンターカルチャーにまで引き継がれている実験精神を再び活性化させるとともに，過去の文化史の教訓に学び，かつてヨーロッパからの文化的独立を模索したときのような，ピンチをチャンスに変える逆転の発想を打ち出す工夫が欠かせない。

新型コロナウイルスをめぐってアメリカは，突出した数の感染者と死者を出す不名誉に甘んじたが，コロナ禍はこの国の転換点にもなりうる。誰もが感染しうるという運命共同体的状況は，自己防衛本能の限界を悟らせ，むしろ，相互に協力することの重要性を浮上させる。それに気づくことができれば，気候変動や環境汚染など，地球規模で同様の問題が山積している事態に目が開かれるだろう。それは，この国に染みついた反知性主義に代わって科学的知見の重要性を浮上させるとともに，なぜ自分たちがテロの標的になったのか，他国からは自分たちはどう見えるのかといった冷静さをもたないまま，監視社会から先制攻撃へと突き進んできた国民に，新たな国際感覚の扉を開く可能性を秘める。実際，アメリカの若い世代は，環境意識が非常に強い。かつて産業社会の閉塞感に挑戦し，アメリカ文化の第三の地層を呼び込んだのは，若者世代のヒッピーたちであった。運命共同体的な認識への転換と若者の覚醒が，新たな文化的潮流を生み出せる可能性はある。

また，現代アメリカでは急速に人口構成の変化が進んでおり，21世紀半ばには，WASP（イギリス系白人プロテスタント）の割合が人口の過半数を割り，それ以外のマイノリティの総計が過半数を超えると予測されている。絶対多数となる民族集団の消滅は，アメリカの分断に拍車をかけるリスクもある。だが，そもそもこの国の原風景には，食文化が体現していたような，実験精神や異種

混交的創造力が刻み込まれていた。多様な集団の接触からどこにもないものを
つくり出す実験こそ自分たちの出発点であると再認識できれば，人口構成の変
化を逆に原点回帰への好機と捉え直すことも可能だろう。

　さらに，ネット社会とコロナ危機で勢力を拡大したGAFA⁽¹¹⁾のような巨大IT
企業の動向も鍵を握る。局所的な連帯や，疑いと恐怖がネット社会では増幅さ
れかねないことがすでに明らかな現在，IT技術が新たなイノベーションに貢
献できるかが問われている。アメリカ文化の第二の地層に刻み込まれているよ
うに，かつてこの国は，モノを基点とした文化創造に挑戦した経験をもつ。産
業社会における安価なモノの大量生産による最適化・同化戦略の文化創造の到
達点と限界を踏まえるなら，今度は人びとの精神的充足と融和のためにIT技
術をいかに活用するかが肝要であることが見えてくるはずだ。

　コロナ対策の恒常化で，人びとの間の物理的距離を縮めるのは容易ではなく
なった。だが，他者との精神的距離を縮める手立てや糸口は決して枯渇したわ
けではない。すでに堆積しているアメリカ文化史の各地層からは，そのための
ヒントを抽出することができる。自己防衛本能の殻に閉じ籠り続けることは，
それを国民自らが葬り去り，脈々と受け継がれてきたこの国の実験精神に背を
向けるに等しい。アメリカの命運は，ポストコロナ時代のモラル・ハザードを
どれだけ自覚できるかという，国民一人ひとりの問題意識にかかっている。

新たなる地層のゆくえ

　疑いと恐怖の文化という第四の地層が堆積中の現代アメリカは，実験精神と
異種混交性のもつ潜在力がいまだにこの国で完全には開花してはいないことを
物語っている。だが，アメリカ文化史の地層のメカニズムからすれば，いずれ
現在堆積中の地層を突き破るエネルギーが，次の第五の層を生み出す日がやっ
てくるだろう。なぜなら，理想と現実の落差がある限り，その矛盾の解消への
希求は，現状からの出口を求め続けざるを得ず，いつしかそれは新たな実験へ
と踏み出すことになるはずだからだ。未完成であることこそ，実はこの国のエ
ネルギーの源なのである。

　日本では，アメリカでおかしな事件が起こるたびに，アメリカの時代は終わっ
たという声が聞かれる。だが，こうした見解は，アメリカ文化のメカニズムを

理解していない。いつ実現するかわからない理想を掲げて出発したアメリカは，実験国家・理念先行国家であり，実験の途上での失敗は，当然のつきものなのである。むしろこの国の底力は，失敗したら現状変更を繰り返すことで，理想と現実との距離を縮めようとするメカニズムを維持してきた点にあり，それこそアメリカ文化の核心といえる。それは，自分たちは未完成だと自覚できる限り，そして，変化し続けることが自分たちの宿命なのだと国民が理解できる限り，手痛い失敗を重ねようとも，アメリカの挑戦は続くことを意味する。潜在力とそれを帳消しにしかねないリスクの活断層の上にこの国が築かれていることは，この国の弱点のように見えて，実は強みでもある。

　大きな矛盾を解決できずにいる混沌とした現代アメリカの姿は，たしかに不可解に映るかもしれない。だが，それはアメリカという実験の途中を見ているに過ぎないと気づいたとき，現在がこの国の歩みの中で意味のある瞬間であることがあらためて見えてくるだろう。そして，そこからこの国の未来がどう切り開かれるのかをリアルタイムで観測できることこそ，アメリカ文化史の重要な醍醐味なのである。

鈴木　透

注
- (1)　1620年にメイフラワー号で漂着したピューリタンは，翌年何とか収穫に成功し，協力してくれた先住インディアンを招待して祝宴を催したことに因む連邦の祝日（11月第四木曜日）。日本の正月のように人々は帰省し，ピューリタンの食生活を忍ぶ料理で食卓を囲む。
- (2)　19世紀に支配的だった性を忌み嫌う風土のこと。イギリスのヴィクトリア女王（1819〜1901）と時期的に重なるため，こう呼ばれる。女性に純潔さや貞節を強く求め，結婚による男性への経済的従属へと囲い込む一助となった。
- (3)　現在の標準時では，アラスカを除く大陸部分を4つのタイムゾーンに分割している。鉄道会社間で統一された標準時は，当初は法的根拠を持たないまま人々の生活にも利用されていたが，1918年の標準時法によって国家の正式な制度となった。
- (4)　ジョージ・ハーマン・ルース・ジュニア（1895-1948）。ベーブは愛称。非行歴ゆえに矯正施設に送られたが，野球の才能を認められ，本塁打王として大リーグの顔となる。恵まれない境遇から夢を叶えた成功物語として引き合いに出されることが多い。
- (5)　不動産業者ウィリアム・レヴィット（1907-1994）がニューヨーク郊外のロング

アイランドに建設した郊外住宅地。彼は，予め工場で組み立てた同じ仕様の住宅を効率的に設営し，短期間に大量の郊外住宅を手頃な価格で供給できるようにした。

(6)　共和党の上院議員ジョゼフ・マッカーシーによる政府内に共産主義のスパイ網が存在するとの虚偽の爆弾発言を機に，1950年代前半，ハリウッド関係者を含む共産主義に近いと目された人々が十分な証拠もないまま糾弾され，社会的に葬り去られた。

(7)　19世紀半ばにユダヤ系のリーバイ・ストラウスが開発した作業着。青に染めたデニム生地は丈夫で，年齢や性別を超えて広く肉体労働者に好まれた。1955年の映画『理由なき反抗』で俳優ジェームズ・ディーンが着用したことで，ファッションとして注目された。

(8)　差別されてきた人々の進学や就業の機会を人為的に増やすための措置。大学の入学枠や公共事業の入札でマイノリティを優遇することなどを指す。マイノリティの社会進出に貢献するも，逆差別との批判や，色眼鏡で見られる問題も浮上した。

(9)　人種，宗教，犯罪歴，インターネットの閲覧履歴など，その人の思想傾向を判断する複数の指標を設定し，要注意人物かどうかのふるい分けを行うこと。調査項目が恣意的に設定されかねず，偏見を助長し，個人が見当違いな嫌疑をかけられかねない。

(10)　大手証券会社リーマン・ブラザーズの破綻を引き金とした経済危機。十分な返済能力のない低所得者層への過剰な融資が横行し，そうしたリスクの高い住宅ローンを金融商品化したサブプライムローンが焦げついた結果，信用不安が一気に拡大した。

(11)　Google，Amazon，Facebook，Apple の巨大 IT 企業4社。

―― さらに考えるために ――

オリバー・ストーン監督『スノーデン』2016年
監視社会への傾斜に伴い，国家による個人の通信やプライバシーの監視システムを密かにアメリカは導入した。自分のコンピューター技術がそれに利用されたことを知り愕然としたエドワード・スノーデンは，アメリカに二度と戻れないのを覚悟の上で，その国家機密を暴露する。民主主義の危機に警鐘を鳴らした彼と，彼の証言を記録するために奔走したメディアの人びとをめぐる実話。

ガイ・ナティーブ監督『SKIN／スキン』2018年
かつて白人至上主義者としてネオナチの団体に属していた青年ブライオン・ワイドナーが，恋人に出会い，黒人の活動家や，一年半にも及ぶ想像を絶する顔や全身のタトゥーの除去手術に必要な莫大な費用の提供を申し出た篤志家に支えられながら，組織と絶縁し，反差別へと転向していった過程を描いた実話。基になった同名の短

編映画も衝撃的な内容。

佐竹敦子／デビー・リー・コーヘン監督『マイクロプラスチック・ストーリー──
ぼくらが作る2050年』2019年
ニューヨーク市のブルックリン地区の小学5年生が，環境保護NGO団体，カフェ
テリア・カルチャーの支援の下，マイクロプラスチックによる海洋汚染を授業で学
び，身の回りのプラスチックごみを減らすために行動を起こす様子を追ったドキュ
メンタリー。プラスチックごみの問題がわかりやすく提示され，若い世代の環境意
識の高まりと積極的な政治参加のもつ可能性が感じられる。

読書案内

アレン，F. L.（藤久ミネ訳）『オンリー・イエスタデイ──1920年代・アメリカ』ち
　くま文庫，1993年。
浅海保『アメリカ──多数派なき未来』NTT出版，2002年。
ファーガソン，アンドリュー・ガスリー（大槻敦子訳）『監視大国アメリカ』原書房，
　2018年。
ギトリン，トッド（疋田三良，向井俊二訳）『アメリカの文化戦争──たそがれゆく
　共通の夢』彩流社，2001年。
ハルバースタム，デイヴィッド（金子宣子訳）『ザ・フィフティーズ』（上下）新潮文
　庫，1997年。
ルーイス，R. W. B.（斎藤光訳）『アメリカのアダム──19世紀における無垢と悲劇と
　伝統』研究社，1975年。
松尾文夫『銃を持つ民主主義──「アメリカという国」のなりたち』小学館文庫，2008
　年。
能登路雅子『ディズニーランドという聖地』岩波新書，1990年。
オマリー，マイケル（高島平吾訳）『時計と人間──アメリカの時間の歴史』晶文社，
　1994年。
スクラー，ロバート（鈴木主税訳）『映画がつくったアメリカ』（上下）講談社学術
　文庫，1995年。
ウルフ，バートン・H（飯田隆昭訳）『ザ・ヒッピー──フラワー・チルドレンの反
　抗と挫折』国書刊行会，2012年。

第Ⅱ部

「いま」をつかみなおす
―トピックで考える―

第5章

草の根公民権運動の抵抗と変革

—人種・政治—

キング牧師（左）と談笑するマルコム X（右）

キーワード　公民権運動　ブラック・パワー運動　白人至上主義

2020年春，ミネソタ州ミネアポリス市で黒人男性のジョージ・フロイド氏が警官から殺害された事件を契機に，ブラック・ライヴズ・マター（BLM）運動が巨大な規模で展開された。このとき，フロイド氏が息絶える残酷な光景は日本でも広く報道され，「公民権運動があったのに，どうしてまだこのようなことが」という疑問の声があがることになった。ところで，本章扉の写真では，マーティン・ルーサー・キングとマルコムXが談笑している。この両名はしばしば対立する関係にあったと見なされており，かかる観点からすると，照れているような微笑を浮かべたマルコムXの表情は実に奇妙だ。私たちのアメリカの人種や政治に関わる理解には，思い込みが先行し，何かが抜け落ちていないだろうか。さらに，公民権運動とは具体的にはどのような運動だったのだろうか。本章は，黒人の社会運動の歴史への接近法を示しながら，歴史のなかの人種と政治をより深く理解することを試みる。

1 社会運動を歴史的に理解する

公民権運動概史

まず「公民権運動があったのに……」という問いには，ある一定の「公民権運動像」が下敷きになっているという点に着目してみたい。その像は，以下のような一般的な理解に拠って立っているのではなかろうか。

1954年，連邦最高裁は，公立学校における人種隔離を憲法修正第14条に照らして違憲とする**ブラウン判決**を下した。その翌年，マーティン・ルーサー・キングは，アラバマ州モントゴメリーで起きたバス・ボイコット運動を指導し，非暴力を唱えて市バスの人種隔離撤廃という勝利を手にした（モントゴメリー・バス・ボイコット運動）。1960年，キングの非暴力主義に賛同する学生たちがさらに激しい座り込み運動を開始し，その後に学生非暴力調整委員会（SNCC）を結成されると，運動はよりいっそうの勢いを得た。

1963年春，キングは，アラバマ州バーミングハムで大規模な抗議運動（バーミングハム闘争）を展開，警察が高圧放水でデモを弾圧すると，人種差別に対する国内世論はかつてないまでに高まった。この沸き上がる世論を背景に，ケネディ大統領は公民権法の制定を議会に呼びかけ，同年8月に行われたワシン

トン行進で，キングは「わたしには夢がある」と題する演説を行った。多くの
人びとがこの模様に胸を打たれ，翌年夏，1964年公民権法が制定された。同法
は，公共施設における人種隔離を違法とし，人種，エスニシティ，国民的出自，
思想信条，そして性に基づく雇用差別を禁止し，アメリカ社会が多様化してい
く礎を築いた。

　1965年，キングは，アラバマ州セルマで投票権の保障を求めた運動（セルマ
闘争）を行った。投票権に関する規定が1964年公民権法にはなかったからだ。
ここでも州政府は運動を暴力で弾圧しようとしたのだが，それによってかえっ
て運動への支持は大きくなっていった。1965年3月，アラバマ州兵がデモ隊に
襲いかかった事件は全米に生中継されて大きな衝撃となり（血の日曜日事件），
人種問題解決に向けた世論をまたしても喚起した。こうして同年8月に投票権
法が制定される。この後，黒人の公選職に就く者は急激に増加し，2008年には
バラク・オバマが「黒人」として初めて大統領に当選した。こうして公民権運
動は非暴力を武器に勝利したのである。

社会運動への接近法

　人種隔離制度が廃止され，黒人が投票権を得ていく基礎的な過程を押さえた
上のような理解はもちろん重要である。しかし，それでもまだ，このような理
解には，黒人の運動の深い理解を妨げる問題がいくつかある。

　まず指摘されるのが，運動史理解の時代枠の問題である。実のところ公民権
運動の始まりは50年代中頃より前にあった。単純な話が，ブラウン判決につなが
る訴訟もまた運動の一部であったし，後述するように，公共交通機関のボイコッ
トはモントゴメリーより前に行われた例が多くあった。また，ワシントンで抗議
集会を開催するというアイデアは，60年代に初めて提唱されたのではなかった。

　また，投票権法制定で運動が終わるわけでもない。同法制定の直後，警官に
よる黒人の暴力的な尋問を契機に，ロサンゼルスの**黒人ゲトー**，ワッツ地区で
大規模な暴動が起きた。公民権運動を支えたさまざまな団体は，その後，都市
ゲトーに活動の拠点を移し，貧困や失業，劣悪な住宅に教育，そして警官暴力
という問題と格闘し続けた。

　前項で素描した公民権運動史は，運動の「成果」だけに着目して歴史を綴っ

たものである。しかし、「成果」のみに焦点が当たれば、運動の目標は、この「成果」を基準に時の流れを遡行して決められてしまう。このとき、運動は歴史的事実から帰納的もしくは経験論的に理解されるのではなく、ひとつの理念型——ここでは政治的権利を要求する非暴力の運動——から演繹されて把握され、この運動像に入らないものを歴史理解から捨象するという歴史への接近方法が採られることになる。こうして、運動を理解しようと努めているようでありながらも、実は「思い込み」から運動を断じてしまう罠にはまってしまうのである。

　歴史教科書では、〈何某かが何かを唱えて、広く支持を集めた〉という説明——たとえば、キング牧師が非暴力を唱えて支持を得た——で、社会運動や政治運動が説明されることが多い。これを字句通りに受けとったときにもまた、結果から遡行して歴史に接近してしまっているのだ。歴史のなかに入り込んでみれば、何らかの確固とした指針のある「主義」が行動に先立って打ち出され、そのような主義を固く信じる人びとが集まって社会運動が形成され、支持者がその主義を遵守したということは滅多にない。歴史のなかで実際に起きるのは、ある者が特定の行動を採り、それが広く支持を集めたから、やがてそれが特定の主義として蒸留されて残るということである。

　人びとは目の前にある耐えがたい現実を少しでも変えようという点でだけで意見を一致させて動き、十分に言語化されていない目標や思いが重なり合うなかで運動は生まれては消え、消えては生まれる。人びとは、歴史のなかにある条件——資金、人脈、時代によって変わる言説編成等——によって強く限定されながら、あらゆる身近なリソースを目前の目的めがけて動員していく。歴史のなかの社会運動の実相である公民権運動においても、有名な非暴力という指針は、運動の現実のなかで選びとられた幾多ある戦略のなかのひとつに過ぎなかった。では非暴力以外の公民権運動の特徴とは何であろうか？　こう問われて答えに窮するならば、それは、運動のなかにある多様なイマジネーションと戦略、消えてしまった目標や思いが、私たちの理解から漏れ落ちていることを示しているのだ。

　歴史に立ち現れる社会運動に迫り、それを理解するときに必要不可欠な作業とは、現場で起きていたのは何かということに徹底的に拘ることである。後述

するように，キング牧師が呼びかけたから，みんなが従ったという事実は歴史のなかには存在していない。公民権運動が，非暴力の運動戦略を「生み」，「キング牧師」をつくったのだ。

2　「長い公民権運動」の始まり

大恐慌・ニューディール政策と黒人

　公民権運動研究，黒人史研究では，前項で指摘した問題を克服するために，「長い公民権運動」（long civil rights movement）という理解の枠組みが提示されている。「長い公民権運動」という理解に立った場合，公民権運動の開始時期は，ニューディール期から第二次世界大戦中に置かれる。というのも，この時期の黒人の運動のなかに，狭義の公民権運動にも継続して見られる特徴的変化が見られるからだ。そのひとつが大衆を動員した「運動の様式」であり，いまひとつが，民主党を拠り所としたリベラルな政治連合の一部として黒人の運動が展開していくという「政治の様式」である。

　これらの変化は，恐慌という危機への対応のなかで黒人大衆が選び採っていったものであった。1929年に始まる大恐慌は，黒人にとってはとりわけて大きな打撃を与えた。従来，黒人の圧倒的多数は，「リンカンの党」である共和党を支持していた。しかし，大恐慌で共和党の支持が急降下すると，黒人のなかでも民主党を支持する動きが強まっていった。フランクリン・D・ローズヴェルト大統領が推し進めたニューディール政策の是非が問われた1936年の選挙では，黒人有権者の70％が現職大統領を支持し，これ以後ずっと2020年に至るまで，黒人は民主党の大きな支持層となっていく。奴隷解放の過去よりも，ニューディール救済策を選び採ったのだ。

　それでもしかし，ニューディール政策の恩恵が黒人に届くのは大きく遅れていた。というのも，多くの政策が州政府を主体として実行された結果，特に白人至上主義者が州の実権を握る南部において，黒人は政策の恩恵から排除されてしまったからである。また，ニューディールのさまざまな施策は，分離して不平等な人種隔離されたかたちで施行されることが多かった。それでも，ローズヴェルト大統領は，南部の有力政治家と共存することを選択した。南部出身

の議員は，多選の結果，議会の要職に就いている者が多く，南部選出議員の協力がなければ，ニューディール政策は前に進まなかったからだ。また，ローズヴェルト大統領の優先的政治課題は，あくまでも経済復興であり，人種問題の解決ではなかった。

したがって，黒人の民主党支持への転換は，必ずしも大統領が黒人を顧慮したことへの報恩ではなかった。それは二大政党制下の大統領選挙という厳しい条件のなか，政策の是非をぎりぎりのところで見極めた選択だったのだ。

労働運動の興隆と黒人

さまざまな運動は，歴史的条件を揺り動かすことで歴史の主体になり，こうして変化した歴史的条件がさらにその後の展開の枠組みを決める。ニューディールの時代，労働者の団結権と団体交渉権を保障する全国産業復興法やワグナー法の制定の追い風を受け，アメリカの政治変革の中心には労働運動があった。黒人の圧倒的多数は労働者階級に属する。しかし，労働運動の台頭は，黒人労働者の利益には必ずしもならなかった。人種差別的な労働組合が団体交渉権をもってしまうと，黒人の排除はむしろ労使協約を通じて固定されてしまうからである。

労働組合における人種差別はこの時期に始まったものではない。労働組合は，労働者の親交を深めることも目的とする団体であり，黒人を排除して行われるそのような活動は，しばしばヨーロッパ系が「白人性」を互いに確認し，白人至上主義を強化する役割も果たしていた。それゆえ，黒人指導層には，労働組合を敵視すると同時に，経営者・資本家寄りの態度を採る者が多くいた。

しかし，大恐慌が明らかにしたことは経営者が頼りにならないということにほかならなかった。そこで新興の黒人知識人やアクティヴィストは，強力になった労働運動に対抗するよりも，労働運動のなかに入り，内側から変化を求める道を選択していくことになる。

黒人側のこのような動きはまた，労働運動の側の変化によっても促されていた。20世紀初頭のアメリカの労働運動は，熟練工の職能別組合が連合した組織，アメリカ労働総同盟（AFL）が牽引していた。だが，熟練技術は，ベルトコンベアによる大量生産方式を導入したフォード自動車の事例を筆頭に，時を経る

につれて生産工程のなかで重要ではなくなり，容易に交換可能な非・不熟練労働が増加するなか，AFL式の職能に従った組織化戦略は労働者の組織化に適さなくなっていた。そこで，同一産業で働く労働者をひとつの大きな組合に糾合しようという産業別組織化の要求が1930年代には急速に高まっていった。

こうして，1938年，産業別組織会議（CIO）が誕生する。このCIOは，鉄鋼，自動車，電気，港湾といった基幹産業で急速に勢力を伸ばすと同時に，ローズヴェルト政権を支える重要な支持基盤となっていった。このCIOの台頭が，黒人の労働組合への参加を飛躍的に進めることになる。黒人の圧倒的多数は非熟練・未熟練工であり，CIOが打ち出した産業別組織化の方針は，黒人労働者を組織化の対象にすることを暗に意味していたからだ。

このような時代の趨勢を背景に，1936年，黒人の労働運動家を中心に，既存の黒人団体の統一戦線としてナショナル・ニグロ・コングレス（NNC）が結成された。このときまで黒人の運動の先頭には全国黒人向上協会（NAACP）がいた。NAACPの強みは法廷闘争と議会ロビー活動にあり，弁護士や教師などの黒人エリート層が主なメンバーだった。よって，NNCの結成は，これまでエリートたちが牽引してきた黒人の運動のなかに，労働大衆を中心とする新たな勢力が生まれたことを意味していたのである。

この1930年代の変化を受けて，民主党のニューディール推進派（リベラル派）を中心軸にしながら，それを労働運動と黒人が支える政治構図が生まれた。それは，ニューディール連合とも，さらには公民権連合とも呼ばれる。この連合は，白人労働者が共和党候補のロナルド・レーガンを支持したためにニューディール連合に大きな亀裂が入る1980年まで，いくつかの対立や軋轢を抱えながらも，戦後のリベラル派優勢の政治を支えていくことになる。

A・フィリップ・ランドルフの台頭とワシントン行進運動

このNNCの初代会長となったのがA・フィリップ・ランドルフであった。これより以前の1920年代中頃，ランドルフは，黒人の独占職となっていたプルマン社の寝台特急車両のポーターの労働組合，寝台車ポーター友愛組合（BSCP）の組織化運動に取り組んで敗北した経験があった。敗北したのは，先述の通り，大恐慌前の黒人コミュニティで労働運動の信頼が薄かったからである。しかし，

ニューディール労働政策が強い追い風となり，1935年，BSCP は労働者の正式な代表として団体交渉権を得た。ランドルフの名声は，労働大衆から支えられた新世代の指導者として一気に高まり，新興の NCC 初代会長に推挙されるかたちで就任することになったのである。

　この直後に軍需景気が到来すると，アメリカ経済は恐慌から離陸し始めた。しかし，白人労働者のなかには黒人と肩を並べて働くのを依然として好まない者が存在し，かつまた雇用者の側にも強い人種偏見があり，黒人の軍需産業での雇用は遅れることになった。

　そこで，1941年1月，ランドルフは，軍需産業における人種に基づく雇用差別の禁止を求めて，首都ワシントンで1万人の黒人を集めた大規模な抗議集会を開催するという大胆な呼びかけを行った。これをワシントン行進運動（MOWM）と言う。この呼びかけは大反響を起こし，ランドルフは抗議参加者の見積もり数を10万人へと大きく増加させて，こう述べた。「ある政策の策定と実行を実現させることができるのはパワーだけだ。パワーとは，組織化された大衆，特定の目的に向かって団結した大衆だけがもつ能動的な力である。われら国家に忠誠を誓うアメリカのニグロ(3)市民は，われらの国のために労働し闘う権利を要求する」。

　ここには，運動の変化のいくつかが如実に現れていた。そのひとつが「大衆の力」を抗議行動に動員しようという戦略であり，ランドルフは，この着想をガンディがインドで行っていた非暴力不服従運動から得ていた。モントゴメリー・バス・ボイコット運動でキングが同様の運動を提唱することに先立つこと14年前の出来事である。

　いまひとつの特徴が，愛国心を強く主張しながら国家に行動を迫ることである。ワシントン行進の呼びかけが行われたのは，ローズヴェルト大統領が同年の一般教書演説で「4つの自由(4)」を提唱した直後のことであった。第二次世界大戦が始まり，アメリカが人種主義をひとつの特徴としたナチズムと対峙するようになると，黒人は戦争への貢献を自らの人種差別に抗する闘争と同一視できるようになっていった。つまり，自由主義という「国是」を背にして自らの要求を突きつけることが可能になったのだ。

　現実のところ，MOWM が10万人の集会を実施できたかどうかには大きな疑

問が残る。それでもローズヴェルト大統領に大きな懸念を抱かせるには十分であった。というのも，黒人たちの大規模集会が白人との暴力的衝突につながる可能性は否定できず，自由主義陣営の大国を自負する国の首都でそれが起きるならば，アメリカ民主主義の欺瞞を示すプロパガンダの格好の材料を枢軸国に与えることになるのが必定だったからだ。そこでローズヴェルトは，軍需産業における人種差別を禁止する大統領令8802号を発布する。大統領が黒人の要求に応じたのは，1877年に南部再建期が終わって以後では，じつに初のことだった。

3　公民権運動の諸相

冷戦と公民権運動

　MOWM の運動の重要なポイントのひとつは，黒人はアメリカの一部であり，国を愛している，だから権利を保障せよとする立場をとった点にある。このように，黒人の権利要求運動を愛国者のものとする運動の方向性は，MOWM だけでなく，第二次世界大戦時の黒人の動向を映し出したものでもあった。たとえば，黒人新聞『クーリエ』は，戦争の目標にナチズムなどの人種主義との闘いの勝利と，国内での白人至上主義との闘いの勝利を同時に掲げ，それを「ダブル V」と称した。黒人市民の多くがこれを支持し，「愛国」を自ら進んで背負うことを選んだ。

　第二次世界大戦後，世界は冷戦に突入し，米ソ超大国間で勢力圏争いが激化する。そのようななか，ソヴィエト連邦は，アメリカにおける人種差別を国際舞台で活発に批判し，脱植民地化の過程に入ったアジア・アフリカ諸国からの支持を取りつけようと動いた。戦後直後，「人権」の擁護者は，労働者の祖国を自認するソ連だったのだ。

　この攻勢を前に，アメリカの人種問題は国際政治も絡む大問題となっていった。こうして，黒人の愛国的なアピールは，冷戦下において，人種差別は共産圏に攻撃材料を与える利敵行為であるという主張へと転轍されていった。このような黒人の運動の有り様やアメリカ人としての権利意識を「冷戦公民権」と呼ぶ。

　しかし，この冷戦公民権は，諸刃の剣であった。広くアメリカ市民が国是とする理念と黒人の願望を一致させることは，アメリカ市民の広範な支持の獲得を可能にしたのだが，アメリカの政治制度に内在する問題，わけても資本主義に対する激しい批判を行うことは，反米的であるとして禁じ手となったからである。

　一方，国際政治における冷戦は，アメリカ国内では共産党や左翼活動家への弾圧を引き起こし，さまざまな組織や団体から左翼と関係のある者が追放されることになった。これより以前，1930年代頃から，**スコッツボロ事件**における共産党の活動などを通じて，黒人のなかには左翼思想の浸透がみられていた。また，労働者組織化運動のなかで，「万国の労働者よ団結せよ」(共産党宣言)という思いの下，最も献身的で平等主義的なユニオニストには左翼運動と親しい者が多かった。しかし，反共主義が台頭した結果，まず左翼活動家が労働運動から追放され，これと並行して，黒人の運動でも同様の政治的傾向をもつ者の追放が進行していった。こうして活動の足場を失った黒人指導者のひとりに，W・E・B・デュボイスがいる。

モントゴメリー・バス・ボイコット運動

　1955年12月，アラバマ州モントゴメリーで，黒人女性のローザ・パークスが白人に席を譲ることを拒み逮捕された。キングの指導者としての台頭をみたモントゴメリー・バス・ボイコット運動については，高校世界史の教材で紹介されることも多い。それゆえ，本章では，運動の概略の説明は割愛し，その深層に横たわる重要なポイントに絞って詳しく検討してみたい。

　最初に述べておかなくてはならないことは，この運動の「リーダー」はキングであったが，運動を主体的に牽引したのは黒人女性だったということである。そのことを端的に示すのが，パークスである。一般的にパークスは，老舗のデパートで「お針子」として働いていて，仕事からの帰り道で疲れていたから白人に席を譲らなかったと言われている。このような説明が暗に伝えていることは，席を譲らないという行為自体には政治的な意味は薄く，真面目に働く立派(リスペクタブル)な市民によるむしろ素朴なものであり，そのような市民の苦しみには人として寄り添いましょうというじつに人間的な訴えである。しかしパークスの実像は

違っていた。

パークスの政治活動の来歴は，スコッツボロ事件に遡る。共産党系の活動家とともに被告人支援のための抗議活動や署名活動を始めたのだ。赤狩りが猖獗を極めた時代には，NAACP のモントゴメリー支部へ活動の中心を移して，黒人の運動へコミットし続けた。肩書きは支部の「秘書」であったが，白人からの性暴力の被害者から聞き取り調査を行う等，高い熟練と感受性がなければできない仕事も，人種主義的な白人が警察・司法権力を握るなかでの調査という危険な任務も，この「秘書」の役目だった。つまり，彼女には運動に関する知識と経験があったのだ。バスのなかで逮捕される屈辱的な瞬間，パークスは，混乱することなく，冷静沈着に行動した。それは，このような経験に拠るところが大きい。あの日，パークスは疲れていたかも知れない。しかし，彼女が席を譲らなかったのは，何よりも強い意思とそれを支えるスキルがあったからだ。

さらに重要なことに，パークス逮捕の日の夜，黒人女性の組織，女性政治評議会が，ほかのいかなる組織や個人にも先んじて，ボイコットを呼びかけるビラを黒人コミュニティで大量配布していた。その後に開かれたコミュニティ集会でボイコット実施が正式に決定され，運動を統括する組織の会長にキングが選出される。つまり，ボイコットは，キングが非暴力主義に則って呼びかけたものではないのだ。加えてまた，バスに乗らずに徒歩で通勤する黒人たちの多くは，自家用車で通勤できない黒人女性たちだった。つまり，この運動は，どこからみても，黒人女性たちが主導し，黒人女性たちが主体となった運動だったのだ。

次に指摘されるのが，人種隔離の下で人知れず形成されていた黒人コミュニティのネットワークが果たした役割である。これより 2 年前，ルイジアナ州バトンルージュでも市バスのボイコットが行われ，市から一定の譲歩を引き出した事例があり，キングは，この運動に携わった T・J・ジェミソンを，聖職者のネットワークを通じて知っていた。かくして，モントゴメリーの運動の初期の動きは，このバトンルージュの先例に倣って展開されていくことになる。

このような黒人のネットワークは，モントゴメリーにさまざまな支援をもたらす。ボイコットが始まると白人至上主義者の妨害が本格化し，キングの家に

は爆弾が投げ入れられた。このとき，激昂した群衆を前に，キングが説いたのが有名な「非暴力」である。だが，非暴力を厳しい運動のなかで実際に活かすには，思想や信条だけでは足りず，運動戦術として用いるスキルが必要になる。ここで，モントゴメリーに実際に赴き，非暴力について教示した支援者の一人に，ベイヤード・ラスティンがいた。彼はMOWMを始めとするさまざまな運動でランドルフの右腕として運動を指揮した経験を持っている，熟達したベテランのアクティヴィストだった（ボイコット運動が終わると，後はキングのブレーンとして活躍し，1963年には有名なワシントン行進の総指揮官として辣腕を揮う）。

　キングにもボイコット運動以前に非暴力に対する関心があっただろう。しかし，運動で活かされる非暴力主義は，黒人のネットワークに支えられ，運動の現場で彫琢されたものだった。それは運動の論理として完成したかたちで黒人たちに提唱されたわけではなかったのである。

　最後に指摘しておきたいのが，マッシヴ・レジスタンスと呼ばれる白人の抵抗のなかでボイコットが展開したことである。ブラウン判決の約3カ月後，学校の人種統合への反対を目的に白人市民会議が結成された。同組織は瞬く間に6万人の会員を誇るようになり，政治活動を行っている黒人へのハラスメントや人種主義的思想の普及などの活動を活発に行い，「ロータリー・クラブの振る舞いでKKKが掲げる目標を追求」する組織として恐れられるようになった。また，南部の有力政治家たちは「南部宣言」という声明を発表し，ブラウン判決を最高裁による司法権の濫用であると批判して人種統合への抵抗を呼びかけた。このような政治環境のなか，学校の人種統合への動きはほぼ完全にストップしてしまった。

　このような反動はより過激な行動を教唆する。ボイコットが勝利してバスが人種統合された1957年1月，バスの周辺で起きた爆弾事件の数は6件に達した。このような事態の変転をみて，モントゴメリーの地方紙は「問題はもはや人種隔離ではなくなった。それはモントゴメリーで安全に生活できるかどうかである」と述べるに至っていた。これがモントゴメリー・バス・ボイコットの「勝利」の実像だったのだ。

学生非暴力調整委員会の結成

　黒人学生によるシットインが始まったのは，このように，運動がむしろ壁に
突き当たっていたときのことだった。1960年2月，4人の黒人学生が白人用の
席に座りコーヒーを注文し，サービスを断られてもそのまま席に座り込んだ。
この行動は，同様の動きを南部中で誘発し，同年春だけで5万人が参加する大
規模な波となっていった。そこで，学生たちのエネルギーをより大きな組織化
された運動へと成長させるために，黒人女性のエラ・ベイカーが学生たちに集
会の開催を呼びかけ，SNCC が結成されることになった。

　ベイカーの運動での経歴はまさに「長い公民権運動」を体現したものである。
彼女は30年代のハーレムで活動を開始し，1943年には NAACP の支部統括本
部長の要職に就く。その彼女が1946年に企画主催したジョージア州アトランタ
で開催した南部地域のアクティヴィストを集めた研修集会には，パークスも参
加していた。また，モントゴメリーでバス・ボイコット運動が起きると，ラス
ティンやランドルフとともに「友愛の名の下に」という団体を結成し，運動の
支援に乗り出していた。このときの経緯がきっかけで，キングが結成した南部
キリスト教指導者会議（SCLC）は，組織運営の責任者である代表幹事の仕事
を彼女に任せることになった。

　シットイン運動の突如の興隆を目撃したベイカーの SNCC 結成時の関与は
その後の運動に強烈な刻印を残す。そのひとつが，学生たちを青年部として吸
収したいと望む NAACP，SCLC の意向に逆らい，SNCC が独立組織として誕
生することを助けたことである。そこには，これらの組織での彼女の経験が反
映していた。

　SCLC は，人種が関わる面では開明的であっても，しばしば保守的な社会的
価値観をもつ男性の牧師たちの組織だった。ベイカーは，いかに彼女に卓越し
た運動オーガナイザーとしての力があろうとも，女性であるがゆえに差別的な
待遇を受け続けた。男性牧師たちも聡明な女性にどう接していいのか当惑し，
キングとの折り合いもうまくいかなかった。つまり，ベイカーの闘いは，レイ
シズムと家父長主義の双方と格闘するものだったのだ。

　家父長主義では，女性と年少者の庇護者を男性が（勝手に）任じる。そうす
ることで女性と年少者の主体性を否定する。ベイカーはこう考えた――学生た

107

ちを大人の男に任せたら，若者の活力は消えてしまう。こうして，SNCC は，「大人たち」の「指導」が届かない独立組織として誕生したのである。それはまた，「大人たち」が当然と思って疑おうとしない価値観を批判的に捉らえる組織的な空間が生まれたことも意味していた。

4　ブラック・パワー運動

キングとマルコム

　SNCC は，その後，「大人たちの団体」が躊躇するところで最も激しい活動を展開し，公民権運動を急進化させていく。大人たちが妥協のときだと言っても，その「指導」をしばしばはねつけたのだ。キングがバーミングハムでの運動で小学生も動員したのは，かかる SNCC との競合関係があってのことだった。思い通りに動かない学生を飛び越して高校生以下の生徒・児童を動員したのである。その結果は強烈だった。世界は黒人の少年少女に襲いかかる南部の警官の姿を見て大きな衝撃を受けたのだ。かくして，自由主義諸国の盟主アメリカへの国際的批判の高まりを受け，ケネディ大統領が動いた。公民権法の制定を議会に要求したのだ。このとき，ケネディの決断は，冷戦という国際秩序の影響を強く受けたものであり，必ずしもリベラルな理想主義だけによって促されたものではなかった。

　先述したように，バーミングハム闘争やセルマ闘争の成果に，公民権法や投票権法の制定がある。だが，この二つの闘争は，冷戦という国際的な文脈の下，SNCC のアクティヴィストたちから突き上げられるかたちで SCLC が実施したものであり，キングが唱える非暴力主義に民衆が従った結果，人びとが良心に目覚めたという単純なものではなかった。

　実際のところ，非暴力のデモを行いつつも，黒人市民たちが白人至上主義者からの襲撃に備えて自衛のために武装していた事例は多かった。警察が黒人の身体を保護することは滅多になく，その環境下での非暴力は死をも意味したからだ。他方，非暴力のキングにしても，いかなるときでも非暴力であれねばならぬと，正当防衛のための暴力まで否定したことはなかった。つまり，公民権運動を非暴力ゆえに評価すること自体が，運動の実態から離れているのである。

　ここにキングとマルコムが歓談する場面の重要な意味がある。マルコム X
は，政治的活動を禁止していた宗教団体ネイション・オヴ・イスラーム（NOI）
の牧師であった。NOI の教義は一般のイスラームとは大きく異なる。白人を
悪魔と見なし，黒人は黒人だけの生活圏をもつべきであるとする分離主義を説
いていたのだ。当初の彼は，教祖イライジャ・モハメドの教えに忠実に，白人
を悪魔と非難しながら分離主義を説き，人種統合を求める公民権運動指導者を
激しく罵っていた。このような彼の主張はメディアから大きな注目を浴び，NOI
は急成長していった。マルコムに集まる人気と注目はモハメドの敵愾心を煽り，
やがて両者は対立するようになった。1964年初頭，マルコムは，NOI から追
放されると，モハメドの教えからはっきりと離れていった。その後，公民権運
動と共闘の意思があることを表明し，公民権法審議を連邦議会で傍聴していた
キングのもとを訪問した。本章冒頭の写真はそのときのものである。同時にま
た中東・アフリカを歴訪したのを契機に，アメリカの黒人の抑圧を植民地主義
の文脈で捉え直すことで黒人の運動に新たな方向性を指し示した。この方向性
はブラック・パワー運動へと継承されて大きく成長していくことになる（なお
マルコム自身は，このような政治活動を始めてわずか1年後の1965年に暗殺される）。

公民権からブラック・パワーへ

　このように運動の水面下では対立がありながらも，1965年までの黒人の運動
には，人種隔離制度を連邦法制定を通じて打倒するという明確な目標があった。
しかし，それがなくなると，統一戦線の維持は難しくなる。
　ところで，1930年代のランドルフの運動は，雇用における人種差別を焦点に
したものだった。だが，1950年代以後の公民権運動の特徴は，人種隔離と投票
権剥奪の問題に運動の焦点を絞り込んでいったところにある。つまり，逆説的
にも，公民権運動に明確な優先的課題があったがゆえに，雇用，住宅環境，警
官暴力等々，そのほかの問題が残ったのだ。先に述べたワッツ暴動が起きたの
は，奇しくもジョンソン大統領が投票権法に署名してわずか5日後の1965年8
月11日のことだった。その後の5年の間に，全米で500件以上の都市暴動が起
きることになった。こうして公民権立法で解決できなかった問題へ運動の焦点
が移ることを暴動が促していった。

　このような時点で興るのがブラック・パワー運動である。1966年6月，SNCC議長の**ストークリー・カーマイケル**は，逮捕された直後の屋外の集会で，6年間も運動を続けて大きな変化が見られない以上，「いま俺たちが言い始めなくてはならないことは，ブラック・パワーだ」と述べた。その後に「何が欲しい」と彼が聴衆に問いかけると，聴衆は大声で「ブラック・パワー」と応じた。その後，この「ブラック・パワー」という言葉は，運動のスローガンとして急速に広まっていった。

制度的人種主義

　ワッツ暴動以後，人種隔離制度の解体を実現した運動の焦点は北部都市に移った。その北部では，南部とは質の異なる人種差別が存在していた。そこでカーマイケルと政治学者のチャールズ・ハミルトンは，曖昧だと批判された「ブラック・パワー」の明確にする作業の過程で，制度的人種主義（institutional racism）の問題を剔抉する。彼らは，住宅，雇用，医療，教育，司法等々の「制度」にすでに人種主義が織り込まれていて，この「制度」を中立で自然なものとして放置したならば，織り込まれている人種主義が作用して差別的な結果が現れると見たのである。たとえば，貧困な者は，良質の住宅や教育から排除される，そのことがまた貧困を生み出す，そして，その貧困層は圧倒的に黒人が多く，都市ではゲトーに住むのを余儀なくされる。ゲトーでは抑圧的な警官が暴力的な取締りを行い，たとえ人種を明示的な根拠としてなくても黒人の権利は蹂躙されるのである。そして，この制度的人種主義は，資本主義の「権力構造」と人びとの「無関心」によって支えられている。このように彼らはジム・クロウ制度が消え去ったあとの人種主義を定義し直したのである。

　また，彼らの見立てによると，アメリカ社会は自由な個人から成り立っているのではなかった。イタリア系はアメリカ人である前にイタリア系であり，ユダヤ系も然り。このような移民集団は，まずはエスニシティの紐帯に基づいて団結し，アメリカ社会への統合を果たした。ならば，と，カーマイケルらはこう呼びかける。「ブラック・パワーの概念はひとつの基本的な前提に依拠している――ある集団は，オープンな社会に参画する前に，まずは隊伍を固めなくてはならない。（中略）多元的社会で強い立場から効果的な交渉能力を発揮し

ようとすれば，その前に集団的に団結することが不可欠なのである」。つまり，ブラック・パワーとは，人種的な矜恃を軸にする団結の訴えでもあったのだ。

　そのような将来の課題を抱えた黒人が住んでいるのは，一定の地理的境界をもつ都市ゲトーだった。そこでカーマイケルらは，黒人ゲトーはアメリカの内国植民地であると見なし，マルコムXの影響を強く受けて，黒人の問題を植民地主義の問題と等置した。こうして，アジア・アフリカの脱植民地化が進行し，黒人ゲトーに「暴動」が立て続けにおきていた60年代半ば，アメリカの黒人たちは「黒人ゲトーの自決権」を新たな目標としていったのである。このとき「暴動」には「叛乱」という新たな意味が与えられることとなった。

　ところで，冷戦公民権は，アメリカ社会は基本的には自由で平等な社会であり，黒人差別はその健康な政治体の（治癒可能な）病理であると見なしていた。これに対して，ブラック・パワー運動は，アメリカ社会の諸制度には人種主義が織り込まれているものであり，その資本主義的秩序は基本的に病んだものであると考えた。こうして，冷戦公民権の前提は完全にひっくり返されることになったのだ。

　以上のように問題をみたカーマイケルは，アラバマ州ラウンズ郡で，黒人の独立政党（ラウンズ郡自由組織）を結成し，南部政治の変革を目指す政治活動を始めた。人口の80％が黒人のラウンズ郡はブラック・パワーの試金石になると考えたのだ。このラウンズ郡自由組織がシンボルにしていたのが，飛びかかろうと身を沈めている黒　豹だった。

ブラック・パンサー党

　その後，カーマイケルらSNCCの指導層は，都市で暴動／叛乱が頻発している最中に「都市ゲリラ戦の開始」といった過激な言辞を続け，不用意に世論の反発を買ってしまった。また，南部農村で活動をしてきたSNCCには，北部都市には確固たる基盤を欠いていた。そこでブラック・パワー運動を先頭で牽引していくのが，カリフォルニア州オークランドで，学生のヒューイ・ニュートンと福祉団体職員のボビー・シールが結成したブラック・パンサー党（BPP）[8]だった。

　ブラック・パワー運動には，晩年のマルコムXのように黒人の問題をグロー

バルな植民地主義の問題として捉える越境性と、ラウンズ郡自由組織のように
ローカルな政治に焦点を絞り込んで活動する特殊性の二つの相反する傾向があ
る。よって、この運動を捉えようとすれば、徹底的にローカルな視点を採りな
がら、そこに現れるグローバルな構想力を問わねばならない。

　BPPは、オークランドの黒人ゲトーで最も身近でかつ深刻な問題に立ち向
かうことでまず注目を浴びるようになった。警官暴力の問題である。ショット
ガンとライフルで武装して、警官の行動を監視する活動を始めたのだ。それは
警察を「占領軍」と見なす内国植民地論に影響を受けた行動でもあり、ゲトー
の自決権を手にする第一歩であった。当初、BPPの活動はオークランド地域
のみで知られた存在であったのだが、1967年5月、カリフォルニア州議会議事
堂前で重武装した党員が黒人に武装と自衛を訴える政治パフォーマンスを実施
すると、その名は急速に全米で知られることになり、一躍、黒人の運動の「前
衛」として認知されていった。

　警察を「豚」と罵り、四文字の罵り言葉を躊躇なく運動で使うBPPの言辞
と政治は、その後のギャングスタ・ラッパーのように過激である。このBPP
の過激さは、公民権運動を映し鏡とするなかで培われたものだった。これを詳
しく見てみよう。

　人種主義が原因で劣等性の烙印を押された黒人にとって、押しつけられたス
テレオタイプを壊し、広く一般社会からリスペクトされる資質を涵養すること
は、社会階梯を上昇していくために重要なことであった。このように、社会的
な規範を忠実に守ることで自らの地位の向上を図っていく黒人の行動の様式や
運動の戦略を「リスペクタビリティの政治」と呼ぶ。

　公民権運動は、この「リスペクタビリティの政治」を大きな支柱とした。善
良な市民としてのローザ・パークス像がその代表例であったし、暴力を前に祈
りを捧げる非暴力のデモも「リスペクタビリティ」を前面に押し出したものだっ
た。白人至上主義者の「不良」や乱暴な警官が善良な黒人たちを襲う模様は、
きわめて鮮明な道徳劇となったのである。

　しかし「リスペクタビリティの政治」は、社会的規範そのものを疑わず、そ
れをむしろ前提としてしまう保守的な性格ももつ。しかし、黒人コミュニティ
のなかには、教育機会の欠如、劣悪な住宅環境等々、まさに制度的人種主義の

存在ゆえに、「リスペクタブルになりたくてもその機会すらなかった階層」が存在していた。

　BPPは、このリスペクタブルになる機会をもてなかった黒人たち、BPPの言葉で言えば「ルンペンプロレタリアート」に働きかけることを運動の主眼とした。それゆえ、「きちんとした身なり」が支配的なイメージである公民権運動と異なり、BPPに代表されるブラック・パワー運動のイメージは、大きなアフロヘアで拳を突き上げる人びとになった。聖書の愛の言語に代わり、ゲトーのスラングを戦略的に使ったのである。

　だがしかし、黒革のジャケットに身を包み銃を抱えた黒人男性の派手な活動は、政府に弾圧の口実を与えることになった。連邦捜査局（FBI）は、諜報活動COINTELPROを実施して組織のなかに「工作員」を送り込み、内紛を誘発させる、犯罪活動を教唆する等々、非合法な手段も用いて組織壊滅を目指した。1969年の初頭になると、初期の幹部は警察との銃撃戦で死亡したり、逮捕されて拘束中であったり、さらには逮捕を逃れて海外に逃亡中であったりで、10万人の党員を数えていたBPPの党勢は急速に弱まっていくことになる。

　ここでBPPは、党活動の焦点を大きく変化させていった。武闘派の黒人男性に代わって、黒人女性が党活動の中心に立ち、貧困家庭の児童のための無料朝食プログラム、アフリカ系に多い遺伝病の鎌形赤血球貧血症の無料クリニック、学童保育も含めたトータルな教育を行うフリー・スクールなど、福祉と教育の領域を活動の中心に据えて、これを「サヴァイヴァル・プログラム」と称した。1973年には、党幹部のボビー・シールとイレイン・ブラウンがオークランド市長選と市議会議員選挙にそれぞれ立候補し、正規の選挙政治にも関与を強めた。このBPPの活動がひとつのきっかけとなって、1977年、ライオネル・J・ウィルソンが黒人として初めて市長に当選することになる。

5　ブラック・ライヴズ・マター運動へ

連邦政治の再編と人種

　さて、現在から見るならば、1930年代に公民権連合が誕生したときの政治的な布置は、政党とイデオロギーの関係が今日のそれとはほぼ反対である。1930

年代，人種が関わる問題で保守的姿勢をとる政治家は民主党に多かった。なかでも民主党の南部選出議員の党派性は強く，彼らのほとんどが白人至上主義と親しい関係にあった。

この南部選出議員は，1968年以後，公民権立法を主導した民主党から次第に共和党へと鞍替えし，アメリカの政治地図を大きく書き換えていった。加えてまた1972年の大統領選挙では，南部の保守的な白人の票の獲得を狙った共和党候補リチャード・ニクソンのいわゆる「南部戦略」が奏功し，マサチューセッツ州を除く全州で選挙人を獲得する圧勝となった。これ以後，南部での共和党の地歩は時を経るごとに強まり，現在では同党の大票田となっている。

この政党支持の布置の変化と同時に，1970年代以後のアメリカ政治では，60年代の行き過ぎを指弾する保守派が優勢になっていった。都市にはマイノリティ，郊外には白人という住み分けは強固で変わらず，今日も郊外での共和党支持は根強い。

ブラック・ライヴズ・マター運動へ

2013年7月，17歳の黒人少年トレイヴォン・マーティンが射殺された事件で，彼を射殺して起訴されていた自警団員に対して無罪評決が下された。この日，黒人のアリシア・ガーザが「黒人へのラブレター」という短いエッセイをSNSに流し，それを「ブラック・ライヴズ・マター」という言葉で結んだ。この簡明な言葉に胸を打たれた者たちが，その後，ウェブのプラットフォームを創設し，人知れず存在していた社会運動組織が連携し始めていった。

翌年8月，今度はミズーリ州ファーガソンで，18歳の黒人少年マイケル・ブラウンが警官から射殺された。このとき，前年から形成され始めていた黒人アクティヴィストのネットワークが本格的に動き始め，ファーガソンの街に，多くのアクティヴィストが実際に集うことになった。その後も，アクティヴィストたちは，オンラインで，そして対面で会合を重ね，2015年7月，オハイオ州クリーヴランドで開催された集会で，ムーヴメント・フォー・ブラック・ライヴズ（M4BL）という連合組織が誕生した。

多くの人びとは，BLM運動を，インターネットで動員された一過性の運動，正義を求めるフラッシュモブの一種のように，確たる実体やリーダーのない運

動と見る。しかし，それは事実とは異なる（M4BL は非営利組織として法的地位もあれば，常勤スタッフも抱えている）。2020年5月，ジョージ・フロイド氏の殺害後，運動があれだけ急速に，そして大規模に展開されたのは，実は，ファーガソンでの事件の後，すでに運動を牽引する厚いネットワークと実体をもつ組織が存在していたからである。

　警官の暴力の犠牲者には，よく次のような批判がなされる。そもそも警官から怪しいと思われる行動をしていたのが悪い。だが，このような批判に新たなアクティヴィストたちはこう反論する。トレイヴォン・マーティン，マイケル・ブラウン，ジョージ・フロイド，彼らはみな必ずしもリスペクタブルな市民ではない。しかし，黒人の命／生活は大切なのだ，と。

　では，この新たな社会運動の興隆が何を意味するであろうか。とりあえずこう述べておきたい。それは「公民権運動が取り組むのを避けてしまった問題と格闘するために興った」のだ，と。それは，リスペクタビリティの政治を止揚し，制度的人種差別や家父長主義の問題に向き合い，公民権運動があってもまだ残る課題を正面から引き受ける新たな運動の興隆を意味しているのである。

　演繹的に社会運動に接近していくと，歴史のなかに存在した多様なイマジネーションと戦略，アクティヴィストたちの思いが漏れ落ちる。だがこの「漏れ落ち」を見ることで，アメリカで「いま」起きていることの脈絡が，このようにむしろはっきりと見えてくることがある。社会運動を理解しようとすれば，その現場にイマジネーションを置き，時を遡行して解釈する歴史の後知恵は徹底的に排除して，そこで繰り広げられる展開に思考を開くことこそが重要なのだ。

藤永康政

注
(1)　公立学校における人種隔離を違憲とした判決。これは，路面鉄道における人種隔離を「分離すれども平等」として合憲と判断したプレッシー判決を覆すものであり，その後の公民権運動を法的に支えることになった。
(2)　貧困な黒人が集住して住む地域。ゲトーの原義はポーランドにあった法的に隔離されたユダヤ人居住地区を指す。アメリカの場合，法的な住宅の隔離は1910年代

には憲法違反とされるが，住民相互の約束や住宅融資政策などを通じて制度的に維持され続けている。

(3) 1960年代後半にブラック・パワー運動が台頭するまで，ニグロという表現は広く用いられていたものであり，その当時にあっては侮蔑的な響きはなかった。教養層はむしろ，ブラックよりもニグロを好んで用いていた。

(4) 「言論・表現の自由」「信教の自由」「欠乏からの自由」「恐怖からの自由」がその内容であり，ローズヴェルト大統領は，枢軸国の台頭を意識しながら，この4つ自由を守りぬくことを誓った。

(5) 1931年に起きた，黒人男性9名が貨物列車のなかで白人女性をレイプしたという冤罪事件。NAACPなどが9名の被告の支援活動に躊躇するなか，アメリカ共産党が国際的な大救済キャンペーンを行った。

(6) 20世紀を代表する黒人知識人であり，NAACPの共同創設者のひとり。50年代に運動から追放された後に共産党に入党し，ワシントン行進の日の朝，ガーナで没す。

(7) イギリス領だったトリニダッドに生まれる。1950年代に家族とともにニューヨークに移住し，黒人大学の名門ハワード大学に進学，1961年より南部の非暴力の運動に加わるも，60年代後半には白人との共闘を不可能と見る傾向を強め，アフリカのギニア・ビサウに移住し，1997年にそこで没す。

(8) 黒豹のシンボルマークの使用は，ラウンズ郡自由組織が先行している。だが，カーマイケルは，同党のシンボルマークを意匠登録する意図はなく（それは彼にとって資本主義的悪弊だった），それゆえ共有の財産だという態度を採っていて，全国各地にブラック・パンサーを名乗る党が濫立した。そのなかでもっとも有名になったのがオークランドの党である。

さらに考えるために

リー・ダニエルズ監督『大統領の執事の涙』2013年
アイゼンハワーからブッシュまでの歴代大統領に仕えた黒人執事のライフストーリー。南部の農村の人種差別を逃れて執事となった黒人の目を通して，戦後のアメリカの変化が語られる。リスペクタビリティを尊ぶ主人公が，ブラック・パワーに傾倒した息子と対立するところは，長い公民権運動の変遷を具体的な物語として鮮明に伝えている。

スパイク・リー監督『ドゥー・ザ・ライト・シング』1989年
1990年代のブルックリンにおけるイタリア系アメリカ人と黒人，プエルトリコ系アメリカ人の対立が描かれる。黒人のスパイク・リーが監督と主演の二役を務め，人種対立が一筋縄での理解を阻む問題であることが描きあげている。

ローレン・レイジン監督『トゥパック——レザレクション』2003年
ブラック・パンサー党ニューヨーク支部の幹部アフェニ・シャクールとムトゥル・
シャクールの息子で，代表的なギャングスタ・ラッパー，2 Pac の人生を綴ったド
キュメンタリー。死してさらにカリスマ的な存在になった2 Pac の生涯を，彼のイ
ンタビューやパフォーマンスとともに綴るドキュメンタリーで，彼の死後に編集さ
れた。ラディカルな黒人の闘争と制度的人種主義の関係を，2 Pac の言葉を通じて
感じ取ることができる。

読書案内

Carmichael, Stokely. and Hamilton, Charles V. *Black Power : The Politics of Libera-tion.* New York : Vintage, 1967

Dudziak, Mary L. *Cold War Civil Rights : Race and the Image of American Democ-racy.* Princeton University Press, 2000.

樋口映美編『流動する〈黒人〉コミュニティ——アメリカ史を問う』彩流社，2012年。

本田創造『アメリカ黒人の歴史』岩波新書，1964年。

川島正樹『アメリカ市民権運動の歴史——連鎖する地域闘争と合衆国社会』名古屋大学出版会，2008年。

黒崎真『マーティン・ルーサー・キング——非暴力の闘士』岩波新書，2018年。

ローディガー，デイヴィッド・R（小原豊志他訳）『アメリカにおける白人意識の構築——労働者階級の形成と人種』明石書店，2006年。

ランスビー，バーバラ（藤永康政訳）『ブラック・ライヴズ・マター運動誕生の歴史』彩流社，2022年。

Ritchie, Andrea. *Invisible No More : Police Violence Against Black Women and Women of Color.* Beacon Press, 2017.

Spencer, Robyn C. *The Revolution Has Come : Black Power, Gender, and the Black Panther Party in Oakland.* Duke University Press, 2016.

Theoharis, Jeanne. *The Rebellious Life of Mrs. Rosa Parks.* Beacon Press, 2013.

上杉忍『アメリカ黒人の歴史』中公新書，2013年。

第6章

「移民の国」を問いなおす

―移民・多文化主義―

ニューヨーク・エリス島移民博物館における展示「国旗と人びと
の顔」
（出所）著者撮影

キーワード　移民の国　市民権　多文化主義

アメリカ合衆国は，「移民の国（a nation of immigrants）」として知られている。アメリカは，移民によって建設された国であり，世界中から移民を受け入れることで成長してきたというイメージは，アメリカ国内外で広く共有されている。ニューヨークのエリス島にある移民博物館にある展示は，一方から見ると星条旗，もう一方からみると多種多様な移民の顔写真に見える（扉写真）。これは，アメリカ合衆国が「移民によってつくられた国」であることを視覚的に象徴化したものである。2017年に成立したドナルド・トランプ政権が「アメリカ・ファースト」を掲げ，移民・難民の排除や国境への壁の建設を進めると，このような「移民の国」像は，トランプが象徴する排外主義や人種主義に対抗する理想として，さらに強調されるようになった。本章では，「移民の国」という像はどのように創られ，それがどこまで歴史的な実態を反映してきたのかを問う。そして，「いま」のアメリカを理解するための移民史の可能性を考えてみよう。

1　移民からアメリカの「いま」を考える

移民が動かすアメリカ

アメリカの「いま」を理解するうえで，移民の存在を欠かすことはできない。2018年の統計では，アメリカに住む「外国生まれ」人口は約4,500万人で全人口の約14％を占めている。国内労働者の17％が移民で，アメリカ経済における移民労働者の役割はますます高くなっている。移民労働者は，プログラマーやエンジニアなどの高度な技能や専門的知識が必要な職から，工場労働，店員などのサービス業，農業，家事労働まで幅広い分野を支えている。2020年から深刻化した新型コロナウィルス感染症危機の際には，医師の29％，看護師・看護助手の18％を海外出身者が占めていたことも注目された。また，海外出身の企業家の活躍は，シリコンバレーなどのIT産業に革新と活力をもたらしている。

移民は，アメリカ文化を創る主体でもある。移民が持ち込んだ料理——イタリアのピザ，日本の寿司，メキシコのブリトー，ベトナムのフォーなど——は，すっかりアメリカ食文化の定番となった。アメリカ文化の象徴といえる映画も外国出身者なしでは成立しない。2017年に映画産業で働く8人に1人は海外出

身だった。2010年代のアカデミー賞監督賞10回のうち9回は外国出身の監督が受賞し，そのうち半分（5回）はメキシコ出身の監督だ。

　政治面でも移民の重要性は明らかだ。2020年大統領選挙の投票資格をもつ市民の10人に1人（2,320万人）は，外国生まれでアメリカ国籍を取得した帰化市民であった。帰化市民の6割がヒスパニックかアジア系の人びとであり，移民出身の市民がアメリカ政治に与える影響は年々大きくなっている。

　以上のように，経済，文化，政治などアメリカ社会のあらゆる側面において，移民は，多様性や革新性をもたらし，その未来を動かす存在と考えられている。

　アメリカ人一般の移民に対する評価も肯定的である。ピューリサーチセンターの世論調査によれば，2019年にアメリカ人の約3分の2が，移民はアメリカにとって「重荷」ではなく，その「勤勉さと才能」によって「強み」をもたらすと回答した。さらに，ほぼ同数が，「世界の人びとに対する開放性」をアメリカの「国」としての基本的特徴であると考えている。

　移民に対する「開放性」は，「アメリカン・ドリーム」のイメージにも結びついてきた。たとえば，オーストリア出身の俳優で，カリフォルニア州知事も務めたアーノルド・シュワルツェネッガーは，自分の移住の経験を次のように述べている。

　　私は，夢だけをもってこの国へ到着した。友人もいなかった。わずかな金しか持たず，つたない英語しか話せなかった。でもひとつだけ確かなことがあった。それは，この国は努力を続ければ，いつか私の夢と望みはかなうということだ。そして40年後，私の移民の夢は実現した（*Los Angeles Times* March 28, 2006）。

アメリカは，その出自に関わらず努力と才能でチャンスを切り開くことができる「約束の地」であるという「アメリカン・ドリーム」の物語は，アメリカを世界に類を見ない「特別な国」と考える指向（＝例外主義）と結びつき，ナショナル・アイデンティティの重要な一部分となっている。

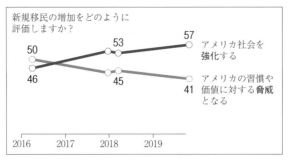

図 6-1　新規移民に対するアメリカ世論の変化（2016-2019年）
（出所）ピューリサーチセンター

「アメリカ・ファースト」対「移民の国」

　ドナルド・トランプが2016年の大統領選挙に勝利し，「アメリカ・ファースト」のかけ声のもとで移民を制限・排除する政策が次々に導入されたことは，アメリカ国内でも衝撃をもって受け止められた。しかし，トランプ政権下にあっても市民の多数は移民を肯定的に評価し，「移民の国」をアメリカの基本的特徴と受け止めていたことは特筆すべきだろう。反移民感情を露わにする人びとが現れる一方で，全体としては，トランプ主義の登場は「移民の国」アイデンティティを再確認する機会となった。図 6-1 に見られるように，2016年には移民を「脅威」と考える意見が，移民はアメリカを「強化する」と答えた数を上回っていた。しかし，その後両者の関係は逆転し，2019年末には移民に対する肯定的意見が脅威論を大きく上回るようになった。実際，2021年に成立したジョー・バイデン民主党政権は，トランプ時代の移民制限策を次々と撤回し，「移民の国」の自己イメージへの回帰を進めているように見える。このように，「移民の国」の理想は，自国中心的な「アメリカ・ファースト」に対する強力な対抗言説となり，その開放性は，自国中心主義や排外主義が蔓延する現代社会に対する鮮烈なメッセージとなっている。

　本章の課題は，このような「移民の国」像を歴史的な視点から再検討することにある。アメリカの開放性や革新性と結びついてきた「移民の国」像は，どのように創られ，定着したのだろうか。そのメッセージは，どのような可能性をもち，同時にどのような限界をはらんでいるのか。結論を先取りすれば，ア

メリカ史研究の蓄積は，「移民の国」像に無批判に依拠することに慎重になることを求めている。本章では，トランプ時代の自国中心主義を拒否しながら，安易な「移民の国」像にもおもねらない，多様性の描き方を追求したい。

2　セトラー・コロニアリズム──「移民の国」の前提条件

「無主地」に建設された国？

　アメリカが「移民の国」と呼ばれる理由は，単に移民人口の規模が大きいことだけではない。アメリカは，ヨーロッパから移住した植民者とその子孫によってつくられた国として考えられており，本章冒頭の写真にあった「移民がこの国をつくった」というスローガンは，レトリックではなく，文字どおりの意味で受け止められている。「移民」は国家建設の神話を構成する，アメリカの国民的性格のひとつと考えられている。

　しかしながら，肥沃な土地が無限大に広がるアメリカ大陸へやってきた植民者を主体とした物語は，その土地を生きてきた先住民[(1)]の存在をかき消してしまう。ヨーロッパ人による植民地建設は，所有者を持たない，広大な「無主地(*terra nullius*)」を占有したことから始まったとされている。当然ながら「無主地」とされた場所には，先住民が居住したり，先住民が聖地と見なした土地も含まれていた。しかし，植民者の視点からは，先住民が，土地を所有し，それを活用するのに必要な知性や勤勉さを欠いた「野蛮」な存在と見なされていた。そのような発想があったからこそ，植民者は，広大な北米大陸を「誰も所有していない無主地」と見なし，そこに生活していた人びとを無視することができたのである。

　それゆえ，先住民の視点から見れば，「移民がこの国をつくった」というスローガンは，一転して「侵略」「征服」「ジェノサイド（大量虐殺）」の物語となる。ヨーロッパから新大陸にもち込まれたのは，啓蒙主義的な思想や民主的制度だけではない。そこには，先住民が免疫をもたない伝染病，新しい移動手段としての馬，銃などの武器，小麦などの新しい農作物，そして商品作物を大量生産するプランテーション制度が次々ともち込まれた。その結果，土地の環境に合わせて確立していた先住民の生活様式は，劇的に変化した。15世紀末のヨー

ロッパ人と先住民との接触以後，1700年までの2世紀の間に北米の先住民人口は，伝染病の蔓延によって約10分の1に減少したと言われる。また，先住民は，北米における帝国間戦争にも巻き込まれ，その渦中でも先住民の虐殺が生じた。先住民のなかには，ヨーロッパ人に協力する人びともいれば，武力で抵抗する人びともいたが，結局は，ほとんどの先住民が，殺されるか，もともと住んでいた土地を奪われ，内陸部への移住を強制された。

　移住者たちが「無主地」と見なした「約束の地」アメリカは，先住民を前近代的で「野蛮」な存在と決めつけて徹底的に排除し，その土地を占有することによって成立したものであった。このように，先住民を排除して入植者が権力と資源を独占する植民地建設のあり方は，セトラー・コロニアリズム（settler colonialism）と呼ばれている。

「自由移民」の神話

　さらに，植民地期のアメリカに移住した植民者・移住者たちもまた，一様ではなかった。「移民がこの国をつくった」というスローガンが想定する移民とは，自らの意思で自発的に移住した人びと，新大陸で自由を謳歌し，自らの力で未来を切り開いた人びとである。しかし，実際にアメリカを「つくった」のは，このような自発的で自由な移民だけではない。

　まず，年季奉公人（indentured servants）と呼ばれる移住者が，北米における植民地建設を支えてきた。これは，数年間にわたって衣食住の支給以外は無給で働く契約を結び，その期間満了後に「解放」された人びとである。奉公人の多くは，渡航費用を借金しており，奉公期間には結婚や職業変更は認められず，絶対的な主人の支配下に置かれた。労働環境も劣悪なため，年季満了を前に病気などで死亡する奉公人が後を絶たなかった。年季奉公人の多くは，イギリスやアイルランド出身の貧困層で，17世紀におけるチェサピーク湾植民地（現在のヴァージニア州など）への移住者の約4分の3が，奉公人として到着した人びとだった。

　年季奉公人はイギリスの生活条件の改善や北アメリカ植民地への農業移民の増加に伴って減少したが，南部植民地でタバコやトウモロコシを作る大農園を支えたのは，アフリカから強制的に持ち込まれた黒人奴隷の労働力であった。

奴隷貿易は，現在のアメリカ東海岸から西インド諸島，南米のブラジルにいた
るまで環大西洋規模に広がる巨大産業であった。アフリカ出身の黒人奴隷の多
くが大規模農園に導入され，1700年までに黒人は北米イギリス植民地の人口の
約２割を占めるようになった。一方で，17世紀後半以降，奴隷の反乱への恐れ
から，奴隷法が各地で定められ，奴隷の移動や集会は禁止され，鞭打ちなどの
厳しい刑罰や人種間結婚の禁止が制度化された。北米植民地時代に確立した奴
隷制は，「すべての人は平等に作られている」と宣言して独立したアメリカ合
衆国でも維持された。合衆国憲法では「自由人以外のすべての人数」は「５分
の３」として計算されると規定され，その存在は憲法体制下にも容認された。
1790年の黒人奴隷人口は全人口の２割の70万人であったが，その数はその後も
増え続けた。

　このように「アメリカをつくった」移民は，ヨーロッパ出身の自由移民だけ
ではなかった。一定期間にわたって自由を制限される年季奉公人や，基本的人
権を否定され「商品」として持ち込まれた黒人奴隷もまた，初期アメリカ社会
の形成を支えた「移民」であった。さらに，建国期のアメリカでは，女性や貧
困層も参政権を否定されており，新生国家の正式なメンバーとして，十全な権
利を認められていなかったことも忘れてはいけないだろう。そして，そもそも
移民が自由と機会を謳歌したとされる「無限の空間」は，実際には，先住民に
対する徹底した排除と虐殺によって奪い取ったものだった。「移民の国」は，
その出発点において，セトラー・コロニアリズムに基づく植民地建設と，年季
奉公人や奴隷の労働力の搾取という前提条件によって可能になったのである。

3　出生地主義——偶発的な移民国家化

移民を包摂する市民権

　アメリカを「移民の国」たらしめる制度的枠組として考えられているのが，
出生地主義（*jus soli*）に基づいた**市民権**（＝**国籍**）[2]概念である。日本の場合，子
どもへの国籍付与の基本的な条件は，親の国籍である。親が日本国籍を有する
こと——日本国籍者と「血のつながり」をもつこと——を，出生による国籍付
与の条件とする原則は，血統主義（*jus sanguinis*）と呼ばれる。これに対し，ア

メリカの出生地主義は，アメリカの領土内で生まれた人を，親の国籍や地位に関係なく，すべてアメリカ市民（国民）とする制度である。この原則に基づき，アメリカ国内で外国人である移民から生まれた子ども（＝第二世代）は，自動的にアメリカ市民権を取得することが可能となる。

　この出生地主義をアメリカの法制度内で明文化したのが，合衆国憲法修正第14条の第1項における「合衆国内において生まれ，または合衆国に帰化し，その管轄権に服するすべての者は，合衆国およびその居住する州の市民である」という条文である。憲法の一部となることで，出生地主義は，「移民がアメリカをつくる」という「移民の国」像に具体的なかたちを与えた。たとえば，出生地主義のもとでは，アメリカ国内で生まれた子どもは，親が外国人であっても「将来のアメリカ市民」と見なされる。そのため，その親である移民にも，「将来のアメリカ市民の親」という新しい意味が付与される。移民には，「将来のアメリカ市民」に安定した生活環境や十全な教育機会を与える役割を期待される。この点は，血統主義の原則が，国内で生まれた外国人の子どもへの国籍付与を前提とせず，第二世代以降も「永続的な外国人」と位置づけてしまうことと対照的である。アメリカでの出生によって取得される市民権は，その親である移民を，アメリカ市民社会の重要な一部として位置づけ，移民に対する生活支援や福祉による包摂を正当化する根拠となっているのである。

　出生地主義は，親の国籍に関係なくアメリカ生まれの子どもをアメリカ市民の枠組へと組み込む。その結果，外国からの移民がアメリカで家族をつくり，子どもを育てる「親から子へ」の成長と継承の物語が，「移民からアメリカ市民へ」という包摂の過程として見なされるようになった。世界中の人びとをメンバーとして受け入れるという「移民の国」の基本的発想は，出生地主義的な市民権という制度によって体現されたのである。

憲法修正14条から移民国家の形成へ

　では，この「移民の国」を特徴づける出生地主義の制度は，歴史的にどのようにして確立したのであろうか。アメリカ国家は，セトラー・コロニアリズムのもとで成立し，イギリス，アイルランド，ドイツなどヨーロッパ出身の移民を中心に受け入れてきた。移民の規模も，1830年頃までは年間数千人から多く

て2万人程度で，統一的なルールや管理の枠組も不在であった。出生地主義の
原則は，イギリス慣習法のもとで制度的基盤を欠いたまま初期の移民にも適用
されてきた。一方で，1790年に制定された帰化法では，外国人（＝移民第一世
代）がアメリカ市民権を取得する帰化手続きの対象を「自由白人」に限定する
など，市民のメンバーシップには人種による制限も存在した。

　実は，出生地主義原則を制度化した合衆国憲法修正第14条が当初想定してい
た対象は，移民ではなかった。19世紀半ばまで，移民は各地域が対応する課題
とされており，連邦レベルの主要な関心は奴隷制の是非にあった。奴隷制をめ
ぐる立場の相違も一因となった南北戦争が終結すると，連邦政府は奴隷制の廃
止と，解放奴隷を包摂する新しい社会制度の構築に取り組んだ。そのために，
合衆国憲法への修正条項として，奴隷制の廃止及びその禁止を定めた修正13条
（1865年），基本的人権を否定されてきた元奴隷に対する権利擁護を定めた修正
14条（1868年），人種による選挙権の制限を禁止した修正15条（1870年）が相次
いで制定された。すなわち，修正14条は，奴隷制廃止後に元奴隷であった黒人
に連邦市民としての権利を保障するために，「領土内において出生した人」を
すべてアメリカ市民と定めたのである。

　しかし，修正14条の歴史的役割は，黒人市民の権利保障だけにとどまらなかっ
た。修正14条は，合衆国領域内の人びとに認められる市民権とは何かを定義し，
その保障の権限を，各州ではなく連邦政府の側に与えた。そして，市民権や入
国管理を含む移民政策が，南北戦争後の国家再建過程において，連邦制と憲法
体制下のもとに位置づけられた。

　なかでも重要なのが，アメリカ国内で生まれた外国人の子どもにも市民権が
認められるのかどうか——すなわち，修正14条が黒人だけでなく移民に対して
も適用されるのか——が問われた合衆国対ウォン・キム・アーク判決（1898年）
である。ウォン・キム・アークは，1873年にサンフランシスコで中国出身の両
親のもとに生まれ，料理人として働いていたが，中国訪問後の米国への再入国
時，両親が中国人であることを理由にアメリカ市民権の保持を否定され，入国
を拒否された。ウォンの市民権の有無が争われた裁判の結果，連邦最高裁判所
は，憲法修正14条によってウォンが「出生時に市民権を取得し，それは出生後
に剥奪されることはない」と判断した。この判決によって，修正14条が移民の

子どもにも適用されることが明示されたのである。

　一方で，連邦政府は，それまで消極的な放任状態にあった入国管理について
も，能動的な介入を行うようになった。その焦点となったのが，中国人移民で
ある。19世紀半ばから西海岸の鉄道建設や鉱山開発に安価な労働力を提供して
きた中国人移民をめぐっては，渡航費の前借りによって自由を制限される「苦
力（クーリー）」と呼ばれる契約労働制度が問題視されていた。そして，中国人
移民の急増は，異質な生活習慣や性道徳をもち込み，既存の白人支配の秩序を
揺るがすものとしても不安視された。その結果，「中国人問題」は，西海岸の
ローカルな問題から連邦レベルの人種秩序をめぐる問題として議論されるよう
になり，1882年に連邦議会は中国出身の移民を禁止する「排華移民法」を制定
した。さらに，この法律では，中国人を「帰化不能外国人」と定め，移民第一
世代を帰化の枠組からも排除した。このように，連邦政府は，移民史上はじめ
て，特定の国の出身者を対象とした入国停止と市民権の制限を制度化したので
ある。

　南北戦争後のアメリカでは，奴隷制の廃止とともに，連邦政府によって主導
される入国管理と市民権保護の考え方が確立された。ここで成立した移民政策
の国家的枠組とは，移民をその出身国に基づいて選別する一方で，国内で生ま
れた外国人の子どもを市民として包摂することを推進するものであった。ここ
に，今日へと連なる「移民国家」──移民を管理・統制・包摂する国家的枠組
を有するアメリカ──の原型が形づくられたのである。

偶発的な「移民の国」像

　アメリカが移民国家への制度的移行を経験した19世紀後半以降，アメリカは
過去にない規模の大量の移民を受け入れ，そのなかで「移民の国」という自画
像が浮上するようになった。アメリカへの移民数は，1880年からの10年間で500
万人を上回り，さらに1900年からの10年間で800万人に達した。1910年に全人
口の15％を「外国生まれ」が占め，特に移民が集中した都市部には，イタリア，
ロシア，ポーランドなどの南・東欧出身の移民労働者が，それぞれの集住地域
をつくり出した。この時代は，「大量移民の時代」と呼ばれ，イギリスや西欧
出身の移民に加えて，労働者階級，カトリックやユダヤ教徒などの非プロテス

タントの南・東欧出身の移民が，これまでにない異質性をもち込んだ。さらに，東海岸だけでなく，西海岸やメキシコ国境に近い南西部では，中国・日本出身の移民やメキシコ人移民が，鉄道建設や農場を支える労働力として流入，定着するようになった。

　このような新しい異質性と多様性の出現に直面するなかで，「アメリカ人」像の再構築に，移民が深く関わるようになった。アメリカ社会を多様な背景をもつ人びとが溶け込む「るつぼ (melting pot)」とする比喩が頻繁に使われるようになったのも，この時代である。

図6-2　ザングウィルの戯曲『るつぼ』上演プログラムの表紙（1916年）

たとえば，1909年に初演を迎えた劇作家イズラエル・ザングウィル（Zangwill, I.）の戯曲『るつぼ』は，アメリカを「すべてのヨーロッパ人種が溶け込み，つくり直される」場として描いた（図6-2）。ザングウィルは，『るつぼ』において，移民が持ち込んださまざまな文化が溶け込み，新しい「アメリカ文化」が作り出される過程を，アメリカの文化的独自性や優位性を生み出すものとして称賛した。「るつぼ」としてのアメリカ像は，外部から殺到する移民こそが，アメリカの豊かさの理由であることを示したのである。

　しかし，20世紀初頭にもっとも有力な「自画像」となったのは，国外からやってきた移民に対して，英語やキリスト教に代表されるアメリカ文化を積極的に取り込み，主流文化へ同一化することを求める同化主義であった。同化主義は，WASP（イギリス系白人プロテスタント）の文化を，アメリカ文化の中核と位置づけ，異なった文化的背景をもつ移民を積極的に「アメリカ化」させる政策や運動を推進した。たとえば，移民労働者を多く抱えたフォード社は，1914年に移民が英語やアメリカ的生活様式を学ぶ施設を設置し，「アメリカ人労働者」

の育成に大きく貢献した。同化主義は、「移民からアメリカ人へ」の変容を、移民が出身地からもち込んだ文化を捨て去り、主流文化へと同一化する過程として描いた。

　一方、哲学者ホラス・M・カレンは、1916年に発表した論考で、移民のもち込む文化の一つひとつを楽器にたとえ、アメリカを、個々の楽器がそれぞれの音色を奏でることで生まれる交響曲のメタファーで表現した。カレンが描くアメリカは、個々の文化がひとつに溶け込んでつくられる「るつぼ」とは異なり、それぞれの文化がそのかたちを変えないまま、複数の楽器で構成されるオーケストラのようなものとして構想された。文化多元主義（cultural pluralism）と呼ばれたカレンの思想は、20世紀後半以降、移民文化を捨て去ることを求める同化主義への批判が高まるなか、文化の多様性を尊重するアメリカ像を構築する出発点となった。

　大量移民の時代は、海外からの移民を取り込みながら発展するアメリカ社会の新しいイメージが爆発的に増殖した時代であった。「るつぼ」であれ、同化であれ、文化多元主義であれ、そこでは移民を「アメリカ人」の枠組にどのように位置づけるかが問われた。それは、同時に、出生地主義に基づく市民権制度が確立し、連邦議会が「望ましい移民」を区別する法を次々に制定した時代であった。「移民の国」というアイデンティティと移民国家としての制度的枠組は、奴隷制を廃止し、新たな産業資本主義の発展のための労働力を移民に求めた時代から生まれた、偶発的な産物であった。

4　多文化主義──多文化のアメリカ史の探求

拡張する多様性の時代──20世紀後半以降の移民とアメリカ

　20世紀初頭にピークを迎えたヨーロッパ大量移民の時代は、1924年に国別割当制が導入され、南・東欧およびアジア出身移民の流入が制限されたことで終息した。20世紀前半には、南部から北部大都市への黒人の「大移動」や南西部へのメキシコ人労働者の流入が生じたが、これらの移動者は、「移民の国」物語の主役とは見なされなかった。

　「移民の国」物語は、1950年代から1960年代にかけて再開された。出身国に

単位：千人

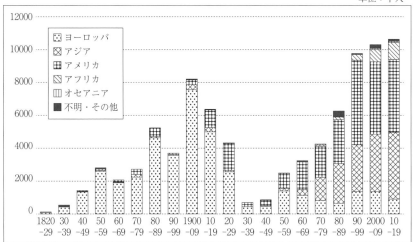

図6-3　アメリカへの移民数と出身地地域別の構成（1820～2019年）
（出所）2019 Yearbook of Immigration Statistics より著者作成

よって移民数に差を設ける国別割当制の廃止が検討されるとともに，ヨーロッパ大量移民時代こそがアメリカを形づくったのだという物語が，繰り返されるようになったのである。たとえば，歴史家オスカー・ハンドリンは，1951年に「移民こそがアメリカの歴史であることを発見した」と述べ，アメリカ史の中心にヨーロッパ移民史を位置づけた。アイルランド系のルーツをもつ政治家ジョン・F・ケネディは，「移民の国」と題した冊子を通して，アメリカが移民の「貢献」によって発展してきたことを強調し，移民法の改革を求めた。これらの運動の結果，1965年に移民法は改正され，国別割当を廃止し，出身国に関わらず家族の呼び寄せとアメリカが求める能力や職業を有する移民を優先する制度が導入された。

　この改革は，現在の移民問題に直結する変化をもたらした（図6-3）。まず，国別割当を廃止した結果として増加したのは，アジアやラテンアメリカ出身の移民であった。家族枠を用いたメキシコやカリブ海諸島からの移民，職業枠を活用した中国・韓国・フィリピン・インドからの移民が増え，難民がキューバやベトナムから到来した。新規移民の数は1960年代以降増加を続け，2000年からの10年間で1,000万人を超えた。また，2020年の人口統計では，アジア系と

ヒスパニックが，あわせてアメリカ総人口の4分の1を占めている。新たな大量移民が，アメリカの人種構成を大きく変えようとしている。

　また，1965年移民法改革では，国別割当廃止とともに，新規移民の人数制限が設けられた。アメリカ大陸をはじめとする西半球出身者は年間12万人と定められ，さらに1国あたり2万人の制限が設定された。その結果，第二次世界大戦期から継続してきたメキシコ人の大規模な国境往来が問題視されるようになった。メキシコ人労働者は米国南西部の農業や大都市圏のサービス業を支える存在となっていたが，新しい移民法制下では，正規の移民資格をもたないまま往来する**非正規移民**(3)の存在が問題視されたからである。非正規移民の数は年々増加し，アメリカ政府は，国境警備の増強と国内取締りの厳格化を繰り返した。しかし，その流れを制御するには至らず，ピーク時の2008年には米国内に居住する非正規移民人口は1,200万人を超えた。非正規移民人口は，リーマンショック後の景気後退で微減したが，2017年でも約1,050万人が正規資格をもたないまま居住している。

　このように20世紀後半から21世紀にかけて，アメリカは再び「移民の国」としてのアイデンティティを確認するとともに，新しい移民の受け入れによって，ますます人種的に多様な人口を抱えるようになった。その結果，「移民の国」をめぐる議論も，20世紀前半以来の白人移民中心のアメリカ史像を根本的に転換し，人種エスニックな多様性からアメリカを捉えなおす，多文化主義といわれる潮流も登場した。

多文化主義と移民史の再定義

　多文化主義(4)は，1960年代以後の社会運動や政策を通して提案された新しいアメリカ像であった。そのルーツのひとつが，人種隔離の廃止を求めた公民権運動である。公民権運動は，差別的な制度の廃止と権利保障を求める一方で，ブラック・パワー運動に代表されるように，マイノリティ集団が有する独自のアイデンティティに基づいたコミュニティの尊重を求める動きを導いた。そして，1960年代以降，女性差別に抗するフェミニズム，公民権運動とフェミニズム双方の内部における序列関係を告発したブラック・フェミニズム，性的指向や性的アイデンティティに基づく抑圧構造を追及した性的マイノリティの運動も，

公民権運動と共鳴・共振しながら，既存のアメリカ社会の権力構造を問いなおした。さらに，1965年移民法改革以降，ヒスパニックおよびアジア系人口の増加と人種アイデンティティの多様化という人口統計学的な変化を反映して，従来の「移民の国」像の白人移民への偏りも問題と見なされるようになった。このように，白人・男性・異性愛者を「デフォルト（定型）」と位置づけてきた既存のアメリカ像を批判し，相互に対等で交差する複数の文化集団によって構成される「多文化のアメリカ」像が提示されるようになった。

　多文化のアメリカ史の視点は，既存の移民史を「ヨーロッパ中心主義（Eurocentrism）」と批判し，移民集団の多様な背景，そして移民集団内部にも存在する多様性にも注目した。たとえば，1993年に歴史家ロナルド・タカキが著した『多文化社会アメリカの歴史——別の鏡に映して（*A Different Mirror*）』は，植民地期から現代にいたるアメリカの歴史を，先住民諸集団，イギリス系，黒人，アイルランド系，メキシコ系，アジア系，ユダヤ系などの諸集団の歩みとその相互関係の歴史として描き出した。タカキは，「もともとアメリカに住んでいた人びと」，「アジア，ラテンアメリカ，ヨーロッパから到来した人びと」から，近年の「ベトナムやアフガニスタン出身の難民」まで，すべての人びとによって「多文化のアメリカ」が形づくられていると述べ，それぞれを対等な歴史的主体として位置づけた。

　多文化主義は，複数集団を対等な存在と見なすと同時に，集団内および集団間に作用していた権力関係にも目を向ける。それは，初期アメリカにおけるセトラー・コロニアリズムによる先住民の排除，黒人奴隷の搾取，出身地・宗教・法的地位に基づく移民の排斥，さらに集団内部におけるジェンダーやセクシュアリティに基づく抑圧を描き出し，属性による序列を社会の仕組みとして定着させる人種主義（racism）を問題視する。多文化のアメリカ史が強調するのは，アメリカには複数の集団が並存しているという表面的な事実だけでない。それぞれの集団の経験を抑圧と抵抗の歴史として描きなおし，それを規定してきた人種主義のメカニズムを明らかにすることを目指している。たとえば，ヨーロッパ出身の移民を扱う歴史も，移民労働者としての階級的搾取とその抵抗の物語であると同時に，移民がどのように他の人種集団——黒人やアジア系移民など——をまなざし，いかに「白人」としてのアイデンティティを形づくったのか

を問うようになった。多文化主義をふまえた移民史は，「移民がアメリカを作った」という物語を，いかに移民がアメリカの人種主義的な社会構造へと取り込まれ，自らその一部となったか，そして，いかにその構造に抵抗してきたのかを描くものへと変貌させたのである。

「移民の国」をめぐる攻防

　多文化主義による再構築の渦中，「移民の国」像を再び大きく揺るがしたのが，2001年9月11日の同時多発テロ事件とその後の「テロとの戦争」への突入であった。テロリストの侵入を許さないという名目で，移民政策は安全保障政策の枠組内に位置づけられ，国境警備や国内における非正規移民の取締りは，さらに強化された。国境警備予算は毎年拡大し，移民の強制送還件数も増加を続けて2012年には40万人を超えた。国境を越える移動と国内での滞在を徹底的に管理する国家的枠組の強化は，「望ましい移民」と「望ましくない移民」を峻別し，後者に対する人権侵害や排除を悪化させた。

　そして，2016年大統領選挙では，「移民の国」像そのものに対して厳しい挑戦が突きつけられた。「米墨国境への壁の建設」「中東諸国からの移民・難民の停止」「不法移民の一掃」を訴えたドナルド・トランプが勝利し，移民の制限や排除を求める大統領令を次々と発した。トランプ政権下の移民関税執行局による人権軽視の取締りが問題視され，特に，非正規移民の勾留施設において，親子を強制的に隔離したことは，大きな衝撃を与えた。また，トランプは，2018年中間選挙時に，米国内の非正規移民のもとに生まれた子どもに市民権を付与する出生地主義原則を「狂った，ばかげた政策」と呼び，「私たちの国を取り戻す」として出生地主義の見直しを主張した。トランプ政権下では，安全保障や自国中心主義の観点から，「移民の国」の中核的制度と考えられた出生地主義さえも，その存続が危ぶまれたのである。

　一方で，非正規移民への反感と自国中心主義への傾斜に支えられた21世紀の排外主義に対抗する言説として繰り返されたのが，「移民がこの国をつくった」という「移民の国」の物語である。2006年に非正規移民の権利制限を含む移民法改革が検討されたとき，これに反対する人びとは，非正規を含む移民がアメリカ経済を支えてきたことを強調し，「移民がこの国をつくった」と書かれた

プラカードを掲げて街頭行進やデモを繰り広げた。また，2014年の演説で，非正規移民の権利の擁護を求めたバラク・オバマ大統領は，「私たちは常に移民の国であった」と述べ，「（米墨国境を流れる）リオグランデ川を渡る人びと」もまた，その重要な一部であると訴えた。そして，2020年大統領選挙時にジョー・バイデンは，トランプ政権の排外主義的な移民制限政策を批判し，「移民の国としてのわれわれの価値を守る」と訴えた。バイデンは，21年に大統領に就任すると，トランプ時代の政策を次々と覆し，「移民の国」としてのアメリカの再建に取り組んでいる。実際，第1節でも確認したように，2016年以降，移民への肯定的意見は定着しつつある。この傾向は若い世代でいっそう顕著で，「移民がこの国をつくった」という物語は，非正規移民をもそのメンバーとして包摂する新時代のナショナル・アイデンティティとして再強化されつつある。

5 「移民の国」像から「いま」を問いなおす

移民は多文化のアメリカ史の一部である

　本章では，「移民の国」としてのアメリカの理念と制度が確立され，変化する過程を見てきた。2010年代後半にトランプ政権が進めた排外主義的政策への対抗軸として，建国以来アメリカは「移民の国」であり，「移民こそがアメリカを作ってきた」という主張は，多くの人びとに共有されている。しかし，歴史的に考えれば，「移民の国」像を無批判に受容し，安易なアメリカ例外主義に与してしまうことにも問題はある。アメリカの「いま」を批判的に捉えるためには，「移民の国」という歴史像そのものを問いなおすことが必要だ。

　「移民の国」像は，セトラー・コロニアリズムや奴隷制の問題から目をそむけ，ヨーロッパから「無主地」にやってきた入植者の物語に，アメリカの始点を置いてしまう。それは，ヨーロッパ出身移民の経験を「定型」として描き出し，黒人や先住民の経験を周縁へと追いやってしまう。そのため，先住民，黒人，移民労働者，アジア系，ヒスパニック，非正規移民，女性などのさまざまな人びとの経験の交差として，人種，階級，ジェンダーによる抑圧や抵抗の積み重ねとして描く多文化のアメリカ史の取り組みは，いっそう重要になっている。ハンドリンは「移民はアメリカの歴史」と表現したが，移民は多文化のア

メリカ史の一部であり，その特権的な中心に置くべきではない。

「移民国家」としての日本を問う

　また，アメリカは世界でも類を見ない「移民の国」だと称して，その特殊性や独自性を過度に強調する例外主義にも注意が必要だろう。規模の大小はあるとはいえ，いまや世界のほとんどの国家が何らかの移民を受け入れる「移民国家」である。日本でも，在留外国人人口は増加を続け，2019年末には293万人に達した。しかし，日本政府は定住・永住を想定した「移民政策」を採用しないという立場を固持し，拡大する多様性を包摂するヴィジョンを示すことができないままだ。「移民の国」という自画像を追求するアメリカの対極にあると考えられがちな日本であるが，いまや外国人は労働者としても住民としても日本社会を構成するメンバーの一部であり，実質的な移民国家化が進行している。よって，国際的な人の移動と多様性と向きあう市民社会や国家のあり方について，アメリカの歴史と現在から真摯に学ぶことも必要だろう。安易な例外主義に与することなく，日本でも，多様な人びとで構成される「日本人」像の再構成，人びとの出入国を管理する法や制度の歴史，そして，出自による不平等や搾取を組み込んでしまった「いま」のあり方を批判的に問いなおす作業は喫緊の課題である。

南川文里

注
(1)　ヨーロッパ人による植民以前からアメリカ大陸に定着していた人びととその子孫を指す。ナヴァホ，チェロキー，ホピなど，居住地域・言語・文化・生活習慣が異なる部族が存在し，それを総称する語として「先住民」のほか，「ネイティヴ・アメリカン」「アメリカン・インディアン」などが使用される。
(2)　アメリカ合衆国では，「国民」を指す語として「市民（citizen）」が用いられている。そのため，「市民権（citizenship）」という語は，国籍と同じ意味で使用されることが多いが，それが意味するものは，「市民」としての法的地位だけでなく，市民として有する権利，市民がつくる共同体への参加や帰属意識などを広く含んでいる。
(3)　正規の入国資格や滞在資格をもたないまま合衆国内で生活する移民を指す。米国の研究者やメディアは，差別的・攻撃的な含意をもつ「不法（illegal）」という語

を避け，正規の書類を持たない「査証なし（undocumented）移民」，必要な認可を
得ていない「非認可（unauthorized）移民」，正規の手続きを経ていない「非正規
（irregular）移民」などの表記を用いる。移民研究では「非正規移民」「非合法移民」
が使用されることが多く，本章では「非正規移民」と表記する。

(4) 同化主義を拒否し，多様な文化の共存と包摂を促進する思想・制度・運動を指
す。アメリカでは，アファーマティヴ・アクションや多文化教育など，集団として
のアイデンティティや文化を尊重しながら，集団間の平等を追求する取組みがその
具体例とされる。

さらに考えるために

ロバート・ワイズ／ジェローム・ロビンズ監督『ウエスト・サイド物語』1961年
レナード・バーンスタイン作曲の傑作ミュージカル映画。ニューヨークを舞台に，
ポーランド系とプエルトリコ系ギャングの対立と恋愛を描く。『ロミオとジュリエッ
ト』を下敷きとした恋愛劇が，大都市における移民と多様性の世界のなかで再解釈
される。劇中の名曲「アメリカ」は，プエルトリコ系移民の目から見たアメリカの
夢と影の二面性を鮮やかに表現している。2022年2月にスティーヴン・スピルバー
グ監督によるリメイク版『ウエスト・サイド・ストーリー』が日本でも公開された。

『不法移民として生きる』ネットフリックス製作，2019年
アメリカに暮らす非正規移民の家族8組への密着取材に基づくドキュメンタリー・
シリーズ。それぞれの渡米の背景，複雑な法的地位に翻弄される家族生活，地域住
民としての日常，近年の人権を無視した取締りの実態，強制送還がもたらす恐怖や
悲劇などを詳細に知ることができる。祖父母が非正規移民だった歌手セレーナ・ゴ
メスが製作総指揮を務める。

ジョージ・タケイ『〈敵〉と呼ばれても』作品社，2020年
第二次世界大戦中の日系人強制収容を題材にしたグラフィック・ノベル。後に俳優
として成功するジョージ少年の視点から，戦争中に収容された日系人家族の姿を通
して，収容に対する親（移民第一世代）と若者（移民第二世代）の立場の違い，日
本への向き合い方，戦後のアメリカ社会の対応などが描かれる。本書からは，日本
を出自とする移民とその家族も，多文化のアメリカ史を構成する重要な人びとであ
るということが伝わる。

読書案内
布留川正博『奴隷船の世界史』岩波新書，2019年。

Hixson, Walter L. *American Settler Colonialism : A History.* New York : Palgrave MacMillan, 2013.

貴堂嘉之『移民国家アメリカの歴史』岩波新書，2018年。

Lee, Erika. *America for Americans : A History of Xenophobia in the United States* New York : Basic Books, 2019.

南川文里『アメリカ多文化社会論［新版］──「多からなる一」の系譜と現在』法律文化社，2022年。

中村隆之『野蛮の言説──差別と排除の精神史』春陽堂，2020年。

ナイ，メイ・M（小田悠生訳）『「移民の国アメリカ」の境界──歴史のなかのシティズンシップ・人種・ナショナリズム』白水社，2021年。

ローディガー，ディヴィッド（小原豊志他訳）『アメリカにおける白人意識の構築──労働者階級の形成と人種』明石書店，2006年。

タカキ，ロナルド（富田虎男監訳）『多文化社会アメリカの歴史──別の鏡に映して』明石書店，1995年。

高佐智美『アメリカにおける市民権──歴史に揺らぐ「国籍」概念』勁草書房，2003年。

テイラー，アラン（橋川健竜訳）『先住民 vs 帝国　興亡のアメリカ史──北米大陸をめぐるグローバル・ヒストリー』ミネルヴァ書房，2020年。

第7章

ジェンダーでみる国際関係史

—軍事・外交—

米比独立記念日ビューティー・コンテストで選出されたミス・
アメリカとミス・フィリピンは，フィリピン独立後の新しい米
比関係を象徴している。
（出所）U. S. Navy Photo

キーワード　ジェンダー　植民地主義　戦争

　沖縄県名護市辺野古の米軍新基地建設のための埋め立て計画において，沖縄戦の激戦区であり現在まで遺骨が残っている沖縄本島南部から土砂を採取する計画が進んでおり，反対が広がっている。どんな戦争もその第一歩は，戦争に巻き込まれる人たちの命を追悼に値しない命と見なすことから始まる。帝国や国家のイデオロギーを単に裏書きするのではない外交・軍事研究をするためには，ある集団の命を追悼に値しない命として想像するための主要な道具として繰り返し用いられてきた人種やジェンダーのイデオロギーを理解し，分析に用いることが必要である。

1　外交・軍事史の分析枠組みの変化

外交・軍事史研究と文化の問題

　アメリカの外交・軍事史研究は，ここ数十年の間に大きく変化してきた。どんな問いをたて，どんな分析対象・枠組みや史料を使って歴史的事象を分析するのかという研究のアプローチが変わったことで，外交・軍事史とは何かという定義が大きく変わってきている。本章は，沖縄とフィリピンにおける日米の植民地主義の歴史を例に，ジェンダーや人種を分析に用いることでどんな外交・軍事史研究が可能になるのかを示したい。まず第1節でここ数十年での外交・軍事史の変化を概観し，第2節で沖縄とフィリピンにおける日米の植民地主義に関する基本的な歴史を抑えたうえで，第3，4節ではビューティーコンテストを題材として具体的に第二次世界大戦後の日本，アメリカ，沖縄，フィリピンの関係性をジェンダー分析していく。

　伝統的な外交・軍事史研究において「主役」だったのは，外交や軍事政策の意思決定に関わったエリート男性たちであり，その「舞台」は戦争や紛争，条約交渉のための国際会議などであった。つまり，アメリカ合衆国の場合であれば，大統領や国務省，国防省のリーダーたちが，国際・国内的な状況をどのように理解し，どのように課題を定義し，どんな解決策を諸外国のリーダーたちと交渉・模索し，それはなぜ成功（または失敗）したのかを明らかにすることが，外交・軍事史研究者の大きな仕事であった。1960年代から70年代以降，歴史学の領域で広く社会史や文化史が隆盛し，人種・階級・ジェンダーといった

キーワードがさまざまな歴史研究に現れるようになっても，外交・軍事史研究はこの流れに遅れていた。非常に強固に男性の（つまり，ジェンダーとは無関係の）領域とされてきたためである。

このような伝統的な意味での外交・軍事史に，女性・ジェンダー史研究者は，いくつか重要な問いをなげかけてきた。たとえば，19世紀末にアメリカが米西・米比戦争へ向かう過程をジェンダーを使って分析したクリスティン・ホーガンソンは「戦争への道を深く理解するためには，いかに当時の人びとが戦争の引き金とされた出来事をみていたのか，何が外交や政治の論争に賭けられていると認識していたのか，どんな前提をもって外交交渉を行っていたのかを理解する必要があり，そのために彼らの文化を理解することは必須である」と外交史研究における文化の重要性を指摘した。そして，戦争を熱狂的に支持する好戦的ナショナリスト（jingoist）の議論に男性性にまつわる不安があることを指摘し，アメリカが米比戦争，米西戦争に突入していった要因をジェンダーや人種を含む文化の問題から特定した。ホーガンソンによれば，好戦的ナショナリストたちは，スペインやフィリピンとの戦争を通じて国家の威信をかけて戦う英雄的な男性としてアメリカを描くことで国際社会におけるアメリカの地位を高めるだけでなく，女性参政権運動や「新しい女」の出現によって脅かされているとされる国内の男性の地位を補強することを目指したのだという。

権力分析のレンズとしての「ジェンダー」

政治や外交のエリートたちの意思決定を彼らが生きた時代の文化の観点から分析することだけが，ジェンダー分析ではない。たとえば1990年にエミリー・ローゼンバーグは，ジェンダーが外交・軍事研究に対してとることができる4つのアプローチを提案している。1）外交政策に影響力をもった非凡な女性たちを研究すること，2）宣教師や看護師，平和運動など，「女性の仕事」とされてきたものがいかに国境を超えたかを研究すること，3）いかに国際的な権力関係を正当化するのにジェンダーの言説が用いられてきたかに着目すること，4）女性と「開発」の問題をみること。どのアプローチも研究の蓄積がなされてきたが，ここでは特に3つ目のアプローチを詳しく見ていきたい。

ジェンダーを権力関係の分析に用いるとはどういうことか？　ジョーン・ス

コットは，「ジェンダー――歴史分析の有用なカテゴリーとして」という1986年に出版された論文で，ジェンダーを２段構えで定義している。1）ジェンダーは，男女の間に存在するとされる差異に基づく社会関係の構成要素であり，2）ジェンダーは，権力関係を表現する（signify）するための主要な方法である。特に２点目が重要である。男女の間の差異や不平等な関係が「自然」と見なされているとき，男女関係に限らずあらゆる階層的な関係を正当化するのにジェンダーは使われてきた。たとえば，西洋の帝国主義国家は，自らを人種的に優れた白人の，男性的な資質をもつ国家，植民地を「野蛮」かつ「女性的な」存在として想像し，宗主国と植民地の関係を人種とジェンダーの比喩を用いて表現してきた。男性が女性の「守護者」であり，ゆえに女性を支配する権力をもつことが自然で正しいあり方であるというジェンダーのイデオロギーが，植民者と被植民者の関係に投影され，宗主国が植民地を「守護」し，支配することを当然のこととして受け入れられるようにするのである。

　このような権力関係を表現する記号としてのジェンダーの機能を踏まえれば，ジェンダーを分析の道具とすることによって，いかに「自然」とされてきたさまざまな不平等な関係が，実際にはいかに意図的に，ジェンダーや人種の比喩を用いるなどさまざまな手段で構築されねばならなかったのか，その歴史的プロセスが見えるようになるのである。

　宗主国と植民地の関係の例が示すように，ジェンダーのイメージは人種のイメージと交差（インターセクト）するかたちで用いられることがほとんどであるため，この交差を踏まえ，人種やジェンダーといったカテゴリーを別個でなく，互いを構成し合うものとして分析するインターセクショナルな分析が欠かせない。

　第二次世界大戦前後の日米関係にもこの分析が役に立つ。たとえば，ジョン・ダワーは『容赦なき戦争』で，アメリカが太平洋で戦った戦争は「人種戦争」であり，ヨーロッパでドイツに対して戦った戦争とは性質が異なったことを指摘している。アメリカ社会に存在していた日本（人）に対する人種差別――日本と同じく敵であったドイツ人と違い，日本人はまったく異なる人種の集団であり，良いドイツ人は存在しても良い日本人は存在し得ないくらい単一で，一枚岩な集団であるという見方――が，日本人をアメリカの「他者」とし，太平

洋地域での暴力を加速させたというのである。では，アメリカ人にとって人種的な「他者」であった日本は，戦後いかにアメリカにとって最も近い同盟国になっていくのか？　ナオコ・シブサワによれば，アメリカは日本を「女性的」かつアメリカの保護と支援を必要とする「子ども」のような国家であると想像し，自分自身を家父長的な守護者と見なすことによって，かつての人種的な他者＝敵を，アメリカが主導する国際秩序を実現するためのジュニア・パートナーとして想像し直したのである。このように，アメリカが自国とその他の同盟国や敵対関係にある国との関係をどう理解してきたか，その理解に基づいてどんな政策をとってきたのかを理解するうえで，ジェンダーと人種のインターセクショナルな分析は有用である。

2　植民地主義から考える沖縄とフィリピン

太平洋世界の日米植民地主義

　20世紀に日米関係は敵対関係から歪な同盟関係へシフトしたが，フィリピンと沖縄もこの変化の影響を被ってきた。フィリピンは，16世紀から19世紀末までスペインの植民地支配を受けた。その後，1898年の米西戦争でスペインに勝利したアメリカは，独立を求めるフィリピンを軍事力で抑え込み（米比戦争），フィリピンの植民地支配を始める。この時期，アメリカはフィリピンと同じくスペインの統治下にあったキューバとプエルトリコに対する植民地支配を開始しつつ，王国であったハワイの併合も進め，海外帝国拡張の時代に入っていく。その後，フィリピンは第二次世界大戦中の日本軍による占領（1942-45年）を経て，1946年にアメリカから独立したものの，フィリピン独立後も米軍はフィリピンに基地を維持し続けた。他方，沖縄では19世紀末に日本による植民地支配が始まる。琉球王国は廃止され，1879年に沖縄県が設置された。その後，第二次世界大戦中には本土防衛の「捨て石」として苛烈な地上戦の戦場となり，戦争に勝利した米軍により軍事占領され，1972年に日本に施政権が返還されたものの，日本政府は米軍基地を沖縄に集中させておくことを是とした。つまりフィリピンも沖縄も，太平洋地域へ支配を拡大しようとするアメリカと日本の帝国主義的欲望が交差する場所であり，植民地主義の歴史でつながっている。

　植民地主義とは何か？　植民地主義とは，広義では，ある集団による他の集団の支配の実践のことを指す。植民地（コロニー）の語源がラテン語で農民を意味するコロヌスであるように，歴史的にみても，植民地主義の実践は本国に政治的忠誠を維持しつつ経済的利益を追求する集団の新たな領土への移植を含むことが多い。植民地主義の実践自体は世界史上，各地域・各時代に見られるが，科学技術の発展により，本国から遠く離れた地域（アジアやアフリカ）に大きな集団を移植し，その集団を通じて本国からの支配を行うことが可能になったのが，近代に入ってからであるためである。植民地主義の代表的な例として大英帝国によるインド支配やフランスによるアルジェリア支配など，近代のヨーロッパ諸国による植民地が挙げられることが多いのはこのためである。

　イギリスやフランスに比べると，アメリカと日本が植民地支配に本格的に乗り出すのは19世紀後半から20世紀の初頭であり，後発であるといえる。世界史的にみると，世紀転換期から20世紀初頭は，過去数世紀の間にヨーロッパ諸国が行ってきた植民地支配の暴力と搾取に対する批判の機運が国際社会で高まっていた時期でもある。実際，ウィルソン大統領は第一次世界大戦の講和に向けて「民族自決」の原則を含む「14カ条の原則」を発表し，植民地主義の終わりの始まりを予期させた。当時のアメリカは民族自決の原則が適用される地域としてアジアやアフリカを想定していたわけではないが，アジアやアフリカ各地の脱植民地化運動はウィルソンの言葉を使ってさらに運動を盛り上げようとした。日本政府も，第一次世界大戦後のパリ講和会議において，国際連盟の規約に人種差別の撤廃を明記することを提案するなどした。

　国際会議で民族自決（アメリカ）や人種差別撤廃（日本）を提案しながら，同時に植民地支配を拡大していくという矛盾を，アメリカや日本はどう正当化したのか？　アメリカは，アメリカのフィリピン支配は恒久的なものではなく，フィリピンの人びとを**文明化**して自治能力をつけさせることが目的であると主張することで，国際社会からの批判をかわしつつ実質的な支配を継続しようとした。日本は，朝鮮半島や台湾，その他アジア諸国に対する支配を広げることを，ヨーロッパ列強に対抗するためにアジアの諸民族の団結が必要であり，日本はその盟主であると主張することで正当化しようとしたのであった。脱植民地化の時代に植民地支配を進める日本とアメリカは異なるロジックを用い，19

世紀までの暴力的で搾取的なヨーロッパ植民地支配と自らの体制を区別しよう
としたが，実際にはどちらの植民地においても暴力と搾取が横行したことは言
うまでもない。

差異の統治としての植民地主義

　植民地支配を可能にしているのが究極的には軍事力，武力，暴力であること
は間違いない。しかし，武力でさえ優位に立てば安定した植民地支配が可能に
なるか，といえばそうとは限らない。アフリカ史と植民地主義の歴史を専門と
するフレデリック・クーパーは，植民地主義の核は「差異を統治すること」で
あると述べた。ある集団が他の集団を植民地支配するということは，他者であ
るその集団を自らの体制内に取り込むということである。とはいえ，それによっ
て支配する側の集団と支配される側の集団の間にある差異が区別できなくなっ
ては意味がなく，支配する集団は優れており，支配される集団は劣っていると
いうヒエラルキーが維持されなければ植民地支配として成立しない。このヒエ
ラルキーが，支配する側による暴力や搾取をさまざまなかたちで正当化するた
めの前提となるのである。この近代植民地主義の「差異の統治」において大き
な役割を果たしたのが人種やジェンダーである。人種やジェンダーは，すでに
存在する自然な人間の区分として多くの人にすでに信じられているゆえに，そ
れを用いてある集団と他の集団のヒエラルキーを表現，正当化，再生産するた
めの道具になるのである。

　植民地支配と人種主義は切り離して考えることはできない。たとえば，アメ
リカが「フィリピン人は文明化されておらず，自治能力がない」ことを根拠に，
フィリピン支配を正当化しようとしたとき，その主張を説得的なものとするた
めにもち出されるのが，白人が非白人よりも優れているという人種のイデオロ
ギーである。

　植民地において異人種間の性的関係が政治的な問題として浮かび上がること
になるのもこのためである。植民地支配の安定が，支配者と被支配集団の間の
階層的な差異を人種のイデオロギーを用いて表現し，再生産することであると
き，異人種の男女が性的関係をもち，子どもを生む「**人種混淆**」は，この境界
線を脅かす大問題になる。つまり，非常に個人的な問題であるはずのセックス

は政治問題であり，植民地政府はさまざまな手段を用いて，支配集団と被支配集団の間の親密な関係をコントロールしようとした。ゆえに，植民地支配の歴史を研究するうえで重要なことは，ある集団と他の集団の間の差異を当然に存在するものとしてそのまま受け入れることではなく，ある集団と他の集団の境界線を引くためにどんな具体的な努力がなされたのか，またその境界線がどのように動いたのかを，国家の政策決定から日常のレベルまで丁寧に見ていくことにあるといえる。

3　ビューティーコンテストからみるフィリピン独立後のアメリカ ―フィリピン関係

アメリカの文化外交の道具としてのビューティーコンテスト

　この節では，ジェンダーを権力関係の分析のためのレンズとする外交・軍事史研究の例として，フィリピンのスビック湾基地で開催されたビューティーコンテストを使い，1946年にフィリピンが独立した後のアメリカとフィリピンの関係を描きたい。ビューティーコンテストは，重要な政治的意味をもつ出来事とは考えにくいかもしれない。しかし，軍事や外交を考えるうえで，政府文書からは見えないニュアンスを見せてくれる素材である。

　フィリピン独立後も米軍はフィリピンに基地を維持し続けた。そのうちのひとつであるスビック湾米海軍基地で1959年の7月4日，「フィリピン・アメリカ友好フィエスタ」が開催され，地元のフィリピン人5万人と3,000人のアメリカ人が参加して両国の独立記念日である7月4日を祝った。この祝祭は，独立後のフィリピンとの友好関係を強調するためのアメリカの文化外交の文脈にある。アイゼンハワー政権はピープル・トゥ・ピープルという文化外交戦略で，人びとの間の教育，文化，人道的活動を促進し，国際的な相互理解と友好を深めることで，非共産圏の結束を固め，アジアやアフリカの共産主義化を防ぐことを目指した。このフェスティバルのメインイベントがビューティーコンテストであった。

クィーンのイメージから読む独立後の米比関係

　このビューティーコンテストは1959年から1960年代にかけて開催されたが，その変遷は興味深い。1959年のビューティーコンテストでは，「黒い瞳のフィリピン美人」アニタ・デル・ロザリオとワシントン州出身のデイヴィッド・ムーアがそれぞれクィーンとキングに選出され，米軍準機関紙『スターズ・アンド・ストライプス』は軍服を着たムーアとドレスを着たロザリオの写真をそれぞれ掲載した。独立後の米比関係を象徴するはずだった2人のイメージだが，男女のカップルのイメージは植民者と被植民者の不平等な関係性を自然化するために伝統的に用いられてきたイメージであり，アメリカによる植民地支配の終わりとフィリピンの独立という米比関係のシフトを反映しているとは言い難かった。それが直接の理由であったか知ることはできないが，1962年の独立記念日ビューティーコンテストでは，フィリピン独立以降の米比関係を適切に表象するイメージとして，ミス・アメリカとミス・フィリピンの2人の女王を選出するという変更が行われている（本章扉写真を参照）。2人のクィーンは美しいドレスを着て米軍のものと思われる戦車の前に並び立ち，ほほ笑みを浮かべ，観客に手を振っている。

　アメリカ人男性とフィリピン人女性のペアではなく，アメリカ人女性とフィリピン人女性のペアを米比関係の象徴とすることで，そのイメージが観客や新聞読者に伝達するメッセージはどう変わるだろうか？　2人の女性が並び立つイメージは，アメリカとフィリピンの差異よりも同質性や対等さを強調するイメージである。そしてこのような「友情関係」のイメージは，アメリカとフィリピンが新たなステージに入った米比関係にそれぞれ望んだ関係性であった。フィリピン側は，独立したいまアメリカによる庇護という名の支配を受けるのではなく，アメリカという大国と対等な関係をもちたいと望んでいる。また，アメリカも，アジア諸国にとって帝国列強ではなく同盟国，友人と見られることを望んでいた。アジア・アフリカ諸国がヨーロッパの帝国支配から次々に独立を勝ち取る脱植民地化の時代[3]を迎え，アメリカはアジア・アフリカ諸国からヨーロッパのような帝国と見なされれば，非共産主義国の間の同盟関係を強化するというゴールを達成できないと考えていた。そこで，クリスティーナ・クラインの研究が示すように，戦後アメリカの非帝国的な自己イメージはしばし

ば，男性的で力強い白人男性のイメージではなく，白人女性に投影された。「女性」は伝統的に暴力や武力ではなく平和に関連づけられ，白人性はアメリカの西洋文明への同一化を反映している。つまり白人女性のイメージは，軍事力と経済的優位ではなく，友好関係と交渉で非共産圏のアジア諸国と同盟関係を強化する西洋文明の盟主という冷戦期アメリカの自己イメージにぴったりだったのである。

　1962年のビューティーコンテストの2人のクイーンのイメージは，当時の米比関係の二面性を象徴している。植民地時代とは異なる，武力によらない対等な友好関係を表象するのは2人のクイーンのイメージだったが，このビューティーコンテストが米海軍基地で開催され，2人のクイーンの後ろには戦車が見えることを見逃すことはできない。米軍基地が独立後もフィリピンに存続していることは，植民地時代から続く不平等関係の継続の象徴だが，2人のクイーンは，その女性性をもって男性性の象徴である軍隊，つまり継続する不平等を覆い隠すように配置されているのである。アメリカとフィリピンが1951年に米比相互防衛条約を結んでいることをここで想起するべきである。これは，アメリカかフィリピンが他国から攻撃を受けた場合，互いを援助するという内容の軍事条約であり，ここで敵国と想定されているのは共産主義国である。米比相互防衛条約もピープル・トゥ・ピープル・プログラムと同様，非共産圏の間の同盟関係を強固にするための手段であった。つまり，アジアにおける共産主義勢力を抑え込むというゴールのもと，軍事と文化外交が絡まりあったのがこの時期の米比関係であり，戦車の前で微笑む2人のクイーンのイメージはまさにこの二面性を表象しているのである。

4　沖縄にもち込まれる米比の「兄弟的な絆」

米比の独立記念日を沖縄で祝福する？

　ピープル・トゥ・ピープル・プログラムの一環としてスビック湾米海軍基地で開催された独立記念日ビューティーコンテストは，アメリカの占領下にある沖縄にもやってきた。フィリピンから米軍基地労働者として沖縄にやってきていたフィリピン人労働者たちがもち込んだからである。沖縄の独立記念日

ビューティーコンテストを主催したのはフィリピン・アメリカ退役軍人協会で，彼らは沖縄のフィリピン人を代表して沖縄の統治機構である米国民政府（United States Civil Administration of the Ryukyu Islands：USCAR）と外国人労働者の税金の一部免除や永住権について交渉したり，「バターン記念ディナー」や「フィリピンダンス・ナイト」など文化交流イベントを主催したりすることもあった。彼らが主催したイベントのなかでも最も大規模であったのが，独立記念日ビューティーコンテストであった。

　1960年7月24日，協会はキャンプ・クエのキャッスルテラス・クラブで第1回目の独立記念日ビューティーコンテストを開催し，26人の候補者のなかからヨランダ・アラゴンをミス・フィリピンに，ナンシー・リー・ブロックをミス・アメリカに選出した。アラゴンは20歳で，フィリピン大学を卒業し，ニューヨークの病院でインターンをするためにアメリカに向かうために沖縄に立ち寄っていた。ブロックは沖縄に駐留する米兵の子どもたちが通う基地内にあるクバサキ高校の学生であった。このコンテストによって，米軍基地内でアメリカ人とフィリピン人の美しい女性が2人並びたち独立記念日を祝うという，フィリピンのスビック湾基地の独立記念日ビューティーコンテストとそっくりなイメージが沖縄で生み出されたのであった。

　なぜ沖縄のフィリピン人基地労働者たちはビューティーコンテストを開催したのだろうか？　また，2人の女王のイメージで米比の友好関係を「沖縄で」示すことにはどのような意味があったのだろうか？　ビューティーコンテストの開催を報道する新聞以外にフィリピン・アメリカ退役軍人協会についての資料は残っていないため，彼らが何を目的にビューティーコンテストを開いたのかを特定することは難しい。しかし，沖縄におけるフィリピン人基地労働者の歴史という文脈に位置づけることで，ある程度推測することは可能である。

沖縄のフィリピン人米軍基地労働者たちの歴史

　1940年代後半から50年代にかけて米軍と米軍の業務を請け負う業者は，英語を使え，基地の運営に必要な高い技術をもっているという理由でフィリピン人労働者を積極的に雇用し，沖縄に数千人単位で連れてきた。フィリピン政府とアメリカ政府は，植民地と宗主国という関係ではなく，対等な2つの独立国家

として1947年にフィリピン人労働者の沖縄やグアムへの送り出しについて合意を結んだが，この合意の性質は平等とは程遠かった。合意によれば，アメリカ軍はフィリピンで労働者をリクルートし，フィリピン政府に事前に知らせることなく沖縄やグァムの米軍基地施設に勝手に送り出すことができた。フィリピン人労働者の「送り出し」について shipping（出荷）という語を使っていることからも，米軍側がフィリピン人労働者を米軍基地に必要な「物資」と見なしていたことが伺える。

　送り出し政策の当初からすでに見え隠れしていたフィリピン人労働者を「物資」と見なす考え方は，朝鮮戦争に向けた沖縄での基地の建設ブームが終わった後によりあからさまに現れた。米軍は沖縄の米軍基地の運用のためにフィリピン人労働者の技術と労働に依存していたが，1950年代後半には，フィリピン人労働者は「高給取り」でありコストがかさむので，より安い沖縄人の労働者に入れ替えるという政策をとったのである。この入れ替え政策の背景には，外国人労働者が沖縄に定住すれば，沖縄の主権をめぐって日本とアメリカの間で外交問題が発生する懸念があった。結果，それまで数年ごとに更新されてきた雇用契約の更新が止まり，家財を処分する十分な時間も与えられないまま，多くのフィリピン人労働者が沖縄から強制出域させられた。特に問題になったのは，沖縄で家族をもつフィリピン人労働者たちであった。通常，移民法では自国民と結婚や養子縁組を通じて家族となった外国人に対し，その血縁関係を根拠にビザや滞在の権利を保証することが国際的な慣例である。しかし，軍事占領下の沖縄で，アメリカ政府は沖縄の人との家族や血縁関係を根拠とした外国人の入域や滞在を認めなかった。このため，沖縄の人と結婚するなどして家族と住むことを望んでいても，米軍による雇用という滞在の根拠をなくしたフィリピン人労働者たちは沖縄を追い出されることになったのであった。

　この政策によって家族が離散させられたフィリピン人労働者の一人が，ジェロニモ・カブレラであった。彼は1946年に15歳のときからフィリピンの米軍基地内の食堂やクラブでアメリカ料理の調理師として働いていた。その後，1949年に沖縄に停泊する軍の船舶内の料理長として雇われ，63年6月まで働いた。フィリピン人労働者の雇用契約は短期のものが多かったことから，カブレラが沖縄で働いた14年の間に何度も軍との労働契約の更新が行われたはずであり，

それだけ彼の料理長としての仕事が高く評価されていたことがわかる。この間，カブレラは沖縄の女性と結婚し，2人の子どもに恵まれている。雇用契約の終了にともなってカブレラが沖縄での滞在権を失えば家族離散になってしまうので，一家は家族が一緒に過ごすための唯一の方法であったフィリピン行きを決意する。しかし，14年も離れていた故郷に適応することは彼にとって，また沖縄出身の妻と子どもにとってはなおさら困難であった。妻と子どもは1964年1月に沖縄に先に戻り，カブレラは沖縄にいる家族と合流するため64年2月に永住権を申請した。しかし，琉球政府の移民局はこの申請を不許可とした。カブレラは調理師としての経験を生かして妻の実家が経営するレストランで働く予定であったが，移民局は彼には十分な資産がないため，滞在は認められないと判断したのであった。

　ルイ・ジョラドニ・ロルダンの家族も，アメリカのフィリピン人労働者使い捨て政策によってバラバラになった。ロルダンはフィリピンを拠点とするアメリカ人医師が沖縄につくったアメリカン・クリニックで放射線技師として働くために1951年6月に沖縄にやってきたが，1954年に雇い止めになった。ロルダンには恋人である沖縄の女性との間に2人の子どもがおり，沖縄に滞在することを希望していたが，その希望は叶わず1954年7月に沖縄から出域しなくてはならなくなった。このとき，ロルダンは恋人と次女を沖縄に残し，1歳の長女とともにフィリピンへ戻った。フィリピンに戻ってからも，ロルダンは沖縄で家族と過ごすことを諦めなかった。1955年2月に沖縄の広告会社での仕事を見つけ，雇用を根拠に琉球への再入域許可を申請した。このとき，ロルダンは長女が母親を恋しがっており，再会させたいという理由書を同封し，再入域の許可を求めた。しかし，USCARは，広告会社がロルダンを雇用することを断念したという理由で，彼の申請を却下した。会社ではなくUSCARから雇用の取り消しを知らされたことで，ロルダンが不信感をもっただろうことは想像に難くない。

米比の「兄弟的な絆」

　フィリピン人労働者をターゲットに，沖縄に家族があろうと強制的に沖縄から追い出すという差別的な政策にロルダンは黙っていなかった。1957年，ロル

ダンは，同じような状況に置かれていたサルヴァドール・アンチェタとともに
「沖縄からのフィリピン人帰還者協会」(Filipino Returnees from the Okinawa Asso-
ciation）をつくった。『マニラ・クロニクル』の報道によれば，この団体は沖縄
にいる「数千人の」フィリピン人を代表し，フィリピン政府に対して，アメリ
カ政府が行っているフィリピン人労働者に対する「悪質な迫害と差別」につい
て抗議するように求めた。彼らが発表したプレスリリースには，沖縄から強制
的に出域させられた10人のストーリーが詳述されており，このストーリーに基
づいて二つの具体的な要求を行っている。ひとつは，沖縄人と法的に婚姻関係
にあるフィリピン人が，沖縄の民間企業からのジョブオファーを受理すること
を許可し，家族の再結合を可能にすること。第二に，かつて沖縄で外国人労働
者として働いたフィリピン人が，沖縄のビジネスに投資することを許可するこ
とであった。

　協会の批判はアメリカ政府の偽善にも向けられた。協会は，第二次世界大戦
でともに民主主義のために戦った同盟国として，アメリカのフィリピン人労働
者の扱いは裏切りだと主張した。フィリピン人は「戦時も平時も，真の意味で
友であり同盟国であり」「（アメリカ式の）民主主義と友情の名のもとで素晴ら
しい仕事をしてきた」のであり，そのようなフィリピン人労働者を差別し，弾
圧することは不当であると主張したのである。この議論の型は協会が独自に編
み出したものというより，同時代のフィリピンにおいてみられたレトリックで
あり，ヴェルナデット・ヴィキュニャ・ゴンザレスはこれを「兄弟的な絆(allied
fraternity)」と呼んだ。アメリカとフィリピンの「兄弟的な絆」とは，第二次
世界大戦中に日本帝国軍という共通の敵と戦った記憶と犠牲によって結びつく
アメリカとフィリピンの男たちの間の**ホモソーシャル**な絆である。[4]「兄弟的な
絆」のレトリックの背後には，アメリカとフィリピンが「ともに」苦しみを乗
り越えて勝利を得たことを根拠にアメリカとの「友情」を強調することで，ア
メリカがヘゲモニーを握る太平洋世界でのフィリピンの地位を安定させようと
いう意図がある。沖縄から強制出域させられたフィリピン人基地労働者たちは，
フィリピン人労働者の待遇はこの米比のホモソーシャルな同盟関係に照らして
不当であると主張したのである。

　協会からの問題提起を受けたフィリピン政府は，沖縄でのフィリピン人労働

者差別の疑いを深刻な問題として受け止めた。というのも，協会が問題を提起する以前から，フィリピン政府はアメリカ軍によるフィリピン人労働者の雇用政策について不満をもっていたためである。1947年にフィリピン人労働者の送り出しについて最初の合意が結ばれた後，早くも1953年にはフィリピン政府は合意の内容の再交渉をアメリカ政府に要請していた。これは，1947年の合意の内容に記されているフィリピン人労働者の給与水準が，戦後フィリピンの経済成長とアメリカでの最低賃金の上昇を考慮すれば低すぎるためであった。フィリピン人基地労働者の賃上げを求められることを厭ったアメリカ政府は1957年にようやく再交渉を開始する意思を見せたものの，協会が差別の問題提起を行った段階でこの約束は守られていなかった。協会が問題提起をする前に，フィリピン政府はすでに国際労働機関（ILO）の事務総長に対して，アメリカ軍基地での差別的な賃金体系について問題提起を行っていた。

　フィリピン政府の側にアメリカ政府に対する不信感がすでに存在していたために，協会が問題提起したときにはフィリピン政府はこれを深刻に受け取ったのであった。ロルダンから家族離散の痛みについて綴った陳情書を受け取ったフィリピン大統領府は，ロルダンの入域許可が拒否されている理由をUSCARに問い合わせ，彼の申請書を拒否する理由がないなら許可するべきだと勧告した。フィリピン大統領府はマニラのアメリカ大使館に対しても，フィリピン人労働者の差別は本当であれば米比関係を著しく損なう問題だと指摘し，実態を解明するよう依頼している。問題を深刻に受け止めたマニラのアメリカ大使館は沖縄のUSCARに質問書を送った。フィリピン政府とアメリカ大使館から真相を明らかにするよう求められたUSCARは，フィリピン人に対する差別は存在しないという立場を貫いた。その理由として，第一にフィリピン人労働者が短期間の労働者として雇われていることは1947年の合意ですでに明記されており，第二に同じ能力なら外国人より沖縄の労働者を優先することは軍の政策であることを挙げた。

　USCARの説明はフィリピン政府を説得するのに十分ではなかった。USCARへの不信感が解決されなかった結果，1963年にフィリピン政府はアメリカ政府に対し，沖縄にフィリピン領事館を開設することを打診した。それまで，沖縄のフィリピン人労働者たちが必要とする領事館の業務（パスポート発行や結婚・

出生届の処理など）は，東京から沖縄に年に数回派遣されるフィリピンの領事が行っていた。しかし，フィリピン外務省は使節の訪問だけでは2,000人のフィリピン人労働者と家族のニーズに応えることは不可能であり，また沖縄でのフィリピン人労働者差別の疑いがあるなか，彼らと緊密に連携する必要があるとして，領事館の設置を主張したのであった。つまり，フィリピン人労働者の定住を阻むことで日本との間に沖縄の主権をめぐる外交問題が発生しないようにと考案されたフィリピン人労働者を沖縄人労働者と入れ替える政策が，逆にその差別的な性格によってフィリピン政府との間に外交問題を引き起こすという事態を生んだのであった。

　このようなアメリカ政府によるフィリピン人労働者追い出し政策とそれが生み出したアメリカとフィリピン人労働者の間の緊張関係という文脈で，フィリピン・アメリカ退役軍人協会が主催したビューティーコンテストの意義を理解することが可能になる。米軍がフィリピン人労働者を使い捨て可能で，雇用者の都合で追い出すことができる労働力として見なすことに抵抗し，フィリピンとアメリカの「兄弟的な絆」をアピールするため，米比独立記念日はまたとない機会であった。さらに，ビューティーコンテストは美しい女王を選出する男たちの共同作業を可能にし，女性を媒介に結びつくホモソーシャルな男同士の絆を深めるための絶好の舞台でもあった。

5　少数派であっても無力ではない

　沖縄のフィリピン人労働者の歴史は軍事史や外交史の主体は，政治や経済の権力者に限らないということを示している。ビューティーコンテストを開催したフィリピン・アメリカ退役軍人協会も，沖縄の基地労働者のフィリピン人も，アメリカという超大国を前にすれば小さく見えるかもしれない一般の人たち，移民たちである。しかし，彼らは米比関係の性質とそこでの自らの立ち位置を理解したうえで行動を起こし，両政府が予想しなかったかたちで二国間関係に揺さぶりをかけた。このような例は歴史を辿ればいくらでも見つけることができる。本稿の内容と近いところでは，沖縄の辺野古新基地建設反対運動も，基地のない世界というヴィジョンをもち，基地の前に座り込む人びとが日本，ア

メリカ政府に対して揺さぶりをかけている例である。フィリピン人労働者がアメリカの外交担当者を動揺させたように，基地の前に座る人たちも政府に対して決して無力ではないからこそ，日本政府は巨額の警備費をつぎ込んで抗議を排除しようとするのである。

　このように，ジェンダーや人種を権力関係の分析枠組みとして用いることの利点のひとつは，これまで軍事史や外交史の研究対象から外れてきた人たちを，超大国に翻弄されるだけでなく権力と交渉するアフターとして分析の俎上に載せることを可能にする点にある。軍事史や外交史は，ジェンダーや人種の問題からかけ離れた領域のように見えるかもしれない。現在でも，アメリカの軍事や外交について意思決定をするリーダーたちがエリートの白人男性ばかりであることに変わりはないからだ。しかし，軍事や外交の舞台は国際会議場のみとは限らない。本章はビューティーコンテストを素材としてとりあげ，軍隊や軍事力は男性の領域で女性や女性性は無縁であるという考え方では，いかに戦争や軍事ヘゲモニーを維持するためにジェンダーのイデオロギーが動員されるかを見逃してしまうことも指摘した。女性や女性性とは一見して無縁と思われる場所で，分析のレンズとしてのジェンダーの有用性は際立つのである。

高内悠貴

注
(1)　西洋帝国主義の歴史の文脈では「文明化された」人びととは常に白人，西洋文明社会に生きる人たちのことであり，それ以外の社会や文化に対する優越性を主張するために使われてきた語彙である。
(2)　奴隷制度の廃止に伴い，非白人（特に黒人）と白人の間の「混血」が進むという恐怖が白人至上主義者の間で広がった時代に用いられた語である。異人種間の結婚を禁止する miscegenation law という法律が各州で制定されたが，1967年の最高裁判決ラヴィング対バージニア州で違憲とされた。
(3)　第二次世界大戦後から1960年代にかけて，多くのアジア・アフリカ諸国がヨーロッパの植民地支配から独立を果たした時代のこと。国際関係史において大きな転換点となった時代である。
(4)　同性同士（特に男性同士）の間の社会的な関係性を表す。この関係性は，欲望の対象としての女性を媒介に結びつき，それによって同性愛と区別される。社会における男性中心主義や家父長制がいかに保持されるかを分析するためのレンズである。

─── さらに考えるために ───

ウォルター・ラング監督『王様と私』1956年

「王様と私」は1956年に発表されたミュージカル映画で，現在まで何度も映画やミュージカルとしてリメイクされ人気を博してきた。物語の舞台は19世紀のシャム（タイ）である。王の子どもたちの家庭教師となったアナは「アンクル・トムの小屋」を使って奴隷制度の悪を教育するなど西洋式の教育を子どもたちに施し，王とも衝突するが，最終的に2人は和解する。いかに西洋の女性が小さな東南アジアの国家の近代化と民主化を促進したかというテーマで，1950年代のアメリカの(東南)アジアに関する文化的想像力がよく現れた作品である。

マイク・ガブリエル／エリック・ゴールドバーグ監督『ポカホンタス』1995年

「ポカホンタス」はウォルト・ディズニー社が1995年に発表したアニメーション映画で，イギリスによる北米への入植を先住民の女性であるポカホンタスとジョン・スミスの関係を通じて描く。実際のポカホンタスの生涯に関する史実からかけ離れたストーリーだけでなく，ヨーロッパ人による先住民の土地の略奪や虐殺をロマンスで覆い隠し，入植を美化する効果をもつことを批判されてきた。

Elizabeth Miki Brina. *Speak, Okinawa : A Memoir*. New York : Alfred A. Knopf, 2021.

Speak, Okinawa は，沖縄出身の母親と白人のベトナム退役軍人の父親をもつ著者による自伝である。幼少期からほぼアメリカで育ち，父親とは親しく母親とは言語や文化の壁を感じていた著者が，日本とアメリカによる植民地化という沖縄の歴史と現在を知ることにより，自らのアイデンティティや母親を受け入れていく過程が鮮明に描かれる。この自伝は，著者と家族の物語であるだけでなく，沖縄とアメリカ，沖縄と日本の物語である。

読書案内

東栄一郎（飯野正子監訳）『日系アメリカ移民二つの帝国のはざまで──忘れられた記憶 1868-1945』明石書店，2014年。

Cooper, Frederick. *Colonialism in Question : Theory, Knowledge, History*. Berkeley : University of California Press, 2005.

ダワー，ジョン・W（猿谷要監修，斎藤元一訳）『容赦なき戦争』平凡社，2001年。

藤原帰一・永野善子編『アメリカの影のもとで──日本とフィリピン』法政大学出版局，2011年。

Gonzalez, Vernadette Vicuna. *Securing Paradise : Tourism and Militarism in Hawai'i and the Philippines*. Duke University Press Books, 2013.

平井和子『日本占領とジェンダー——米軍・売買春と日本女性たち』有志舎，2014年。

Hoganson, Kristin L. *Fighting for American Manhood : How Gender Politics Pro-voked the Spanish-American and Philippine-American Wars*. New Haven : Yale University Press, 1998.

上英明『外交と移民——冷戦下の米・キューバ関係』名古屋大学出版会，2019年。

Klein, Christina. *Cold War Orientalism : Asia in the Middlebrow Imagination, 1945-1961*. Berkeley : University of California Press, 2003.

小檜山ルイ『帝国の福音——ルーシィ・ピーボディとアメリカの海外伝道』東京大学出版会，2019年。

喜納育江編『沖縄ジェンダー学』（全3巻）大月書店，2014-2016年。

宮城晴美『母の遺したもの——沖縄・座間味島「集団自決」の新しい事実』高文研，2000年。

沖縄県教育庁文化財課史料編集班編『沖縄県史　各論編8　女性史』2016年。

ロバーツ，メアリー・ルイーズ（佐藤文香監訳）『兵士とセックス——第二次世界大戦下のフランスで米兵は何をしたのか？』明石書店，2015年。

Shibusawa, Naoko. *America's Geisha Ally : Reimagining the Japanese Enemy*. Cambridge, Mass : Harvard University Press, 2006.

屋嘉比収・近藤健一郎・新城郁夫・藤澤健一・鳥山淳編シリーズ『沖縄・問いを立てる』社会評論社，2008年。

第8章

投票権をめぐる攻防

―選挙・民主主義―

投票所に並ぶ有権者たち

キーワード　犬笛政治　シェルビー判決　投票抑圧

ドナルド・トランプが大統領在任期間中に根拠なく選挙不正の脅威を叫び続けたことで，共和党支持者の間で選挙に対する信頼が低下したこともあり，トランプという個人の言動がアメリカにおける民主的な規範を脅かしたかのよう言われることも多い。しかし，アメリカは建国時からマイノリティの投票権剥奪という非民主的な問題を抱えており，平等な投票権の実現を求める闘いはアメリカ史を通じて現代にいたるまで続いている。トランプ時代がアメリカ民主主義に対してもつ意味も，こうした文脈の中に置くことでより明確に浮き彫りになるだろう。

1 アメリカはいつから民主主義なのか

バイデンのレトリックが映し出すアメリカの不安

第46代アメリカ合衆国大統領となった民主党のジョー・バイデンは，2021年1月20日の就任演説で「民主主義が勝利した（democracy has prevailed）」と言った。新型コロナウイルスが猛威を振るうなか，ほんの2週間前（1月6日），選挙結果に不満を抱くトランプ支持者たちが大統領選挙人の投票結果が確定されるのを阻止すべく連邦議会議事堂を襲撃して，5人の死者と多くの怪我人を出す前代未聞の大混乱が同じ会場で起きたことを思えば，平和に就任式が実施できたことは多くのアメリカ人にとってたしかに感動的なことだった。この就任演説は，「過激主義（extremism）」「白人至上主義（white supremacy）」「暴徒（riotous mob）」など，これまでに就任演説で使われたことのない表現が登場したことでも話題になり，アメリカが危機のなかにあったことを強く印象づけるものだった。

それに先立つ2020年11月7日，バイデンが勝利宣言のなかで「アメリカの魂を取り戻す（restore the soul of America）」と言ったとき，投票日からは4日も経っていた。2020年大統領選挙は，最終的な獲得選挙人数でいえばバイデン306人，トランプ232人と，史上まれに見る大接戦（ジョージ・W・ブッシュ271人，アル・ゴア266人）だった2000年選挙と比べると，それなりの差がついていた。史上最多の投票数を記録した一般投票（全国の有権者が投じた票の合計）においても，獲得選挙人数との間に勝者のねじれが生じた2000年や2016年と比べると，

当選したバイデンが700万票以上多く獲得していた。しかし，パンデミックで激増した期日前投票や郵便投票の集計に時間がかかるなか，トランプ陣営が不正の疑義を煽り，支持者が押しかけて騒然とした集計所もあったので，主流派メディアは当確を打つことに慎重になっていた。

　それにしても，二大政党制が確立した民主主義国で，一方の政党の候補者が選挙戦を「アメリカの魂のための闘い」と表現し，自らの大統領就任を「民主主義の勝利」とたたえることに，違和感はないだろうか。トランプ支持者には権威主義的な志向が強いという調査結果もあるが，共和党支持者もアメリカの民主主義に誇りをもち，自分たちなりの民主主義像を守ることに使命感をもっている。「分断を克服し，アメリカを統合する」というバイデンの訴えは，トランプに希望を寄せた共和党支持者から見れば，自分たちが問題扱いされているという屈辱感しか生まなかっただろう。それにも関わらず，バイデンの勝利を「正常性」への回帰として歓迎した主流派メディアの多くは，こうしたレトリックを繰り返し好意的に報じる一方で，その独善性に対しては無神経だった。そこには，トランプという型破りなデマゴーグの支配からようやく抜け出せるという安堵感だけでなく，民主主義をアイデンティティの要とするしかない多人種多民族国家アメリカが抱える不安が垣間見える。

トランプが暴いた理想的民主主義の幻影

　アメリカ民主主義の脆弱性をめぐる議論は，トランプというエキセントリックなアイコンの登場と結び付けられがちである。『ワシントン・ポスト』の集計によれば，ツイッターを多用するトランプの任期中の虚偽発言は3万回以上にのぼる。政治家は誰でも嘘をつくものであるが，同じ計測方法でトランプと後任のバイデンの就任後100日間の虚偽発言数を比較すると，それぞれ511回と78回と大差があった。また，ポリティファクトが，同じ期間の重要発言に限定して虚偽率を測定すると，前任のバラク・オバマが8％にすぎなかったのに対し，トランプは59％だった。2021年1月の議事堂襲撃後，トランプとその仲間がツイッターなどの主要なプラットフォームから追放されると，1週間でSNSで飛び交う選挙不正に関する誤情報が73％減少したという調査もある。トランプがアメリカの政治文化の品性と政治制度への信頼を大きく損ねたと批判され

るのも当然であろう。

　しかし，ひとりの大統領が深めた混沌のなかで改めて問いなおされるべきは，理想化されてきたアメリカ民主主義が幻影にすぎなかったのではないかということかもしれない。2013年以降のブラック・ライヴズ・マター運動の拡大は，アメリカに根強い人種差別が残っていることを多くの人に直視させた。オバマの勝利により初の黒人大統領が誕生した2008年選挙のあと，アメリカは「ポスト・レイシャル」な時代に突入したのかという議論が一部でなされたことは，今や悪い冗談のようである。そして，アメリカの民主主義をどう評価するかは，人種差別や白人至上主義のような問題から切り離せないことを痛感させたのが，トランプ時代だったのではないか。アメリカの民主主義は建国から2世紀半近く経ってなお明らかに未完のプロジェクトであるが，そもそもその進捗度合いを測るための基準点はどこにあるのだろうか。

アメリカの民主主義経験は半世紀？

　世界の現行憲法としては最古のものである合衆国憲法がアメリカ民主主義の礎であることを否定する者はなく，左右問わずありとあらゆる政治勢力が現在もその主張の拠り所としている。しかし，この憲法は，連邦下院議席を各州に割り当てる際の基準となる人口に投票権のない黒人奴隷を「5分の3」人として数えるなど，奴隷制度を用いる南部州に配慮した成り立ちをもち，その非民主的な性格は制度設計のさまざまな部分に表れている。ここでは投票権にのみ着目してみると，合衆国憲法は普通選挙を保証するような投票権を定めておらず，各州議会のうち議席数の多い院に投票できる者が連邦選挙にも投票できるとしている（第1条第2節）。したがって，州ごとにばらつきがあり推計が困難であるが，合衆国憲法が起草された1787年の時点では，多くの州で投票権が21歳以上の白人男子のうちでも土地所有者に限定されていた。カトリックやユダヤ教徒の投票を禁じていた州もあったため，アメリカ人口のうち投票権を有していたのは多く見積もっても20％程度だと言われている。有産者が多く参加した憲法起草時の議論では，庶民が広く参加する民主主義は無秩序や暴徒支配と結び付けられがちで，警戒の対象であった。

　徐々に財産や納税など経済力をめぐる制約が取り除かれ，「ジャクソニアン・

デモクラシー」の時代として知られる1830年代にはほとんどの州で白人成年男性による普通選挙が実現されたといわれるが，これには黒人もインディアンも女性も入っていない。南北戦争以後，**憲法修正**を通じて全国一律に投票権の拡大が進んでいき，黒人に投票権が与えられたのが1870年（修正第15条），女性の参政権実現はさらに半世紀後の1920年（修正第19条）まで待たなければならなかった。先住民族であるインディアンは，1924年インディアン市民権法により初めて市民権と投票権を与えられ，19世紀の鉄道建設に重要な労働力を提供した中国系をはじめとするアジア系住民は，1952年のマカラン・ウォルター法によりようやく市民権を与えられた。しかし，保守的な南部を中心として，黒人に対する執拗な投票妨害は1960年代まで続いていたため，黒人が実質的に投票権を広く行使できるようになったのは，公民権運動の成果として実現した1964年の投票税廃止（修正第24条）と1965年投票権法以降である。ベトナム戦争の影響で1971年に投票年齢が18歳まで引き下げられると（修正第26条），アメリカ民主主義への参加資格はようやく今の姿に到達した。

　こうした歴史を踏まえてみると，アメリカは人口の半分を占める女性を政策決定から排除していた1920年までは形式上も民主主義とは言えないだろうし，20世紀を通じて総人口の１割を占めていた黒人が安全に投票できる道が開かれた1960年代までは，実質的に民主的な国家とは言えなかったのではないか。だとすれば，アメリカの民主主義の経験は半世紀程度ということになり意外に短い。アメリカを200年以上の歴史がある民主主義のモデルであるかのように位置づけ，そのイメージを受け入れてきたアメリカ内外の視点には，白人男性優位の価値バイアスが強くうかがえる。

2　現代アメリカ民主主義の起点としての1965年投票権法

第２条──マイノリティ投票力の「希釈」をめぐる攻防

　平等な投票権なくして民主主義もないのであれば，現代アメリカ民主主義をめぐる議論の起点は1965年投票権法であろう（1965年投票権法は，1970年に５年間，1975年に７年間，1982年と2006年に25年間ずつ延長されており，その都度修正もなされた）。粘り強い公民権運動の末に，民主党のリンドン・ジョンソン政権下で

実現した1965年投票権法は，第2条で人種，肌の色，言語的少数者という状態を理由として投票権を剥奪することを禁じている。これについて，連邦最高裁は1980年に，差別の目的で意図的に実行されるもののみが禁じられると判断したが，連邦議会は1982年に第2条を修正し，意図の有無に関わらず差別の効果がある選挙法を禁じた。投票権法が実際に意味するところは個別の訴訟を通じて明確にされてきたことが多いが，第2条のもとでもっぱら問題となったのは，選挙区割りや大選挙区制（全市一区など）によってマイノリティ（人種，言語における少数派）票の影響力が「希釈」されることだった。

　こうした「希釈」の概念など，アメリカの投票権をめぐる議論を理解するために必要な前提知識として，アメリカでは都市計画におけるゾーニングなどの差別的な政策により経済階層や人種などによる地理的な住み分けが歴史的に形成されてきたこと，有権者には自らの人種や言語といった社会的属性ごとに一定の政治的選好を共有する傾向があることの2点がある。具体的には，例えば，黒人有権者が地理的にまとまって住んでいる場合，集団として一定の投票力をもつはずであり，黒人候補者を当選させたいと想定される。（もちろんこれは白人も同じであり，だからこそマイノリティを投票から締め出すことにより白人が議席を独占してきた）。そこで，白人は黒人の投票力を薄めるために，黒人有権者が多い地域で黒人候補者を勝たせることができる小選挙区制を避け，全市規模では優勢な白人有権者が全議席を白人候補者に与えられるように，個々の有権者が議席の数だけ投票できる全市一区の大選挙区制をよく採用してきた。また，小選挙区制のもとでは，マイノリティの投票力を薄めるために，マイノリティの多く住む地域を複数の選挙区に分割して，周囲の白人優勢の地域と合併することで影響力を削ぐ**ゲリマンダリング**⁽²⁾を行ってきた。

　当然のことながら，マイノリティ集団のなかにも政治的選好の多様性はあり，人種的，言語的属性を基準に「政治的団結」を想定することが正当化されるのか，それをどのように測定すべきかをめぐっては議論がある。しかし，個人主義の立場から人種などの視角を否定する「カラーブラインド」の考え方に対しては，歴史的な差別と現代に残るその影響を無視することで，差別を温存し助長するものであるという批判もある。こうした論点に関する司法の判断は，個別具体的な事案の特徴と徐々に入れ替わっていく判事たちの思想を反映して，

下級審では相互に相反するものが出され，最高裁の対応にも時代とともに揺れ
が見られる。

第５条──差別的選挙制度変更を防ぐ「事前審査」制度

　1965年投票権法は何より，その第５条の定める事前審査要件によって知られ
ている。この対象となる地域では，いかなる選挙法における変更の試みも，事
前にそれが人種的，言語的マイノリティに差別を与える目的ではないことを示
して，連邦司法省からの承認かコロンビア特別区連邦地裁の宣言的判決を受け
なければならない。審査においては，禁止される抽象的な制度リストや画一的
な基準があるわけではなく，その地域の歴史的実績や個別具体的な条件を検証
したうえで，マイノリティに実際に不利に働く見通しがあるかどうか判断され
る。

　第５条の対象となるのは第４条（b）項に定められた条件に当てはまる地域
であるが，それは，1964年，1968年，あるいは1972年11月１日時点で，その地
域が識字テストなど投票を抑圧する差別的な仕組みを使っていた，投票資格の
ある市民の半数未満しか有権者登録されていなかった，あるいはその３年の大
統領選挙で投票資格のある市民の半数未満しか投票しなかった州もしくはその
下位区分である。この条件は，特定の州名などを名指しすることなしに，過去
に差別的な選挙法を使用していた地域を対象とするために設定されており，
1965年法では南部の６州（全体）と１州の一部が対象となり，1970年と1975年
には南部のテキサス州（全体）とフロリダ州（一部）のほか南部以外の８州（全
体か一部）も加えられた。

　この事前審査制は，差別的な選挙法変更を未然に防止するというかたちで重
要な役割を果たしてきた。司法省が提供している2013年までのデータを見ると
およそ半世紀の間に55万件以上の申請があったが，異議率は１％にも満たない
ことから，必要な変更が淡々と申請されている場合が圧倒的に多いことがわか
る。しかし，第４条（b）項によって全州もしくは一部が対象とされた16州の
合計約1,100件の異議事案のうち，1,000件以上が南部８州によるものである。
テキサス州（206件），ジョージア州（177件）のように長年にわたり繰り返し司
法省から反対意見を受けるような変更を申請している州があることは，マイノ

リティに不利な選挙法変更を行おうとする傾向が南部に根強く残っており，事前審査制がマイノリティの権利保護に一定の役割を果たしてきたことを示している。

3　マイノリティの投票力を抑え込む口実と手法

人種不安の犬笛政治

　1965年投票権法成立直後から，マイノリティの投票権を実質的に保障していこうとする勢力と，それをせき止め押し戻したい勢力が半世紀にわたりせめぎ合ってきた。後者は，投票権法は選挙について決める州の権利を恣意的に制限するものだとしてその合憲性を裁判で争ったが敗訴し，事前審査制を南北戦争後に南部が北軍の管理下におかれた再建期の屈辱になぞらえた。1966年のアラバマ州セルマの保安官選挙では，劣勢な陣営が黒人票を無効にしようと不正を主張して「投票箱クーデター」を試みたものの，証拠が提出できず法廷で敗れた。敗色濃厚な選挙で不正を訴える手法は，アメリカ政治の古典だった。

　黒人の政治参加が進む一方，ワッツ暴動やブラック・パワー運動の台頭に動揺する保守白人層に狙いを定めた共和党のリチャード・ニクソンは，人種に言及せずに人種不安を喚起する「法と秩序」の犬笛(3)を吹く南部戦略で，1968年大統領選挙に勝利した。連邦最高裁は1971年に，投票所の場所や候補者選出方法も第5条の適用対象として認め投票権法を拡大したが，変更申請に司法省が異議を出すたび，より巧妙な変更が申請されるイタチごっこが続いた。1976年に黒人票のおかげで大統領に当選したと言われた民主党のジミー・カーターは，多くの黒人を司法省要職や連邦判事に登用し，公民権運動の支持者たちがはじめて公民権法の施行にかかわった。しかし，1980年選挙では「州権」(4)という隠語で公民権運動の成果を押し戻そうとする共和党のロナルド・レーガンが大勝した。レーガンは，公民権運動で使われた「カラー・ブラインド」の概念を人種を意識すべきでないという議論にすり替えて，投票権法も骨抜きにしようとした。レーガンは司法府を保守化することを重視し，連邦最高裁に保守的な4名を送り込んだだけでなく，下級裁判所にも9割以上が共和党寄り白人男性である判事を358人指名した。

保守派が推進した「マイノリティ多数選挙区」

　1988年に当選した共和党のジョージ・H・W・ブッシュ大統領のもとでは，側近の発案で「マイノリティ多数選挙区（majority minority district）」の創出に重点が置かれた。民主党支持の傾向が強い黒人層が多数派となるような選挙区の創出は黒人議員の誕生を助けたが，黒人有権者が特定の選挙区に過度に囲い込まれることにより周囲の選挙区では共和党を支持する保守的白人の影響力が増した。共和党は，黒人票もうまく取り込みながら長く南部政治を支配してきた白人民主党議員を倒すために，投票権法を最大限利用する戦略を採用したのだった。

　民主党のビル・クリントンが大統領選挙に勝利した1992年には過去最多となる39人の黒人が連邦議会下院議員に当選しひとつの画期となったが，マイノリティ多数選挙区の周囲で当選した共和党白人議員たちはより保守性を増し，議会全体の保守化を促進した。1994年選挙でニュート・ギングリッチ率いる共和党が40年ぶりに下院を奪還できた背景には，皮肉にもこのマイノリティの代表性を促進するゲリマンダリングがあったと言われる。他方で，1993年には保守化した連邦最高裁のサンドラ・デイ・オコナー判事が，人種のみを基準にしたゲリマンダリングを「政治的アパルトヘイト」と呼び厳格姿勢を示したため，マイノリティ多数選挙区の数はその後停滞する。

奴隷制後の苛烈なジム・クロウ

　このように，アメリカの民主主義は，1965年投票権法により完成したわけではなく，それ以降も民主化の歴史が直線的に進行してきたわけでもない。そもそも黒人たちは，奴隷解放後，投票権をめぐる前進と後退の歴史を経験してきた。1865年に南北戦争が終了すると，奴隷制が廃止され（修正第13条），黒人たちは市民権を獲得し（修正第14条），選挙権も得た（修正第15条）。しかし，北軍の進駐のもと黒人の政治進出が進んだ再建期の終了とともに，南部ではジム・クロウ[(5)]により黒人が再び徹底的に弾圧を受けるようになった。

　黒人を政治から締め出すために，識字テストや祖父条項など，人種に直接言及せずに黒人をターゲットとする投票抑圧法が矢継ぎ早に導入された。自立する経済的手段をもたない黒人の多くは小作人となり貧困から抜け出せなかった

が，失業状態の重罪化など黒人を犯罪者にすることが目的の立法や，「白人女性のことを見た」というようなただの言いがかり，果ては誘拐などにより大量に収監された。刑務所は民間企業に黒人受刑者を安価に貸し出し，企業も刑務所も利益を得た。奴隷時代にはまがりなりにも資産であるがゆえに死なない程度に使役されてきた黒人が，使い捨ての安価な労働力として炭鉱などで死ぬまで酷使されるようになった。運よく生きのびた黒人からも投票権を奪うために，受刑者が出所後も公民権を回復できないようにする制度が，南部だけでなく全米で広く導入された。黒人にとって不条理な人種差別社会を維持するために，白人社会は容赦ない暴力とリンチ（私的処刑）で恐怖支配を敷いた。南部では再建期を中心に19世紀末までに1,500人以上の黒人が公選職につき，連邦議員も20人あまり誕生したが，苛烈な人種差別により20世紀前半には有権者登録さえできない黒人が大半になっていた。

「公正」の名のもとに行われる不当な排除

一度獲得した権利も再び奪われうるという19世紀の教訓を忘れずに，20世紀の公民権運動を闘い，21世紀へと投票権確保のバトンをつなごうとした黒人たちは，2000年選挙で19世紀の亡霊に襲われた。空前の大接戦となった2000年大統領選挙の勝敗は，フロリダ州の選挙人25人の行方が決することになった。投票日から1カ月以上経った2000年12月12日，最高裁の再集計差し止め判断により共和党ジョージ・W・ブッシュが勝利したが，集計を混乱させ全世界の注目を集めた「バタフライ投票用紙」のほかにも，深刻な問題が起きていた。

1997年マイアミ市長選での不正疑惑を受けて，州議会は民間業者に1年に1回有権者登録名簿から無資格者を削除させる法律を通した。同州では，出所者から投票権を奪う1868年法が残っていた。2000年選挙に向けて，重罪犯データベースにある氏名と70％以上適合する氏名をもつ者が，有権者登録名簿から削除されるべきリストに掲載され州内の選管に配られた。しかし，そのうち1万2,000人は，名前が似ているだけで，重罪犯とされるべきではない者だった。有権者登録名簿から不当に抹消された者の44％が黒人で，明らかな偏りがあった。犯罪の経験がなく何十年も投票してきたのに，2000年の投票日に有権者名簿に名前がないと言われて投票できない者が続出した。そして，ブッシュとゴ

アの得票差は，たったの537票だった。

　こうした不正防止を名目とした組織的な投票抑圧は，その後も「公正な投票」のかけ声のもとに各地で進められた。郵便物を送付し，宛先不明などで返送されてきた者を有権者登録名簿から一方的に抹消するといった方法がとられたが，当事者には知らされなかった。ブッシュ政権の司法長官に就任したジョン・アシュクロフトが「投票の権利と公正イニシアティブ」というプロジェクトを発足させた頃には，選挙や投票をめぐる「公正（integrity）」という表現は，もはや不正行為対策を名目にした投票抑圧の隠語になったかのようだった。投票権にコミットする職員や弁護士が続々と退職した司法省は，マイノリティの投票権を侵害する制度変更を黙認しながら，証拠もないままに不正投票の脅威を強調した。替え玉投票や，死者，市民権のない者，重罪犯などによる投票不正を起訴するように政治圧力をかけられたが証拠がないため拒否した検事たちが解任される「検事ゲート」も起きた。

4　投票権に吹き荒れる大逆風

厳格な ID 法の広がり

　2004年選挙では，マイノリティが多く住む地域の投票所で投票機が減らされ，長蛇の列に投票を諦める者が続出した。その間，**有権者登録**や投票の際に写真つき身分証明書の提示を求めるなど，従来より厳格な ID（身分証明書）法が広がった。アメリカではすべての人に一律に発行される写真付き身分証明書制度がなく，自動車免許や銃所持許可証など州ごとにさまざまな証明書がこの機能を果たすが，どの発行にも費用と時間がかかり，自宅出産だったために出生証明書を持たない人も多い低所得層や高齢者にはひときわハードルが高い。2006年のブレナン・センターの調査によれば，アメリカ市民の11％，黒人の実に25％が写真付き身分証明書を持っておらず，不正投票を防止する名目の厳格な身分証提示義務化が，マイノリティの投票抑圧を目的としていることは周知の事実である。

　2006年に控えた投票権法延長に反対するための保守派ロビー活動も，「公正代表プロジェクト（Project on Fair Representation）」という名前だった。反対派

は，黒人の有権者登録率も投票率も白人と遜色ない水準に達しているのに，昔のままの投票権法により連邦政府が州以下の選挙運営に介入することは違憲状態になっていると主張した。投票権法は2006年にも相変わらず超党派で延長されたが，2008年に黒人のオバマが大統領選挙に勝利すると，投票権法に反対してきた勢力はマイノリティの権利保護はもう不要だと主張した。共和党側が不正投票への不安を煽るなか，連邦最高裁は，インディアナ州の有権者ID法の合憲性が問われた同年の判決で，実際に不正が起きた証拠がなくても不正投票が起きる可能性があるだけで投票への規制を強化することを認めた。

　2010年までは3州にしかなかった厳格な有権者ID法が，2010年選挙以降共和党が優勢な9州で怒濤のように導入された。マイノリティの投票率上昇を脅威と感じた保守派が，明確に投票抑圧の方向性を追求し，保守系団体が作成したモデル法案が活用された結果だった。各州では他にも，有権者登録イベントの規制強化，期日前投票の期間短縮，元重罪犯の投票権剥奪など，全米で500万人以上の有権者の投票をより困難にする変更が進められた。1965年投票権法成立以降，保守勢力はマイノリティの投票力を希釈することに重点を置いていたが，黒人大統領の誕生を引き金に投票抑圧に焦点を移したかのようだった。

シェルビー・カウンティ対ホルダー事件判決

　明らかにマイノリティを標的とする投票抑圧のありとあらゆる試みを1965年投票権法は半世紀近く生き延びてきたが，2013年連邦最高裁のシェルビー・カウンティ対ホルダー判決で致命的な打撃を負った。保守派が多数派を占める最高裁は，投票権法制定時から状況が変わり黒人の投票参加も政治進出も進んだのに，事前審査対象地域の指定方法が何十年も前と同じであることは違憲だとし，第4条（b）項を無効と判断した。第5条の合憲性判断は回避されたが，第4条（b）項によって対象地域が指定されなければ，第5条の事前審査は行いようがない。マイノリティの投票権剥奪を阻止する最も重要な部分を凍結された投票権法は，連邦議会が新たに対象地域指定方法を定めない限り仮死状態のままとなった。判決以後，司法省は差別的な選挙法変更については裁判を通じて事後的に阻止を試みるしかなく，保守的共和党政権のもとではこれも期待できなくなった。司法省は，第4条（b）項によるものが多かった選挙監視の

規模も縮小した。

判決の数時間後に，テキサス州は事前審査で却下されていた厳格な写真付き有権者 ID 法を実施した。州内にこうした身分証を所有していない者が60万人いた。2 カ月以内にノース・カロライナ州では当初予定されていた厳格な有権者 ID 法を拡張して，期日前投票機会の削減，投票日有権者登録の廃止，有権者登録の厳格化，有権者登録促進イベントの廃止，投票時間終了後もカウンティ選管が投票を受け付ける裁量の廃止など，シェルビー判決後に最も投票を難しくする法案を可決した。司法省や市民団体が提訴し，この州法は連邦高裁で2016年に否定されたが，同州の動きは投票権を守るために事前審査制が果たしていた機能を浮き彫りにし，訴訟を通じた対応に時間がかかることも示した。

保守化した連邦最高裁はその後，無投票を理由に有権者登録名簿から有権者を削除することを認め，マイノリティの投票力を弱める人種的ゲリマンダリングも容認している。現在の政策について判断するとき，当該地域の過去の差別的歴史は考慮しないとする最高裁の姿勢は，人種に言及しないレトリックを用いて保守派が導入する実質的に差別的な効果をもつ選挙法へ，司法が介入することを困難にしている。

投票所の大規模閉鎖が意味するもの

判決との関係では全州規模で適用される州法変更に注目が集まりがちだが，事前審査の対象となっていた変更申請の大半はよりローカルな決定だったため，判決後はマイノリティに不利な変化の全体像を把握することも困難になった。事前審査の対象となっていた地域では，判決から 5 年以内にその他の地域と比べて人口あたり 2 割も多く投票所が閉鎖された。各投票所がカバーする人口が他地域より 1 割多くなったが，この現象は特にマイノリティが多く住む地域に集中していた。2018年までに事前審査対象だった地域だけで1,688の投票所が閉鎖されたが，そのうち76%がテキサス（750），アリゾナ（320），ジョージア（214）の 3 州に集中しており，いずれも黒人とヒスパニック系の人口比（それぞれ合計51%，34%，40%）が増加している地域である。

投票権法は投票所の閉鎖について余裕をもって有権者に知らせることを義務づけていたが，シェルビー判決後は通知の必要がなくなった。多くの場合，閉

鎖は気づかれることなく進み，投票日に混乱を生んだ。ジョージア州法は投票所あたりの有権者数を2,000人以下にすることを定めているが，違反状態は放置された。2020年には州平均が3,000人を超え，8,000人を超えるカウンティもあった。投票所の減少と変更により，正しい投票所を探してたどり着くコストが増し，投票時の待ち時間も長くなったことで，自動車を所有せず時間的余裕のない低所得層には投票するための困難が増した。

　投票にかかる時間の長さは，投票率に影響する。2012年にオバマが再選を果たしたとき，投票のための全米待ち時間平均は14分だった。1時間以上待たされた人は5％だったが，これは数百万人に相当する。アメリカの大統領選挙では，毎回必ず3時間から10時間くらい並んだ有権者の苦難が報道される。投票のためにかかる時間は働いて得られたはずの賃金を失うことを意味するが，大統領選挙の年に全米の投票待ち時間を合計して平均時給をかけると5億ドル以上の賃金が失われたことになるという。

　待ち時間が長すぎて投票を諦めた者が，2012年選挙では約70万人いたと推計されている。待ち時間は，人口密度の高い都市部で長く，投票日より期日前投票の方が長い。黒人は白人の倍以上待たされる。人種による偏りの原因としては，黒人の多い地域に投票所が少ないことや，投票機械や人員が有権者数に対して過少に配置されていることなどがあり，政治的操作との疑念が常に指摘される。こうした状況を，シェルビー判決後の投票所閉鎖は悪化させた。長い列は自分の票が正確に集計されるか疑念を生み，負担感が次の選挙で投票する意欲を低下させるという調査結果もある。シェルビー判決がもたらした変化は，アメリカ民主主義の長期的な健全性にも影を落としている。

5　2020年選挙が示すアメリカの民主主義の現在地

トランプの不正主張は2016年選挙から

　2016年大統領選挙では，大方の予想を裏切って共和党候補のトランプが勝利した。トランプは大統領選挙人獲得数では大差をつけたが，一般投票では民主党候補ヒラリー・クリントンに300万票近くも負けた。トランプは根拠を示さずに，これを投票資格のない外国人の不正投票によるものと主張し，大統領就

任後，調査のために「公正な選挙のための大統領諮問委員会」を設置した。この委員会が各州に対して有権者の政党登録や社会保障番号，投票履歴や過去の犯罪歴などの提出を求めると，共和党からも反発があり，44州が個人情報保護のためにこれを拒否した。マイノリティの投票抑圧に悪用される懸念から何件もの訴訟が起こされ，不正の証拠を何も見つけられないまま委員会は8カ月で解散した。トランプはその後も不正投票の懸念と厳格な有権者ID法の必要性を唱え続けたが，他方で司法省は投票抑圧を防ぐための行動をまったく起こさなかった。

パンデミックと郵便投票

　2020年3月から急速にアメリカに広まった新型コロナウイルス（COVID-19）は，トランプが対策にあまり積極的でなかったこともあり，11月初めまでに950万人を超える感染者と23万人を超える死者を出した。在宅就労に切り替えられない低所得者が多いマイノリティは，8月まで人口あたりの感染者数が白人の2倍ほどの水準であったし，経済的困難に直面した人の比率も白人の倍以上だった。

　経験したことのないパンデミック下で迎えた大統領予備選挙シーズンは，混乱続きとなった。3月半ば以降，16州が予備選挙の延期など日程変更を行った。現職のトランプの指名が確実視されていた共和党は，8州で予備選挙やコーカス（党員集会）を中止した。民主党はすでに20年間全面郵便投票を実施してきたオレゴン州に加え，5州が予備選挙を全面郵便投票に切り替えた。慣れない郵便投票に有権者も選挙役員も戸惑い，全国の予備選挙を通じて合計50万票以上の無効票が出た。多くは有権者登録時の署名と投票用紙の署名の不一致もしくは投票用紙が期日までに選管に届かなかったことが原因で，初めて投票する若い世代やマイノリティに無効票が大きく偏っていた。大統領選挙の接戦州の勝敗を左右するのに十分な規模の無効票は大きく報道され，州や市民団体が投票教育や制度改善に奔走した。

　本選挙では，パンデミックに対応するために39州が通常の投票手続きを変更し，36州は郵便投票手続きを変更した。郵便投票がすでに広範に定着していた州は4つしかなかったので，郵便投票利用資格の緩和，証人署名の負担軽減，

郵便投票の切手代無料化，到着期限の延長，消印要件の緩和，投票用紙専用投函箱の設置，登録有権者全員への郵便投票用紙もしくは請求用紙の自動送付，郵便投票用紙オンライン請求システムの導入など，さまざまな方法で郵便投票をより容易にした州が30以上にのぼった。

　ブルッキングス・インスティテュートがつくった郵便投票の使いやすさ採点表（22点満点）では，全国平均が10点で，高得点は西部州に多かった。投票権法の事前審査対象だった地域を含む州は平均7点で，うち1965年選挙法で対象となった南部7州だけに絞ると平均は4点に下がり，最下位のアラバマ州はマイナス1点だった。トランプが新型コロナウイルスの脅威を軽視し，郵便投票に不正が多いかのような根拠なき発言を繰り返したため，郵便投票の利用者は民主党支持者が多くなる見通しだった。そのため，共和党の強い保守的な地域は郵便投票を使いやすくする意欲に欠け，テキサス州は感染不安を理由とする郵便投票利用を認めなかった。

　他方で，投票所を支える選挙役員には感染時のリスクが深刻な高齢者が多かったため，人員不足を理由に投票所がさらに削減された地域もあった。過去に投票権剥奪を経験した黒人は，投票用紙が受理されるのを自分の目で見たがる傾向があるといわれ，郵便投票より期日前投票を好む者が多かったため，期日前投票には各地で長蛇の列ができた。接触を減らすためにドライブインでの投票を導入するなど，未経験のパンデミックを前に各州は五月雨式に対応を進めたが，これに対し，民主党は投票しやすさを求め，共和党はこれを押し戻すことを目的に，投票日までに双方が展開した訴訟は約430件にのぼった。郵便投票の到着期限を争うものが多かったが，投票所へむき出しの銃器を携行できるかといった事案もあり，投票所でのマスク着用義務化を認めた一審判決を投票4日前に連邦高裁が破棄するドタバタもあった。

「赤い蜃気楼」と「ジョージアの奇跡」

　トランプへの信任投票の性格が強かったこの選挙では，史上初めて1億5,000万人以上が投票し，パンデミックにも関わらず投票有資格者の67％が投票して（アメリカとしては）空前の高投票率となった。投票方法の内訳は，郵便投票が2016年の21％から倍増して46％となり，投票日の投票28％，期日前投票26％を

圧倒した。郵便投票の利用者に従来は党派的偏りがなかったが，2020年は6割が民主党支持，4割が共和党支持だった。郵便サービスへの不安から郵便投票用紙を郵送した人は2016年より14％減少して53％となり，専用投函箱を利用したり選挙管理事務所などに届けたりした人が16％増えた。

　通常と異なる手順に多くの州が手間取るなか，集計が早く進む当日票を多く獲得したトランプがまずリードし，郵便票の開票が進むとともにバイデンが挽回する「赤い蜃気楼[7]」現象が共和党支持者を苛立たせた。トランプはなぜか投票日の何カ月も前から選挙結果を受け入れないと宣言していたが，投票日以降も根拠なく選挙不正を阻止しろと支持者を煽り，バイデンが11月7日に勝利宣言したあとも慣例の敗北宣言を出すことを拒否し続けた。11月24日になってようやくバイデンへの政権移行開始を受け入れたが，本当に政権を明け渡す態度を示したのは年を越して議事堂襲撃が起きた翌日の2021年1月7日だった。

　襲撃事件の衝撃の陰に隠れてしまったが，1月5日には「ジョージアの奇跡」が起きていた。バイデンの勝利にも関わらず議会選挙ではふるわなかった民主党が，ジョージア州の2つの上院選に勝ち連邦議会上院での多数派の地位を奪取した。劣勢と思われていた選挙を勝利に導いたのは，2018年州知事選挙で共和党ブライアン・ケンプに敗北した民主党ステイシー・エイブラムスだった。ケンプは選挙を管理する州務長官の立場のまま出馬し，エイブラムスの支持基盤であるマイノリティの有権者登録を執拗に妨害することで辛勝したが，エイブラムスはその後もマイノリティの有権者登録活動を展開し，80万人を新たに有権者登録することに貢献していた。パンデミックさえ利用し執拗に続けられてきたマイノリティに対する投票抑圧に，有権者登録の推進をもって一矢報いたエイブラムスは，投票権を擁護する人びとの英雄になった。

6　発展途上のアメリカ民主主義

「不正」対策というマッチポンプ

　ジョージアの奇跡は，高投票率だった大統領選挙の結果ともあいまって，共和党の危機感を強めた。岩盤支持層である保守的な白人福音派が人口に占める比率が長期的下落傾向にあるなか，カリスマ的な人気を誇るトランプをもって

さえ勝てなかったことを考えれば，共和党は本来であれば中長期的な支持基盤拡大のために党の路線を見直すべきであろう。しかし，バイデン政権下での2022年中間選挙における議会多数派奪還に照準を定める共和党は，対立政党支持者の投票を抑圧するという反民主的な小手先の対応を選んだ。トランプ陣営は2020年選挙の前後，不正を訴えて40件以上の訴訟を起こしながら，一度も不正の証拠を提示できず全敗していたが，トランプの撒いた選挙不信の種は，不正防止のための「公正」な選挙改革を訴えるのにもってこいの舞台を用意していたからである。

　議事堂襲撃事件後，一時はトランプを批判した共和党議会有力者の多くも，失敗に終わった弾劾裁判の頃までにはトランプへの忠誠心を競う党内レースに復帰した。2021年5月には，トランプの選挙不正主張を繰り返し批判した主流派保守のリズ・チェイニーが下院共和党カンファレンス委員長のポストから引きずりおろされた。白人男性中心の共和党による男尊女卑的行為という印象を与えないように，後任には熱烈なトランプ支持で存在感を高めていたエリーズ・ステファニクが据えられた。トランプや共和党議員たちの大合唱を聞きながら，多くの共和党支持者は2020年大統領選挙に本当はトランプが勝っていたのに不正によってバイデンに奪われたという確信を深めていった。

　自分たちで煽った不正への懸念を根拠に，共和党は投票に対する規制の強化を各州で進めた。2021年3月末までに，有権者登録時や投票時のID提示義務の厳格化，事前投票期間の短縮，郵便投票の規制強化，有権者登録名簿からの削除強化など，投票へのハードルを上げる法案が47州で合計360本以上提出され，共和党が優勢の5州で成立した。投票時の長蛇の列で悪名高いジョージア州の包括的選挙法は，こうした規制強化に加え，投票のために並ぶ有権者に軽食や飲料を提供することを犯罪化する項目を含んでいた。これは投票抑圧の意図があまりに露骨だったため「現代のジム・クロウ」として主流派メディアからも厳しく非難され，事前に法案に同意していたコカ・コーラなど地元に本社を置く大企業も批判にまわった。しかし，5月にはフロリダ州共和党が公正で透明な選挙を標榜し，低所得層の多いマイノリティにとって重要な郵便投票専用投函箱の使用をより困難にする変更を含む新しい選挙法を成立させた。

　同時期に，投票をよりしやすくする法案も同数の州で840本以上提出された

が，深刻な投票抑圧を未然に防ぐためにはこれを牽制する連邦法が必要である。連邦議会では，民主党が投票日有権者登録を可能にし，自動車免許取得時などの有権者自動登録を促進し，最低2週間の期日前投票期間や有権者登録のオンライン・サービスを義務づける「人民のために（For the People Act）」法案を提出した。しかし，議席数が拮抗し政党間の対立が先鋭化した連邦議会での法案通過の見通しは厳しく，1965年投票権法の事前審査対象地域を新たに定めるための法案にも共和党が賛同する見込みはない。

我ら打ち勝たん

　トランプの根拠なき「選挙不正」主張が加速させた投票抑圧の試みの背景には，投票権をめぐる長い闘いの歴史があった。1965年投票権法以降，保守派は粘り強く投票権運動の流れを押し戻そうと準備を重ねてきた。共和党は長年かけてゲリマンダリングを繰り返し，多くの州議会を支配下におさめた。その成果は，2020年国勢調査の結果を受けて各州で行われる連邦下院選挙区再編にも表れるだろう。しかし，参加を抑圧する手法の否定的な効果は，共和党自身にもブーメランとなって跳ね返ってくる可能性がある。

　共和党は，2020年国勢調査の質問項目に従来なかった「市民権の有無」を入れようとした。これには，ヒスパニック系コミュニティで非正規滞在の親族が摘発される不安から回答を控える人が多くなると，そうした地域の人口が過少に計上され，配分される連邦予算が減るという排外主義的な意図があったといわれるが，ぎりぎりで最高裁に阻止された。それでも，この試みが広く報道されたことでヒスパニック系住民が警戒し回答を控えたことが，下院3議席増が当初予想されていた保守の牙城テキサス州が2議席増にとどまった一因なのではないかと言われている。

　アメリカでは19世紀からずっと国勢調査のたびに，各州で優勢な政党が選挙区再編を操作して議席を確保してきたが，マイノリティの人口比が上昇し所得水準も上がって地理的に拡散して住むようになるにつれ，人種的ゲリマンダリングの効力も頭打ちになるかもしれない。政党政治から独立した中立的な第三者委員会に選挙区再編を任せる州も増えている。

　また，トランプや共和党が選挙不正を叫び続けた結果，支持者の間で選挙不

信が高まり，投票に行く人が減ったことが，2021年ジョージア州連邦上院選挙での共和党敗因のひとつとも言われている。共和党が投票を困難にすれば，共和党支持者の多い高齢者層や遠隔の過疎地に住む保守層も被害を受け，トランプが惹きつけた低学歴白人労働者層の投票率も下がるかもしれない。抑圧型のアプローチは，アメリカ民主主義全体を損ないかねない。

　そもそも，投票抑圧戦術の有効期限が重要な焦点となるような国が，先進的な民主主義といえるだろうか。宇宙開発よりずっと簡単な，全市民に写真つきIDを無料で発行し，有権者登録を自動化し，ただ公正に正確に選挙管理業務をこなすということが，なぜアメリカにはできないのか。すべての有権者に参加させたうえで実質的政策内容を競うことに，なぜ合意できないのか。「選挙不正」という古くて新しい犬笛政治に翻弄されるアメリカの姿は，少なくとも世界の民主主義のトップランナーといえるものではあるまい。テキサス州出身の保守政治家だったリンドン・ジョンソンは，1965年投票権法に署名したあとの演説で，「我ら打ち勝たん（We shall overcome）」と言って多くの人びとを驚かせた。公民権運動を象徴する歌のこの一節は，今も途上のアメリカの民主主義への道のりを照らし続けている。

庄司　香

注
(1)　アメリカ合衆国憲法（1788年成立）は，条文を追加する修正により建国以来230年以上の社会経済的変化に対応してきた。これまで1万本以上の修正案が出されたが，採択と批准のハードルが高く設定されているため，実現したのは27回のみである。
(2)　連邦議会下院や州議会両院の選挙区割り作業は，建国当初から州議会など党派的主体が担ったため，1810年代には特定勢力に有利な恣意的線引きを指すゲリマンダリングという造語が生まれた。
(3)　犬に聞こえて人間に聞こえない訓練用笛の音から転じて，政治家が人種に直接言及せずに特定有権者層の人種偏見を喚起する戦術を指す。例えば「法と秩序」は黒人による犯罪と治安悪化といった否定的なステレオタイプを呼び起こし，人種偏見をもつ有権者を動員する効果がある。
(4)　合衆国憲法は州に優越する連邦政府を打ち立てたが，連邦政府に各州の権限が吸い上げられることへの警戒心は，奴隷制を維持したい南部で特に強かった。20世紀を通じて現在まで，連邦政府主導のリベラル政策を嫌う保守州が州権論をもち出

すことが多い。

(5) 黒人を指す蔑称だった「ジム・クロウ」は，奴隷制廃止後に南部で広範に導入された黒人差別システムの総称となった。人種中立的な文言で実質的に黒人を標的にする公民権剥奪や人種隔離の法体系は，1964年公民権法と1965年選挙権法によって禁じられるまで続いた。

(6) アメリカでは，有権者が自発的に有権者登録をしないと選挙で投票できない。投票時に有権者登録を行える州も20州（2020年）あるが，選挙日の数週間から1カ月前に締め切る州が多い。この手続きが負担になり，特にマイノリティや貧困層の投票率を押し下げていると言われる。

(7) 2020年選挙では，開票過程序盤で赤く表示されても（共和党優勢），最終的に青く塗り替わる（民主党勝利）州が続出することが予想されていた。郵便投票が激増すれば当然の「赤い蜃気楼」現象だが，トランプはこれを不正によるものと主張し，支持者の不満を煽った。

────────── さらに考えるために ──────────

エイヴァ・デュヴァーネイ監督『グローリー／明日への行進』2014年
原題の Selma は，1965年投票権法実現を導いた歴史的行進のあったアラバマ州の地名であり，アメリカ人であれば誰もが公民権運動とその象徴的なリーダーとしてマーティン・ルーサー・キング・ジュニアを連想する。しかし，本作品は英雄色を排し，キングを苦悩するひとりの人間として描くことで，時代の空気を生々しく再現している。ジョンソン大統領の描写をめぐっては批判もあるが，全体にかなり史実に忠実だと評価されており，著作権管理が厳しいキングの数少ない伝記映画のひとつである。

リズ・ガルバス／リサ・コルテス監督『すべてをかけて──民主主義を守る戦い』2020年
2018年ジョージア州知事選挙に僅差で敗れた黒人女性民主党候補ステイシー・エイブラムスを語り部として，投票権をめぐる建国以来の闘いの歴史をたどるドキュメンタリー映画。現代の投票抑圧は，歴史的に繰り返されてきたことが姿を変えて立ち現れているに過ぎず，闘い続けなければ勝ち取ってきたものも失われかねないと訴える。2020年選挙前に公開されると全米で話題になり，民主主義の根幹が脅かされているという危機感を多くの有権者のなかに喚起した。

アリ・バーマン（秋元由紀訳）『投票権をわれらに──選挙制度をめぐるアメリカの新たな闘い』白水社，2020年
1960年代の公民権運動の結果，アメリカ社会はマイノリティの投票権を受け入れた

のか？　バーマンは，細かなエピソードの積み重ねにより，保守派が1965年投票権法成立直後から2014年まで一時も絶えることなく試みてきた抵抗と巻き返しの全貌を再現し，楽観的な幻想を打ち砕く。アメリカでは2015年に出版され，投票権法を押し戻さんとする保守派の半世紀にわたる闘いが今まさに結実しつつあると，2016年選挙に向けて警鐘を鳴らした書。

読書案内

Abrams, Stacey. *Our Time Is Now*. New York : Henry Holt and Company, 2020.

Alexander, Michelle. *The New Jim Crow : Mass Incarceration in the Age of Color-blindness*, New York : The New Press, 2010.

Anderson, Carol. *One Person, No Vote : How Voter Suppression is Destroying Our Democracy*. New York, Bloomsbury Publishing, 2018.

Bickerstaff, Steve. *Election Systems and Gerrymandering Worldwide*. New York : Springer. 2020.

Bowden, Mark and Matthew Teague. *The Steal : The Attempt to Overturn the 2020 Election and the People Who Stopped It*. New York : Atlantic Monthly Press. 2022.

Bunyasi, Tehama Lopez and Smith, Candis Watts. *Stay Woke : A People's Guide to Making All Black Lives Matter*. New York : New York University Press, 2019.

Daniels, Gilda R. *Uncounted : The Crisis of Voter Suppression in America*. New York, New York University Press, 2020.

ディアンジェロ，ロビン（貴堂嘉行監訳）『ホワイト・フラジリティ──私たちはなぜレイシズムに向き合えないのか？』明石書店，2021年。

Foley, Edward B. Ballot. *Battles : The History of Disputed Elections in the United States*. New York : Oxford University Press. 2016.

Grinspan, Jon. *The Age Of Acrimony : How Americans Fought to Fix Their Democracy, 1865-1915*. New York : Bloomsbury, 2021.

Hasen, Richard L. *Election Meltdown : Dirty Tricks, Distrust, and the Threat to American Democracy*. New Haven : Yale University Press. 2020.

Keyssar, Alexander. *The Right To Vote : The Contested History of Democracy in the United States*. New York : Basic Books, 2000.

Kwong, Peter and Miscevic, Dusanka. *Chinese America : The Untold Story of America's Oldest New Community*. New York : The New Press, 2005.

クルーグマン，ポール（三上義一訳）『格差はつくられた──保守派がアメリカを支配しつづけるための呆れた戦略』早川書房，2008年。

久保文明，21世紀政策研究所編『50州が動かすアメリカ政治』勁草書房，2021年。

McGann, Anthony J., Charles Anthony Smith, Michael Latner, and Alex Keena. *Ger-*

rymandering in America : The House of Representatives, the Supreme Court, and the Future of Popular Sovereignty. Cambridge : Cambridge University Press. 2016.

中村良隆「1965年投票権法による事前承認制度の合憲性――Shelby County v. Holder, 133 S. Ct. 2612(2013)」, 比較法学47巻3号326–335頁, 早稲田大学比較法研究所, 2014年。

Pepper, David. *Laboratories of Autocracy : A Wake-Up Call from Behind the Lines.* Cincinnati : St. Helena Press. 2021.

Ritter, Michael and Caroline J. Tolbert. *Accessible Elections : How the States Can Help Americans Vote.* New York : Oxford University Press. 2020.

Rothstein, Richard. *The Color Of Law : A Forgotten History of How Our Government Segregated America.* New York : Liveright Publishing Corporation, 2018.

Saad, Layla F. *Me And White Supremacy : How to Recognize Your Privilege, Combat Racism and Change the World.* Naperville : Sourcebooks, 2020.

Sabato, Larry J., Kondik, Kyle and Coleman, J. Miles eds., *A Return To Normalcy? : The 2020 Election That (Almost) Broke America.* Lanham : Rowman & Littlefield, 2021.

Stevens, Stuart. *It Was All a Lie : How the Republican Party Became Donald Trump.* New York : Alfred A. Knopf. 2020.

上杉忍『アメリカ黒人の歴史――奴隷貿易からオバマ大統領まで』中公新書, 2013年。

バーダマン, ジェームズ・M（水谷八也訳）『黒人差別とアメリカ公民権運動――名もなき人びとの戦いの記録』集英社新書, 2007年。

Wilkerson, Isabel. *Caste : The Origins of Our Discontents.* New York : Random House, 2020.

Williamson, Chilton. *American Suffrage : From Property to Democracy 1760–1860.* Princeton, Princeton University Press, 1960.

吉野孝・前嶋和弘編著『危機のアメリカ「選挙デモクラシー」――社会経済変化からトランプ現象へ』東信堂, 2020年。

第9章

演じる消費者

―消費・権力・マイノリティ―

19世紀半ばからアメリカの消費文化を支えてきたメイシーズ
（出所）松原宏之撮影

キーワード　消費文化　マイノリティ　アーミッシュ

アメリカ合衆国は，世界でもっとも豊かな国家のひとつとして君臨している。その豊かさを根底で支えてきたのがアメリカの消費文化だった。アメリカの消費文化は，一見消費と無関係に思われるマイノリティをも巻き込み，社会に巨大なうねりをもたらしてきた。多様な人種や民族，宗教的背景をもった人びとから構成されるアメリカ合衆国において，消費文化がどのような過程を経て発展してきたのか，また，アメリカ社会のマイノリティが消費文化とどのように関係してきたのだろうか。

19世紀後半に百貨店や通信販売事業が登場し，多くの人びとが工場で大量生産された製品を購入するようになったことで，アメリカにおける消費活動は日常的な風景となっていった。時代を経てショッピングモールやオンラインショッピングが発展すると，消費の形態はますます複雑化していった。「消費」が多くのアメリカ人の生活の欠かせない一部分になってから100年以上の時が経過したが，その間に，消費をつくり出す企業の姿も，また消費を実践する消費者も，時代とともに繰り返し変貌してきた。本章では，アメリカ合衆国における消費文化の発展，とりわけ，多様な人種や民族が構成する社会において，消費文化がマイノリティに与えた影響を見ていく。

1 顧客から消費者へ——アメリカ消費文化の黎明期

公共空間としての百貨店の登場

6番街と14丁目の角に大型施設 R. H. メーシーが開店し，ここ数日多くの人で賑わっている。あえて言う必要もないほどに，この有名店の店内は身動きが取れないほど混雑している。特に魅力的なのは，取り扱っている商品の幅広さだ。ほぼすべての衣類や家具が揃っており，かなり手頃な価格帯だ。女性の買い物は，すべてここで完結する。色々な種類の商品を求めたり，どれほど長時間を費やすことになったりしても，軽食を求めて，わざわざ店を出る必要もない。その目的をはたす売り場も完備されているからだ。

これは，1878年4月4日の『ニューヨーク・タイムズ』紙に掲載された，ア

メリカの百貨店**メーシーズ**⁽¹⁾についての紹介記事だ。19世紀半ばにパリをはじめとするヨーロッパの都市部で次々に百貨店が開店すると，その影響はアメリカ合衆国にも広がった。ニューヨーク市に開店した雑貨店を前身とする百貨店のR. H. メーシー（現在のメーシーズ）は，わずか11ドル6セントという1858年の開店初日の売り上げから，初年度に約8万5,000ドルの売上高を計上するまでに急速に成長した。R. H. メーシーの大型店舗がマンハッタンに開店すると，『ニューヨークタイムズ』紙はその様子を詳細に報道した。店舗の様子や規模に加え，豊富な洋服の色の組み合わせや洗練された装飾品の紹介など，購買意欲をそそるような説明が続く。また，同じ紙面には，R. H. メーシーだけではなく，ロード＆テイラーをはじめとする他の百貨店がさまざまな広告を掲載していたことから，ニューヨーク市民——特に女性たち——の間で，当時すでに消費活動が大きな関心事になっていたことがわかる。

　注目すべきは，これらの百貨店が，単に必要なものを購入するだけの空間ではなく，都市部の中産階級の人びとの好奇心を満たし，娯楽やくつろぎを提供する，最先端の展示空間だった，という点だ。百貨店は，最新の技術を取り入れた設備，魅力的な商品の陳列，さらにはくつろげる休憩室や読書室なども兼ね備えていたため，買い物だけではなく，百貨店に行くこと自体が目的となることもあった。

　さらに，百貨店の登場は，女性たちの行動パターンにも大きな変化をもたらした。百貨店が受容された背景には，女性が世間の目から非難されることなく，男性の付き添いなしに，安全に出かけることができる数少ない場所だったことがあげられる。買い物客の大多数を占めていた女性にとって，百貨店は擬似的な公共空間としての役割も担った。女性の領域が家庭に限定されていた時代に，百貨店は女性が主体的に活動できる場所と機会を提供したのである。

農村部の消費を支える通信販売事業

　この流れは，都市部だけにとどまらなかった。都市部における相次ぐ大型店舗の開店に加え，鉄道網の繁栄が後押しした通信販売事業の興隆によって，農村部でも消費の機会が広がっていった。南北戦争終結時には存在すらしなかった通信販売事業だったが，半世紀もたたないうちに数えきれないほどの会社が

設立された。

　その一例として，1872年にイリノイ州で創業したアメリカ初の通信販売事業モンゴメリー・ウォード社の歴史を見てみよう。モンゴメリー・ウォード社は163点の商品が掲載された1枚のカタログから始まった。創業者アーロン・モンゴメリー・ウォードが自身の名前を冠した同社は，瞬く間に成長し，1875年に発行されたカタログには，70ページ以上におよぶ布地，衣服，台所用品，食料品，工具といった日用品から，家具や馬車などの大型商品まで多岐にわたる製品が紹介されていた。巻末には，アイオワ州，イリノイ州，ネブラスカ州といった農村部に住む利用者から送られた感謝の手紙が掲載され，それらを読むと，同社の事業が多くの人びとに支持されていたことがわかる。「新しいカタログが出たら，この地域に送るのを忘れないで」「大変満足……さらに多くの注文を乞うご期待」「手数料を入れても，ここ〔地元の商店〕の値段の半額ほど」など，利用者の満足度の高さがうかがえる。簡素だったカタログは，次第に多くの製品をイラスト付きで掲載するようになり，消費者の購買意欲をさらに刺激したのではないだろうか。1895年発行の600ページ以上にもおよぶカタログは，「欲しいと思ったすべてのものがひとつのお店で購入できる便利さ」や「品質，デザイン，サイズのすべての希望を網羅している利点」「どこよりも安く購入できるという事実」を謳い，百貨店に行く代わりにカタログを通して，さまざまな商品が農村部に住む消費者の家庭にも届けられるようになった。

　モンゴメリー・ウォード社とともに「シカゴの巨人」と呼ばれたシアーズ・ローバック社も，豪華なカタログによる通信販売で多様な顧客層を取り込んだ企業として有名である。1895年に発行された同社のカタログは「私たちのカタログは，遠方に住んでいることを理由に買物することを考えたこともない，過疎地に住む人たちの手元に届いているかもしれません。遠すぎる場所に住んでいると思わないでください。アメリカ合衆国内で私たちの商品が売られていない場所はありません。私たちの商品は，すべての州の都市，町，村に，さらには地球上のほとんどの国に進出しているのです」と自負した。当時のシアーズ・ローバック社がグローバルに展開していたという宣伝の信憑性はともかくとして，消費市場が拡大していたことは間違いないだろう。このような通信販売事業のカタログは，農村部に住む人びとにとっては「地方の消費共同体の聖書」

と見なされ，百貨店のような大型店舗が近隣になくとも「消費の福音」は全国
へと広がっていった。通信販売事業から発展したシアーズ・ローバック社は，
1925年に実店舗も設け，1960年代には総合小売業界1位へと成長した。

　19世紀末から20世紀初頭にかけて登場した多くの百貨店，チェーン店，通信
販売事業は，個人経営店の常連客を取り込み，アメリカにおける消費文化の基
礎を築いていった。とりわけ都市部においては，移民の流入による人口の増加，
都市化が，市場の成長を促した。世帯規模の減少により家庭内や職人によって
細々と生産されていた生活用品は，工場で大量生産されるようになり，さまざ
まな新製品が店舗や通信販売カタログに陳列され，アメリカの家庭に入り込ん
でいった。新たな市場の登場により，地域社会に根付いていた顔なじみの職人
や商店主から日用品を入手していた「顧客」たちは，個人的なつながりの薄い
ネットワークで結ばれた「消費者」へと変容していった。もちろん，家庭内で
衣服を作ったり，野菜や乳製品等を物々交換したりといった，それまで日常的
に行われてきたことが，完全になくなったわけではない。20世紀初頭の多くの
農家の主婦は，近所の食料品店で卵と他の製品を物々交換することもあれば，
シアーズのカタログで買い物をすることもあった。しかし徐々に，地域，世代，
経済状況，家庭によって程度は異なるものの，消費は多くのアメリカ人——と
言っても，ある程度自由に使える収入がある限られた層ということになるが
——にとって日課となっていった。

2　多様化する消費の場
——ショッピングモールからオンラインショッピングまで

ショッピングモールの登場と衰退

　買い物をすることが日常的な風景の一部となっていた20世紀初頭には，現在
のショッピングセンターの前身にあたる商業施設も登場し，消費の形態はます
ます多様化していった。1907年にメリーランド州ボルティモアにつくられた
「ローランド・パーク」は，単一の会社が施設全体を管理し，統一感のある設
計の店舗が立ち並ぶ施設として，当時としては画期的だった。開店当初から，
馬車をつないでおくスペースも設けられ，遠方からも客が訪れたローランド・

パークは，その後のアメリカにおける小売業の発展の原型となった。1920年代に自家用車が普及しはじめ，都市の人口が分散するようになると，都市から離れた場所にショッピングセンターが登場するようになった。1923年にミズーリ州カンザスシティに初の屋外型ショッピングセンター「カントリー・クラブ・プラザ」が開店すると，郊外に類似する施設が増えていった。

　第二次世界大戦後に，多くのアメリカ人の生活圏が都市部から郊外へ移動した結果，駐車場が完備された大型ショッピングモールの需要が高まり，郊外に住む人びとのコミュニティの中心となっていった。現代の屋内型ショッピングモールは，建築家ヴィクトル・グルーエンが考案したと言われている。グルーエンは，ショッピングモールが単に消費だけを目的とするのではなく，郊外化によって衰退しつつあった都市部の繁華街に代わる公共の場となるような構想を抱いていた。窓がなく，外部から遮断された空間の中に，空調管理された，安全で理想的な繁華街を再現しようとしたのである。ヨーロッパの町の中心にある広場に着想を得た設計は，通路が交差するところに噴水や植物が置かれ，店先には（屋内なのに）雨よけが取り付けられたりするなど，古き良き繁華街を想起するようなさまざまな工夫がほどこされた。そうした環境の中で，モールにやってきた消費者たちは，さまざまな店舗にディスプレイされた商品に心を踊らせたのだ。

　このような大型ショッピングモールの様子は，ディズニーランドやユニバーサル・スタジオのようなアミューズメント・パークを連想させるかもしれない。実際に，ショッピングモールは，人工的な街のなかで，人びとが交通の流れを気にすることなく散歩をしたり，アミューズメント・パークと同様に枯れることのない鉢植えの自然を鑑賞したりしながら，刺激的であると同時に安全な消費の空間を提供していた。1960年代から1980年代にかけて州間高速道路が急速に発達すると，郊外の住宅開発が進み，幹線道路沿いにショッピングモールが林立した。1962年には5,000ヵ所ほどだったショッピングモールは，1980年までには4倍の2万2,000ヵ所以上に増加し，特に郊外に住む多くのアメリカ人が日常的に訪れる場所となっていった。

オンラインショッピングの登場

　これほどまでに20世紀後半のアメリカ社会に浸透していったショッピング
モールは，20世紀末から徐々に集客力を失っていった。2009年には全米最大手
のショッピングモール管理会社であるゼネラル・グロース・プロパティーズ
（GGS）が約270億ドルの負債を抱えて破産申請をし，全米最大の不動産事業の
倒産として注目を集めた。もちろん現在でも，幹線道路沿いには必ずと言って
いいほど，屋内型ショッピングモールがあるが，その衰退は否めない。近年は，
ウォルマートやターゲットなどの郊外型大型量販店や，日本でもよく知られて
いる**コストコ**(2)などの会員制倉庫型店舗の成長，さらにはオンラインショッピン
グの発展によって，21世紀のアメリカの消費文化は大きな変化を迎えていると
言えるだろう。

　20世紀の消費文化を支えた百貨店や大型ショッピングモールに代わって，21
世紀に急成長を遂げたのがオンラインショッピングである。インターネットが
一般家庭にも普及し始めた1995年7月には，早くもオンライン書店のアマゾン
が開店し，1998年には書籍以外の販売も開始した。アマゾンは，数多ある E
コマース（EC）企業のなかでももっとも成功した企業であり，2011年には時価
総額1,000億ドルを突破し，2017年にはオーガニック食品の小売業でアッパー
ミドルクラスの支持を集めていたホールフーズ社を買収，生鮮食品業界にも本
格参入した。

　アマゾンがビジネスを展開するにあたって採用した手法は，大筋ではかつて
のメーシーズやモンゴメリー・ウォード，グルーエンが採用した手法と同様の
もの——膨大な種類の商品を並べ，安心・安全に消費活動を行える環境を提供
することで，潜在的な消費者を発掘する——だった。その思想は，2000年にア
マゾンが採用したロゴ（amazon という文字列の下に A から Z へ伸びる矢印が描か
れ，その矢印の弧が笑顔に見える）や，2005年に開始されたアマゾン・プライム
というサービス（年間79ドルの会員費を払うことで離島を除くアメリカ全土に2日以
内での無料配達を実施）などに体現されている。

　オンラインショッピングの普及は，単にアメリカの消費者が商品を購入する
場所を変えたというだけではなく，アメリカ社会の消費行動にも大きな変化を
もたらし，さらには新たな習慣を構築した。その一例が，「サイバー・マンデー」

というオンラインで行われるセールである。従来，アメリカ合衆国の小売店では，11月第4木曜日に「ブラック・フライデー」と呼ばれる大規模なセールが行われていた。これは感謝祭とクリスマスに挟まれる消費の空白期にセールを行うことで，小売店に消費者を呼び込むために行われるようになった消費の祭典であり，ウォルマートを始めとするアメリカ小売大手では，第4木曜日の午前0時になると同時に店舗に殺到する客がニュースになるほどである。オンラインショッピングが普及した2000年代中頃からは，このブラック・フライデー後に一時的に消費が停滞することを嫌ったオンラインストアが，さらなる消費を喚起するために，木曜日から翌週月曜日まで大々的にセールを行うようになり，これがサイバー・マンデーと呼ばれるようになった。20世紀のアメリカでは，クリスマスや感謝祭などの祝日や宗教行事が消費の目的として機能してきたが，サイバー・マンデーは，オンラインショッピングが新たな消費の場を創出した事例として，注目に値する。

　オンラインショッピングでは，インターネットに接続さえできれば，いつでも，どこでも，価格の比較をしながら，効率的に買い物をすることができる。同時に，実店舗が顧客に提供する親密な関係性が失われているという批判もある。個人主義を後押しした消費主義の発展により，百貨店や大型ショッピングモールでは，消費を通して擬似的なコミュニティが形成されていた。しかし，オンライン市場の発展にともない，そのコミュニティですらサイバー空間へと吸い込まれていった。

3　消費文化に利用される／利用するマイノリティ
——マイノリティ市場の形成

人種主義を利用した19世紀の美容文化

　アメリカ合衆国で化粧品売り場を訪れると，ファンデーションの色の選択肢の多さに驚くかもしれない。明るい色から，中間色，濃い色まで，50色以上もの製品を販売している化粧品メーカーもある。同じメーカーのファンデーションが日本でも販売される場合，色のバリエーションは数色にとどまっている。化粧品ひとつを取っても，アメリカ合衆国における人種や民族の多様性が体現

されていると言える。

　しかし，人種や民族がもつ個性を尊重した製品が最初から存在していたわけではない。アメリカ消費文化にマイノリティの声を反映させ，またアメリカ社会がマイノリティを消費者につくり変える過程では，さまざまな駆け引きが行われた。本節では，特にアフリカ系アメリカ人女性の消費者を対象とし発展した美容産業を例に，マイノリティと消費の関係を詳しく見ていく。

　アメリカにおける美容産業は，美容室，ドラッグストア，百貨店，化粧品会社，香水製造業者，通信販売事業，女性向け雑誌など，世紀転換期に登場したさまざまな事業と密接に関係しながら発展した。人種主義が現代以上に深刻だった時代に，差別は美的領域にも及んでいた。つまり，白人こそが美の基準であり，他の人種はどれほど白人に近くなるかで美醜を判断される，今日で言うホワイト・ウォッシングの問題が，19世紀から美容業界に浸透していたのだ。1850年代までには，アフリカ系アメリカ人の女性が肌の色を明るく見せるパウダーや美白化粧品を使っていたことが確認されている。

　アフリカ系アメリカ人の女性にとって，白人を基準として商品化された美的価値観は，単なる美醜の問題を超えていた。それは社会的な関心でもあり，当初から政治的な問題も孕んでいた。化粧をするという日常的な行為においても，鏡で自分の姿を見るたびに，白人至上主義の現実や白人が規定する美的価値観への迎合といった問題と日々向き合わなくてはいけなかったからだ。肌の色合いや髪質によって，就職，結婚，社会生活の機会が左右され，明るい肌の色やまっすぐな髪をもつ女性は有利な立場にあったため，19世紀末の肌用の脱色剤の取り扱い業者は，このような偏見を不当に利用して，アフリカ系アメリカ人の消費者に対して粗悪な商品を販売することもあった。

黒人向け美容市場の登場

　化粧品産業が人種主義を露呈したのに対して，マイノリティ向けの商品開発の萌芽も見られた。一部の化粧品事業者は，アフリカ系アメリカ人の市場に商機を見出し，髪の毛を伸ばすヘアアイロンの特許を取ったり，髪の毛用のオイルや肌の色を整えるクリームを販売したりするようになった。1900年ごろに，アフリカ系アメリカ人の男性実業家が褐色系のフェイス・パウダーを販売する

と，他社も後を追うようにして，アフリカ系アメリカ人向けに濃い色のパウダーを販売するようになった。このように，主流アメリカ社会における美容産業の発展にともない，マイノリティに特化した市場が形成されるようになっていった。

　さらに，美容産業は，社会的マイノリティであった女性が富や成功を収めることができた数少ない産業でもあり，移民やアフリカ系アメリカ人の女性事業家も現れた。そのうちの一人であるマダム・C・J・ウォーカーは，元奴隷の両親の元に生まれたという境遇にも関わらず，20世紀初頭に黒人向けのヘアケア製品を販売したことをきっかけに，成功を収めた。奴隷解放宣言後も，大多数のアフリカ系アメリカ人の女性が農業，家事，洗濯など，奴隷制があった頃と同じような職業にしかつくことができなかった時代に，ウォーカーは「私たちの人種」に製品を届けただけではなく，雇用の機会も提供した。それだけでなく，多くのアフリカ系アメリカ人の女性が白人の監視下から独立した環境で働くことを切望していた時代に，ウォーカーは，彼女たちのそのような感情に訴えて，自社の製品や仕事のイメージ戦略を展開した。例えば，ウォーカーの功績を紹介したパンフレットは，彼女の美容事業に対する考えを次のように紹介している。

　　教会や娯楽へ出かけるときなど，歩いているときに，周りの人に注目してみなさい。無意識のうちに，感じがよく，魅力的な人を選んでいるでしょう。そして，その過程で，あなたは外見に大きく左右されているのです。成功を収めるための戦いの半分は，成功していると見せることです。あとの半分は，健康や決意，能力次第なのです。(中略) マダム・C・J・ウォーカーは，私たちの人種を向上させるために身を捧げました。そして，高品質な製品を提供し，適正な価格での取引をすることで，高い評価を得たのです。

　ここで注目したいのは，ウォーカーのビジネス戦略が黒人の人種的アイデンティティと結びついていること，また，商品開発を通じてそのアイデンティティを強化していることだ。黒人が誇りを獲得し，社会に進出することを使命としていたウォーカーは，「黒人の髪を健康に回復させる」と製品に表示して，黒

人女性を消費者として搾取する白人事業者とは距離を置いた。

　実際には，ウォーカーをはじめとするアフリカ系アメリカ人の実業家が発明した製品と白人事業者が生産した製品には，特別な成分上の違いが存在したわけではなかった。むしろ，ウォーカーが提供した製品は，髪の毛を手早くまっすぐにして，まとめることができる「ワンダー・ポマード」や，黒ずんだり，黄ばんだりした肌のシミを取り除く「スキン・ブライトナー」など，白人の美的価値観を内在化したものだった。

　それでも，白人事業者が白人らしさを真似することを黒人女性に促した製品か，類似した製品でも黒人女性実業家が自らの人種に対する尊厳に訴えかけた製品を選ぶか，という選択肢が黒人女性に与えられたことは，マイノリティの消費文化にとって重要な一歩であった。この時期を境にして，多くの黒人女性が美容製品を購入するようになった。人種に誇りをもった製品であることを消費者に信じさせることで，競争が激しい美容産業において頭角を現したウォーカーは，マイノリティのエンパワーメントをもたらした先駆けとも言えるかもしれない。

消費市場における公民権運動の波及

　アフリカ系アメリカ人女性を対象とした市場が形成されたことで，白人優越主義にもとづいた美的価値観が主流の社会で，限定的ながらも，マイノリティによる消費を通じた自己表現が可能となった。このことは，白人事業者が黒人の消費者を搾取していたのと同様に，黒人事業者もまた，自らの人種を消費者として取り込んだことを意味する。主流アメリカ社会の大量消費文化と伴走するように，マイノリティ向けの市場が拡大したことで，彼／彼女らもまた，消費文化の重要な担い手となっていった。

　第二次世界大戦後には，アフリカ系アメリカ人による日用品の消費が急増し，次世代のアフリカ系アメリカ人の事業家が，成長する美容業界市場に参入するようになった。1945年に黒人向けの総合情報雑誌『エボニー⁽³⁾』が創刊されたことで，美容への関心はさらに高まっていった。1960年代に公民権運動が台頭したことで，アフリカ系アメリカ人の美的感覚はいっそう大きく変化した。以前のように縮毛矯正をするのではなく，自然な髪型を保つことで，黒人の真正性

や連帯を訴える人びとも登場した。依然として,縮毛矯正剤や美白化粧品が大々的に宣伝されていたものの,次第に肌の色が明るい金髪の黒人女性ばかりがモデルになっていたことに対する批判の声もあがるようになった。

政治活動家たちが使用していた「ブラック・イズ・ビューティフル」というスローガンが社会に浸透すると,化粧品やファッションの分野では,このスローガンがヨーロッパ中心主義からの脱却とアフリカ的価値観や黒人規範を表す標語として受け入れられていった。特に重要な変化は,白人が理想とする美的価値観の対極に位置する漆黒色の肌や縮毛を生かしたアフロヘアが賞賛されるようになったことだった。1960年代末にアフリカ系アメリカ人女性たちが美の基準を再定義したことは,美容産業が黒人女性との関わりを深めるうえで,重要な鍵となった。

公民権運動は,アフリカ系以外のマイノリティ・グループの消費活動にも影響を与えた。それまで社会的に抑圧されていたアメリカ先住民やアジア系アメリカ人も,公民権運動をきっかけに,自らのアイデンティを再確認するようになった。同様に,19世紀末から20世紀初頭にかけて南欧や東欧から移民してきた先祖をもつ白人たちも,先祖が差別を受けてきたことを背景に,消費を通じて自らの民族に対する誇りを取り戻そうとした。

アフリカ系以外のマイノリティたちも,民族運動の高まりとともに,徐々に消費文化の波に飲み込まれるようになった。初期の移民たちは,アメリカ社会に同化しようとしつつも,祖国からもってきた日用品などを受け継いだり,家庭で祖国の料理を食べたりすることで,日々の生活の中で民族的アイデンティティを維持・獲得しようとしていた。しかし世代が変わり,アメリカ社会への同化が進むと,日常生活で自らのルーツを確認する機会は減っていった。そのため,近年では自分のルーツを体現する(ように感じられる)製品や食文化が再び注目を集めるようになり,新しい世代に対して新たな市場が形成されていった。

以上のように,20世紀を通じて,自らの人種に誇りを抱いたり,民族的アイデンティを再確認したりする手段として,マイノリティはさまざまなかたちで消費をとりこんできた。それに伴い,さまざまな人種や民族を対象とした市場が形成され,消費文化はさらに規模を広げていった。大量消費主義社会におい

て，マイノリティのアイデンティティは，もはや民族や出身国などの閉じられ
たコミュニティのみが共有できる経験によって形成されるものではなくなった。
自らの人種や民族を体現するような製品やサービスを消費することで，主流消
費社会との関係を結ぶことが，自らのアイデンティを再確認することにつなが
るのだ。

4　消費文化とマイノリティの駆け引き

「ファッション化」されるマイノリティ文化

　多民族国家であるアメリカ合衆国において，マイノリティたちが消費を通じ
て自己表現を実現し，また，社会に変革を促してきたことは否定できない。消
費文化を利用しながら，自らのアイデンティティの尊厳を獲得してきたマイノ
リティにとって，消費主義の功罪を単純に判断することは難しいだろう。しか
し，マイノリティの購買力が上昇し，マイノリティをターゲットにする市場が
成熟した結果，商品化されたマイノリティ文化が論争を呼ぶことも多くなって
きたことも事実である。

　消費文化とマイノリティの軋轢が最も顕著に現れたのが，2010年代に大きな
社会問題として注目を集めた「文化盗用」である。文化盗用とは，企業（往々
にして，白人が経営する欧米の大企業）が，民族的マイノリティの伝統的な服装
や儀式に用いる化粧をイベント用のコスチュームにしたり，剽窃したりするこ
とで，マイノリティの文化を侵害し，主流文化の消費財に変換してしまう現象
を指す言葉である。かつては一方的に文化を略奪されるままになっていたマイ
ノリティたちが，2010年代のSNSの普及によって反発の声を上げることがで
きるようになった結果，さまざまな文化盗用の事例が社会問題として表面化す
るようになった。

　消費文化における文化盗用の代表例が，アメリカの大手下着メーカーのビク
トリアズ・シークレットのファッションショーである。ビクトリアズ・シーク
レットは，同社が契約する「エンジェル」と呼ばれるモデルたちによる大規模な
ファッション・ショーを毎年開催してきた。年ごとに異なるテーマに沿った派
手な演出を行うこのショーでは，その演出に文化盗用的な要素が多分に含まれ

るとして，毎年のようにSNS上で批判を受けてきた。例えば，2012年のショーでは下着姿の白人モデルが，アメリカ先住民文化を体現する羽の頭飾りをまとって登場したことで批判を浴び，同衣装をまとったモデルの映像はプロモーション動画から削除された。また，2017年に「ノマディック・アドベンチャー」というテーマを掲げた際にも，「アフリカの原住民文化にインスパイアされた」色華やかな羽飾りを身にまとったモデルが多数出演して問題になった。

ビクトリアズ・シークレットは，2012年以降も再びアメリカ先住民の羽の頭飾りや宝飾品を身につけたモデルを登用するなどして，さらなる批判を受けていた。その後，ブランドのアンバサダーである「エンジェル」が多様性を欠いているという理由で，ビクトリアズ・シークレットは2021年6月に「エンジェル」を引退させ，新たに多様なモデルで構成される「VS・コレクティヴ」を発表した。このように，多様な文化（あるいは，それを模したもの）が簡単に手に入ることで，民族的アイデンティティが軽視され，主流文化の消費財に変換されるという一面がある。

一方で，主流アメリカ社会によって商品化される過程に抵抗するのではなく，自らその過程を受け入れ，さらには，消費文化に積極的に参加しているマイノリティもいる。その例として，日本ではあまり知られていないキリスト教徒の一派のアーミッシュとその文化の商品化について見ていく。

マイノリティとしてのアーミッシュ

アーミッシュ[4]は主に白人で構成されるキリスト教徒の一派である。18世紀に宗教の自由を求めて，ヨーロッパからアメリカへ逃れてきたアーミッシュは，聖書にもとづいた生活様式を厳格に維持しながら，独特の文化を形成してきた。

アーミッシュは自分たちのコミュニティを世俗（消費と文明に支えられたアメリカの主流社会）からは分離していると捉えている。主流社会に対する否定的な考えは，ペンシルバニア・ダッチと呼ばれるドイツ語の方言を第一言語とすること，馬車を移動手段とすること，電線から供給される電力やガスを使用しないこと，教会で定められたデザインの無地の衣服を身につけることにも，はっきりと示されている。教義を徹底するためにアーミッシュは，世俗的な誘惑の多い都市部からは距離をおき，農村部で生活をしている。これらの生活習慣の

ゆえに，産業化や都市化が急進した20世紀初頭以降，アーミッシュはしばしば主流アメリカ社会からは切り離された「他者」として捉えられてきた。同時に，視覚的にも明らかなアーミッシュの「異質さ」のゆえに，「現代アメリカ社会が失ってしまった理想的な過去を実践するアーミッシュ」というロマンチックなイメージも構築されてきた。

　アーミッシュに対する好奇の視線は，次第に知的好奇心を満たすためにアーミッシュを商品化し，消費文化のなかにとりこんでいった。その結果，アーミッシュの居住地域は徐々に観光地化が進み，アメリカ社会の市場経済に捉えられていった。その一方で，魅力的な「商品」として存在し続けるために，アーミッシュは主流社会によってその「前近代性」がことさらに強調され，理想化されてきた。

　したがって，彼／彼女らは外部から完全に孤立した社会を形成し，自給自足の生活を送っているわけではなく，消費を通じて主流社会と密接に関わっている。農業を営むアーミッシュは生産物を一般市場へ出荷するし，食品や雑貨店を中心とした小売業，建設業や観光業など，非アーミッシュを顧客とする産業に従事する人びとも多くいる。生活様式のさまざまな点でアメリカ主流社会とは縁遠い存在であるはずのアーミッシュは，そのイメージとは裏腹に，実は消費文化ときわめて近い場所で生活してきたのだ。

消費されるアーミッシュ

　アメリカ社会におけるアーミッシュ文化の商品化は，20世紀初頭にはすでに始まっていた。さまざまな色やデザインの衣服が消費市場に溢れるようになった時代に，教会が定めた制服のような無地の衣服を身に纏うアーミッシュは珍しく映ったのだろう。さらに第二次世界大戦後，自動車の所有率が上昇し，幹線道路の整備が進むと，農村部にあるアーミッシュの居住地域へのアクセスがよくなり，アーミッシュ居住地区の観光地化が進んだ。

　アーミッシュのコミュニティを訪れる観光客は，「本物」のアーミッシュの文化を体験することや，「正しい」アーミッシュの生活の再現を求めると同時に，アーミッシュの生活領域に介入していった。特にニューヨークやワシントンDCといった大都市からアクセスのよいペンシルバニア州ランカスターの

アーミッシュは，観光産業の注目を集め，多様な観光客の要望に応えるために，乗合バスに乗ってアーミッシュの家庭や家具屋に立ち寄るガイドツアーから，観光客自身が地図を片手にコミュニティを回る散策ツアーまで，さまざまな形態の観光体験の機会を提供するようになった。

　アーミッシュ・コミュニティにおける観光産業の萌芽期から現在まで共通しているのは，質素な生活に対する消費者の欲望を喚起しているということだ。観光客は，アーミッシュの質素な生活様式とは対極にある最新の設備を備えた宿泊施設に滞在し，快適な休暇を過ごすという矛盾を抱えつつ，幹線道路沿いにある観光客向けのレストランで伝統的な食事をしたり，「アーミッシュらしい」人形やポストカード，手描きのペイントが施された食器，食料品など，さまざまな土産品を購入し，有形のモノを持ち帰るのだ。

自らを他者化する／されるアーミッシュ

　アーミッシュ・コミュニティにおける観光産業が発展していくと，アーミッシュ自身も観光産業に携わるようになっていった。特にアーミッシュが作るキルト（ベッドカバー）は，1970年代以降，アーミッシュの伝統的な価値観を体現する工芸品として人気になった。生活用品だったキルトは，他の土産物と同様に，アーミッシュ文化として商品化され，消費されていった。さらには，絶え間なく訪れる観光客の要望に応えるため，多くのアーミッシュの女性が，主流アメリカ社会の流行を取り入れた観光客向けのデザインを取り入れたキルトを製作するようになっていった。

　このように，観光産業に携わるアーミッシュは，観光客が求めるアーミッシュ文化の生産者となったのだ。現在でも，多くの観光客が，観光の中心地にあるキルト店や，アーミッシュが自宅で経営する小規模のキルトの店を訪れる。「キルトを購入する」という口実でアーミッシュの生活圏内に足を踏み入れ，アーミッシュの店主と話すことで，多くの観光客が無意識のうちにアーミッシュを自らの欲望の投影対象に変え，彼／彼女らの文化を積極的に消費した。

消費が形成する宗教アイデンティティ

　無地の衣服，電気の不使用，馬車に象徴されるアーミッシュの生活から，積

極的な消費者という姿は想像しがたいだろう。しかし実際には，アーミッシュは19世紀からまったく変わらない生活を続けているわけではなく，また，コミュニティの秩序を優先するがために，個人主義を犠牲にしているわけでもない。現代社会におけるアーミッシュの消費行動を観察してみると，自らの宗教的生活を維持するために，逆説的ではあるが巧妙に消費文化を受け入れている実態が見えてくる。

　例えば，アーミッシュは主流アメリカ社会から物理的に隔離された地域だけに居住しているわけではない。全米でも最大のアーミッシュの居住地区のひとつであるペンシルバニア州ランカスター郡には，コストコやウォルマートなどのショッピングモールや大型スーパーマーケット，観光客も多く訪れるアウトレットモールがあり，それらは近隣に住む多くのアーミッシュの生活にも欠かせない存在となっている。アメリカの消費主義を象徴する巨大グローバル企業の存在がアーミッシュの宗教アイデンティを形成する一助となっているのだが，それはどのような仕組みになっているのだろうか。また，敬虔なキリスト教徒であるアーミッシュは，消費文化とどのように折り合いをつけながら，聖書にもとづいた生活を実践しているのだろうか。

消費者としてのアーミッシュ

　コミュニティの連帯を重んじるアーミッシュ社会にとって，消費文化は個人主義を助長する脅威となりうるため，一般的にアーミッシュ社会に消費文化は存在しないと考えられてきた。しかし，安息日である日曜日を除けば，ランカスター郡の主要幹線通り沿いにある大型スーパーマーケットやアウトレットで，アーミッシュの姿を見ない日はない。カートを押しながら急いで買い物をする姿や，馬車に大量に買い込んだ商品を詰め込む様子は，日常的な風景だ。コストコには，一般客向けの広大な駐車場の脇に，アーミッシュが馬車を停められるように馬車用の「駐車場」が整備されている。

　1996年にコストコが開店すると，ランカスター郡に住む多くのアーミッシュの女性たちが，食品，日用品，衣類，誕生日やキリスト教の祝日などの特別な日のための贈り物などを求めて，買い物へ向かうようになった。主流社会に生きる人びとにとっては消費文化の象徴であるはずのコストコを，アーミッシュ

も好意的に受け入れたのだ。

　ここで，筆者がフィールドワーク中に，あるアーミッシュの女性の買い物に
同行したときの様子を紹介しよう。5人の子どもの母親である彼女にとって，
コストコ1回分の買い物は，家の近くにあるアーミッシュが経営する食料品店
へ馬車で何十分も時間をかけて行くよりも，はるかに効率的で経済的だった。
コストコに到着すると，彼女は慣れたように会員証を提示し，入店するとすぐ
にカートを手に取り，まっすぐ目的の売り場へと向かう。まず手に取ったのは
Ａ4の乾電池である。さらに，アーミッシュの毎日の食生活に欠かせない新鮮
な野菜，バターやサワークリームなどの乳製品，パンなどに加え，冬に向けて
瓶詰めを作るため食材を次々と選ぶ。近隣の食料品店では手に入りにくいパイ
ナップル，冷凍のシーフード，オーガニックのアガベシロップなどもカートに
追加し，2台のカート分の日用品や食料品を現金で購入した。これらの商品は，
聖書に基づいた質素な生活を実践するアーミッシュを想像させるだろうか？

　実は，コストコで販売されているような大量生産されている製品は，アーミッ
シュの生活様式を脅かすものではない。むしろ，乾電池は，電線からの電源が
供給されていないアーミッシュの家庭では必需品である。懐中電灯，電気かみ
そり，電卓や電池で動くおもちゃなど，実際にはさまざまな家電製品が使われ
ているからだ。多くのアーミッシュの家庭では，ＬＥＤ電球を使った懐中電灯
が，古いアメリカ映画に出てくるようなオイルランプと併用されている。観光
客にも人気の「ペンシルバニア・ダッチ料理」と呼ばれるアーミッシュを代表
する料理は，乳製品を大量に使用する。コストコで安価で購入できる乳製品は，
大家族のアーミッシュにとっては大きな節約になる。このように，質素・倹約
という伝統的な生活様式を支えているという理由で，アーミッシュはコストコ
での消費活動に勤しんでいるのだ。

　消費主義が社会を覆い尽くす現代アメリカ社会において，消費文化と完全に
たもとを分かちつつ，19世紀以前の伝統的な生活を実践するというのは，並大
抵の努力ではない。アーミッシュは，部分的に消費文化を受け入れ，生活のあ
る部分では自らを観光の対象として展示し，また別のある部分では教義に逆ら
わない範囲で，聖書に書かれた生活を維持するのに都合の良いテクノロジーは
受け入れる。このように，選択的，かつ戦略的に消費を実践することで，聖書

にもとづいた生活様式と消費文化の両立を主体的に獲得しているのである。

　アーミッシュのショッピングの事例に見られるように，消費文化は，マイノリティに対して，主流アメリカ社会との交渉を促し，アイデンティティを強化し，再構築する媒体となっている。消費文化に注目する限り，主流文化とマイノリティという二項対立的な社会の見方はもはや有効ではない。消費文化はマイノリティの文化を商品に変換し，マイノリティは消費文化を通じてアイデンティティを獲得し，マイノリティとしての生活を補強する。重層的な相互依存関係を結びながら，消費文化とマイノリティは互いを再生産し続けている。

大量消費文化の先に

　本章では，アメリカにおける消費文化の変遷を商品を「提供する側」と「消費する側」の双方から考察した。19世紀後半から20世紀初頭に登場した百貨店や通信販売業，20世紀後半に登場したショッピングモール，21世紀のオンラインショッピングと，それぞれの時代に中心的な役割を果たした業態は異なるものの，消費市場に参画してきた事業には，一貫して見られる特徴がある。それは，常に店舗を拡大し，膨大な商品を陳列し，店舗のウィンドウを魅力的に飾り立て消費者層を拡大し続けることで，大量消費社会を築いてきたということだ。百貨店のウィンドウでも，通信販売のカタログでも，オンラインショッピングのウェブサイトでも，その本質は変わらない。また，消費者に目を向けてみると，アメリカ社会においては「消費者」という言葉が，時代や社会状況によって，異なる役割をもつことが見えてくる。なぜなら，消費者の分析を通じて，居住地域，人種，エスニシティ，ジェンダー，セクシュアリティ，宗教など，さまざまな背景をもつ人びとが，大量消費社会の中でどのように扱われてきたか，という変化が明らかになるからだ。

　このような歴史的状況をふまえ，マイノリティ市場の形成の歴史を振り返ると，マイノリティが消費主義に不当に利用されながらも，自らのアイデンティティに対するエンパワーメントの手段として，積極的に消費市場に進出していったことが明らかである。とりわけアメリカの美容産業においては，アフリカ系アメリカ人の女性が事業家や消費者として戦略的に社会と共存の道を探り，19世紀末以降，マイノリティに特化した市場の形成に貢献してきた。1960年代

に興隆した公民権運動は，消費を通してマイノリティが自らのアイデンティティを再確認する機会を得たことで，消費市場にも多大な影響を与えた。このように，マイノリティが消費文化で存在感を拡大していった一方で，21世紀になるとマイノリティ文化の商品化や文化盗用が社会問題として注目されるようにもなった。

さらに，マイノリティと消費文化の複雑な関係性の事例として，保守派キリスト教徒であるアーミッシュの消費活動も見てきた。アメリカ主流社会とは距離をおいた生活を営むとされているアーミッシュ社会にも，消費文化は深く入り込んでいる。ただし，これは消費文化がアーミッシュを吸収したという一方的な関係ではなく，アーミッシュが消費文化を利用して，逆説的に自らの信仰生活を強化していたことにも注目するべきだ。消費文化は，単なる購買活動ではなく，人びとのアイデンティティに影響を与えると同時に，アイデンティティ構築の手段にもなりうる，相互作用的で複合的なプロセスなのだ。

21世紀に入ってからは，消費文化が構造的に抱えるさまざまな問題を克服しようという動きも出てきた。とりわけ，消費文化がマイノリティの切実な訴えの声を商品化することで消費に還元してしまうという問題や，企業の拡大過程において，アメリカ国内のマイノリティのみならず，途上国の人びとを安価な労働力として使い捨ててきたという問題，さらには消費活動の地球温暖化への悪影響などが，世界的な問題として指摘されている。

近年は，物質的な充足が個人の生活だけでなく，共同体のアイデンティティをも構成しうるという消費文化の強力な影響力に対して，そこから抜け出そうとする動きも登場している。代表的なものに，ポスト消費主義と呼ばれる，物質消費に依存しない他者との関係構築を目指す，思想的な運動が存在する。また，従来消費文化の中核を担ってきたファッション業界からも，サステナビリティやフェアトレード，リサイクラビリティを企業戦略の中核におくブランドや企業が登場している。

これらの動向が，従来の大量消費文化とは異なる新たな消費の姿を生み出すのか，それとも「ポスト消費主義」という名目のもとにさらなる大量消費を促すことに終わるのか，現時点では不明である。環境破壊や貧困国での労働者搾取が大きな社会問題として注目されるようになった現代，消費文化が今後どの

ような方向に進むか，注目するべきであろう。

野村奈央

　注

(1)　全米に500以上の店舗を展開する小売業者であり，現在でも最大手のひとつである。1920年代以降，毎年11月第4木曜日の感謝祭の日に開催される盛大なパレードを主催することで知られている。巨大バルーンや山車がマンハッタンを練り歩き，地元住人だけではなく，観光客も楽しむイベントとなっており，ニューヨーク州マンハッタンの旗艦店はパレードの終着点となっている。アメリカにおける伝統的儀礼の商業化を推進した例としても，メーシーズが消費文化に与えた影響は大きい。

(2)　日本でも知られている会員制倉庫型店舗を展開するアメリカ発の小売業である。創業当初は中小企業を顧客としていたが，1980年代に一般顧客を対象とした倉庫型店舗をシアトルに開店すると，瞬く間に業界トップにのぼりつめた。2021年5月時点で，8カ国に1億人以上の会員を有し，64億ドル以上の売り上げを記録している。

(3)　ジム・クロウ法を背景として，アフリカ系アメリカ人の文化や政治の現実を発信することを目的として1945年に創刊された雑誌である。以来，ハリウッドの映画スターの生活から公民権運動まで，アフリカ系アメリカ人の日常にとって重要な瞬間を記録してきた。現在は，デジタル版の紙面も充実しており，アメリカ初の黒人女性副大統領のカマラ・ハリス氏やブラック・ライヴズ・マター運動など現代のアメリカ社会を理解する上に重要な社会問題についても多数取り上げている。

(4)　アメリカ合衆国とカナダを中心にコミュニティを形成しているキリスト教の一派である。アメリカ合衆国のキリスト教徒の人口は減少傾向にあるが，アーミッシュの人口は20年ごとに倍増するとの統計があり，現在は約35万人いる。アーミッシュは一般的には連邦政府の選挙には参加しないが，2020年の大統領選挙では，トランプの再選を支持する保守派が，アーミッシュの票を開拓するべくアーミッシュ PAC という団体を設立し，支持を得ようと奔走した。

───────────── さらに考えるために ─────────────

マシュー・ミーレー監督『ニューヨーク・バーグドルフ　魔法のデパート』2013年
1899年にニューヨーク州マンハッタン5番街に創業した老舗高級百貨店のバーグドルフ・グッドマンを描いたドキュメンタリー作品。世界的に活躍するデザイナーや，顧客である著名人，舞台裏を支える従業員らが，インタビューに応じている。アメリカにおける消費文化の発展の一端を担った歴史ある百貨店が現在まで存続している魅力を知ることができる。

ピーター・ウィアー監督『刑事ジョン・ブック　目撃者』1985年
殺人事件の捜査の過程でアーミッシュの家庭に身を寄せることになった刑事とアー

ミッシュの未亡人を描いたサスペンス・ロマンス映画で，ペンシルバニア州ランカスター郡のアーミッシュ・コミュニティが舞台となっている。公開時には，現実的には起こり得ないストーリー，不正確なアーミッシュの描写などについて，多くの批判が寄せられた。

ドナルド・B・クレイビル／スティーブン・M・ノルト／デヴィッド・L・ウィーバー－ザーカー（青木玲訳）『アーミッシュの赦し──なぜ彼らはすぐに犯人とその家族を赦したのか』亜紀書房，2008年。
2006年10月，ペンシルバニア州ランカスター郡のアーミッシュの学校に銃を持った男が侵入するという事件が起きた。男は教師と男子生徒に教室から出るように命令した後，女子生徒を銃で撃ち5名を殺害，残る5名も重傷を負い，自らも命を絶った。のどかな田舎で起きた事件はたちまち全米に報道されたが，なかでも注目を集めたのは被害者の家族が，事件直後に犯人の家族に対して赦しの言葉を伝えたことだった。この本は，アーミッシュの赦しの背景にある信仰や習慣について詳しく考察されている。

読書案内

ダグラス，メアリー，イシャウッド，バロン，（浅田彰，佐和隆光訳）『儀礼としての消費財と消費の経済人類学』講談社学術文庫，2012年。

Halter, Marilyn. *Shopping for Identity : The Marketing of Ethnicity*. New York : Schocken Books, 2002.

Kraybill, Donald B., Johnson-Weiner, Karen M. and Nolt, Steven M. *The Amish*. Baltimore : Johns Hopkins University Press, 2013.

Peiss, Kathy Lee. *Hope in a Jar : The Making of America's Beauty Culture*. New York : Metropolitan Books, 1998.

Scharoun, Lisa. *America at the Mall : The Cultural Role of a Retail Utopia*. Jefferson, N. C : McFarland & Co., 2012.

ストラッサー，スーザン（川邉信雄訳）『欲望を生み出す社会──アメリカ大量消費社会の成立史』東洋経済新報社，2011年。

常松洋，松本悠子編『消費とアメリカ社会──消費大国の社会史』山川出版社，2005年。

Weaver-Zercher, David. *The Amish in the American Imagination*. Baltimore : Johns Hopkins University Press, 2001.

第10章

変化するメディア

―ジェンダーとポピュラー・ミュージック―

「Lover」テイラー・スイフト
（出所）©ユニバーサル ミュージック

キーワード　ポピュラー・ミュージック　フェミニズム　テイラー・スウィフト

　個人的な恋愛経験を綴る歌詞により，アメリカだけではなく世界中の女性に人気のテイラー・スウィフト。まさに21世紀のポピュラー・ミュージックを代表するアーティストの一人である。7作目アルバム『ラヴァー』(2019) には，ジェンダーの不平等へと抗議する社会的な楽曲も含まれており，いま，ポピュラー・ミュージックがフェミニズム運動と深く連動していることが分かる。この章ではフェミニズムの視点から，メディア文化の一例でもあるポピュラー・ミュージックの歴史を紹介する。さらに，2010年代中盤以降，スウィフトをはじめとするアーティストやセレブがメディアを通じて大衆化させたポピュラー・フェミニズムの是非についても考察する。

1　現代アメリカにおける女性の活躍と女性蔑視——背景知識

女性の活躍——女性初の副大統領の誕生

　2021年1月，ジョー・バイデンが大統領に就任し，カマラ・ハリスが副大統領に選出された。インドからの移民である母親とジャマイカからの移民である父親の元に生まれたハリスは，アメリカ史上初のアフリカ系・アジア系の副大統領であるばかりではなく，初の女性副大統領でもある。ハリスは選挙戦中から，コンバースのスニーカーを愛用するファッションでも人気となり，スーツにハイヒールという女性政治家のファッション規範を変えたことでも知られている。2021年2月号のファッション誌『Vogue』(英語版) においては，スーツとスニーカー姿で表紙に登場した。

　2020年11月に行われたハリスの演説は，女性に向けた力強いメッセージを含んでいる。ハリスは19歳でインドからアメリカへと移住した母親への想いについて，そして女性が副大統領となる瞬間のために道を切り拓いてきた「黒人，アジア系，白人，ネイティヴ・アメリカンの女性たち」への敬意を表した。続けて，若い世代の少女たちにも希望をもつように呼びかけた。

　　100年前の合衆国憲法修正第19条，55年前の投票権法，そしていま，2020年には，新しい世代の女性たちが，投票権のため，声を聞いてもらうために闘い続けるべく投票しました。……私はこの職務に就任する初の女性ですが，

最後ではないでしょう。すべての少女たちが，今夜の光景をみて，アメリカが可能性の国であることを知るからです。

ハリスが言及する憲法修正第19条とは，アメリカ人女性に参政権を正式に認めた1920年の条項である。2021年とは，アメリカ人女性が参政権を獲得してから，およそ100周年だったのだ。

　カマラ・ハリスが象徴するように，21世紀とは，長きにわたり家庭領域で良妻賢母たることを美徳とされ，政治や経済や学問などから排除されてきた女性たちが，社会で活躍する機会が拡張された時代だ。ジェンダー平等が達成されたかに一見される現代は，「ポスト・フェミニズム」の時代と呼ばれることもある。フェミニズムには多様な定義や目的があるが，『フェミニズム大図鑑』はこの語を「女性の権利の主張に基づく，幅広い社会運動やイデオロギー。両性の法的，経済的，社会的平等を求める集団的行動。女性は男性と同等の権利や機会を持つべきだという思想」として紹介している。さらに，アフリカ系アメリカ人フェミニストのベル・フックスは，フェミニズムを「性に基づく差別や搾取や抑圧をなくす運動」と定義する。「フェミニズム」という語に「〜の後」を意味する「ポスト」という接頭辞を付ける「ポスト・フェミニズム」は，現代の先進国においては両性の平等が達成され，性に基づく差別はなくなり，フェミニズム運動はその役割を無事に終えたという見方を表している。

ドナルド・トランプによる女性蔑視──ミソジニーと家父長制の再強化

　しかし，トランプ政権期には，トランプ自身の女性差別発言から扇動されたともいえる女性蔑視の風潮が蔓延し，ポスト・フェミニズムという考え方は疑問視された。トランプの女性蔑視がとりわけ顕著だったのは，2016年に開催された大統領候補者ヒラリー・クリントンとの公開討論だった。レベッカ・ソルニットは，公開討論におけるトランプのミソジニー[1]について分析する。「トランプは，ヒラリー・クリントンが話しているときに，18回も割り込んだ」だけではなく，「討論の最中に自分の位置を離れてうろうろし，立ちはだかり，睨みつけ，怒鳴りつけ，演壇を両手で握りしめてあたかも性交しているかのように腰を前後に振った」。さらに，クリントンの「言葉を遮って彼女の声や言葉

をかき消そうとし，彼女が嘘をついていると繰り返し主張して信用を傷つけ」
た。

　このようなトランプを，ソルニットは「歩く『家父長制度』」と呼ぶ。家父
長制は，男性は生来的に理性的で，強く，決断力があるため公的領域で働くこ
とに適している一方，女性は感情的で，弱く，従順であるため家庭領域が最適
であるという信念に基づく性別役割分業を規範とする。このような性別役割分
業が，19世紀の英米の中産階級以上の白人層の間に「真の女性性」と呼ばれる
女性の理想像を構築した。女性は敬虔さ，性的な純潔さ，家庭的であること，
従順さをもつことを美徳とされ，家庭領域の天使であることを期待された。仮
に女性が公的領域に進出し，男性と対等に発言し，同一賃金を稼ぎ，指導力を
もつような場合には，家父長制の規範を逸脱する行為として批判される。トラ
ンプの一連の女性蔑視発言は，家父長制主義者たるトランプが，男性と同等の
政治指導力を手に入れたクリントンのような女性を受け入れることができない
ことを物語っているともいえる。

トランプの差別主義への抗議運動

　大統領選中には，トランプが白人至上主義者および人種差別主義者であるこ
とも明らかになり，数々の抗議運動を誘発した。2017年，トランプの大統領就
任式の翌日には，首都ワシントンをはじめとする全米各地で女性のマーチとい
う抗議デモが組織化され，性差別だけではなく，移民法改正，人種差別，LGBTQ
の権利，環境保護，軍縮などに焦点を当てる他の社会運動団体が連帯し，社会
構造に埋め込まれた複数の不平等に立ち向かった。女性のマーチと同年に広
まったのが，#MeToo運動である。アフリカ系アメリカ人の活動家タラナ・
バークが性的虐待の被害者を支援するために開始した#MeToo運動は，2017
年に女優のアリッサ・ミラノがツイッター上でセクシャル・ハラスメントや性
的暴力の被害を受けたことのある女性に#MeTooと返信することを推奨した
ことで社会運動となった（#MeToo運動については，『フェミニズム大図鑑』の324–
327頁および，吉原真理の「現代アメリカ『性』のキーワード」に詳しく紹介されてい
る）。

トランプ支持者たちの抗議運動

　トランプが象徴する差別主義に対する抗議運動が巻き起こった一方で，トランプの蔑視発言により新たにトランプ支持者となった人びとも数多く存在した。ソルニットの分析によれば，「トランプの『アメリカを再び偉大にしよう』というスローガン」は，1950年代のような「製造業のブルーカラー職があり，女は家庭に属し，白人男性の需要が最優先だった，白人男性優越主義の『ネバー・ネバーランド（架空のユートピア的世界）』への回帰を呼び起こすものだった」。トランプの差別発言は，白人男性層にとっての古き良きアメリカが再生するかもしれないという希望を一部の人びとに与える効果をもっていたということである。

　21世紀のフェミニズム運動の動向を研究するサラ・バネット＝ワイザーによれば，トランプは，これまで白人男性が独占してきた地位や職が，女性の台頭により奪われてしまうという危機感を煽った。ツイッター上でも女性蔑視発言を繰り返し，ミソジニーを可視化かつ大衆化させ，白人男性有権者たちの怒りや恐怖心を煽り，それらの感情を「武器」へと変えることに成功したのだという。白人男性たちの怒りが武器となり暴力として発散された一例として，2017年にヴァージニア州のシャーロッツビルで開催されたユナイト・ザ・ライト・ラリーと呼ばれる極右集会がある。極右とは，21世紀のアメリカの文脈においては，白人至上主義に基づくナショナリズム思想を意味しており，この思想は，移民排斥，人種差別，反共産主義，反ユダヤ，反イスラム，反フェミニズム，反LGBTQなど，人種，民族，セクシュアリティ，性において排外的であるという特徴をもつ。ユナイト・ザ・ライト・ラリーには，これらの思想を信奉する数百人もの武装した主に白人男性から成るネオナチ主義者，白人至上主義者，女性嫌悪者たちが集い，人種差別や白人至上主義の歴史を象徴するナチ党の旗や南軍旗を掲げ行進した。この極右集会では，抗議する黒人男性が暴行を受けたことに加え，白人至上主義者の男性が運転する自動車が極右団体へと抗議するデモ隊に突入し，女性一人が死亡した。バネット＝ワイザーはこれを，人種差別と性差別の暴力が，例外ではなく日常となってしまったトランプ時代の徴候と見なしている。

2 メディア文化とジェンダー規範の関係

メディアとは何か

2010年代，女性蔑視とそれに対する抗議運動がともにソーシャル・メディアにより大衆化したことにより，メディア文化とジェンダー規範との関連性にあらためて注目が集まった。「媒体」を意味する「メディア」は，情報やコンテンツが伝達されるあらゆる手段のことを意味し，その範疇には身体や声といった肉体的なものから，印刷メディア（新聞，書籍，雑誌），視覚メディア（絵画，写真），音声メディア（ラジオ，音楽），オーディオ・ヴィジュアル・メディア（映画，テレビ，MV）などのテクノロジーも含まれる。メディアが生み出した文化の総称はメディア文化と呼ばれている。2000年代，インターネットの発達によりメディア文化のあり方は激変した。フェイスブックおよびツイッター（2006-），インスタグラム（2010-）などのソーシャル・メディアにより，メディアは双方向的なコミュニケーション手段へと発達した。

現代社会において，多くのメディアは商業メディアである。これは，メディアが必ずしも万人に中立なメッセージを送りだしているわけではなく，特定の人びとの権益や収益につながる情報やイメージを生みだしている場合もあることを意味している。したがって，パトリシア・リーヴィーらが主張するように，メディア文化を研究する際には「誰がメディアのつくり手なのか，メディアにより誰が利益を得，あるいは不利益を被るのか，メディアがどのような考え方を規範化しているのか，メディアによりどのようなステレオタイプや偏見が送りだされているのか」等の問について批判的に考える必要がある。

メディアとジェンダー——構築主義的アプローチ

上記の問をジェンダーの観点から言い直せば次のようになるだろう——「メディアはどのようなジェンダーをめぐる考え方を規範化しているのか」，「メディアによりどのようなジェンダーのステレオタイプや偏見が送りだされているのか」。メディア研究，カルチュラル・スタディーズ，フェミニスト研究などの学問分野は，メディアが人びとのジェンダーをめぐる考え方に影響を与え

うること，すなわち，メディアがジェンダー規範を反映し形成しうることを指
摘してきた。

　メディアがジェンダー規範を反映・形成するという主張は，「ジェンダー」
という概念を「構築主義的アプローチに基づいて捉える」ことを前提としてい
る。田中東子の『メディア文化とジェンダーの政治学——第三波フェミニズム
の視点から』の3章「メディア表象とジェンダー構築のメカニズム」が詳しく
論じるように，20世紀中盤まで，生物学的差異としての男性・女性を意味する
「セックス」と，社会的かつ文化的につくられた男らしさ・女らしさを意味す
る「ジェンダー」は，互いに結びつく不動ものとして考えられてきた。「女性
は生まれながらに女性なのである」という考え方である。しかし，20世紀中盤
以降，「ひとは女に生まれるのではなく，女になる」という考え方が提唱され，
「セックス」と「ジェンダー」という概念が分離されるようになる。「ジェンダー」
は，「社会的・文化的強制によって構築された性差の二元論に基づいて，社会
のなかで再生産」される「文化的に構築された性差」であることが主張される
ようになった。

　現代のメディア研究は，ジェンダーを社会的・文化的に構築される可変的な
要素と捉えることで，メディアが人々のジェンダーをめぐる価値観を形成する
過程だけではなく，変化させていく可能性についても考察する。まず，メディ
ア文化は，各時代や社会における「男らしさ」や「女らしさ」のイメージを発
信し，ジェンダーをめぐる価値観を視聴者へと伝える。しかし，メディア文化
が発信するジェンダーをめぐるイメージは，性別役割分業や偏見に基づいてい
ることも多く，女性の抑圧をさらに強めてしまう場合もある。これに対する批
判的な応答として，メディア文化は，抑圧的なジェンダー観に挑戦するコンテ
ンツを発信し，既存の価値観を変化させる可能性ももちうる。メディアが一方
ではジェンダー規範を強化し，他方ではジェンダー規範に対抗するカウン
ター・ナラティヴ（対抗的な物語）を提示するためにも使われてきたという両
面は，ポピュラー・ミュージックの歴史を考察するうえでも有用だ。ポピュ
ラー・ミュージックもまた，ジェンダー規範を浸透させる役割を担ってきたと
同時に，既存のジェンダー規範に挑戦する機能も果たしてきたからである。

3 ジェンダーからみるアメリカのポピュラー・ミュージックの歴史

ポピュラー・ミュージックの定義

　ジェンダーという観点からアメリカのポピュラー・ミュージックの歴史を概観しよう。まずは，ポピュラー・ミュージックがいかなるメディアにより流通してきたのかについて確認したい。現代社会において，ポピュラー・ミュージックとは電子メディアにより媒介され，聴衆のもとにオーディオ（CDやレコード），ビデオ録音（DVDやBlu-ray），映画やテレビ放映，ライブ演奏などにより流通する大衆音楽のことを意味する。2000年代以降，従来型のラジオ，テレビ，CDといった媒体に代わり，YouTube（2005-），Spotify（2008-），Apple Music（2015-）などのインターネットを介した定額制音楽配信サービスが発達し，音楽メディアは双方向的コミュニケーションの場として機能するようになる。アーティスト自らがソーシャル・メディアで私生活を開示し，ファンとの心理的距離を縮めつつ音楽作品をマーケティングすることも日常となった。たとえば，本章で扱うテイラー・スウィフトは，2021年4月の時点で，ツイッターで8,800万，インスタグラムで1億5,000万人ものフォロワーをもつ「セレブリティ・ソーシャル・メディアの女王」と呼ばれている。

　ポピュラー・ミュージックは広範な世代の視聴者に受容されるが，主なターゲットは10代から20代の若者層である。2010年代の若者層は幼少期からスマートフォンやソーシャル・メディアに親しんだデジタル・ネイティヴであり，ファン同士がソーシャル・メディアを通じてつながり合い，デジタル技術を駆使しアーティストの作品に基づく二次創作を投稿することもファン活動のひとつとして定着している。

　次に，ジャンルという観点からアメリカのポピュラー・ミュージックを紹介する。ポピュラー・ミュージックのジャンルには，奴隷制時代の黒人音楽を起源とする宗教音楽伝統（ゴスペル，ソウルなど），同じく黒人音楽を起源とする世俗音楽伝統（ブルース，R&B，ロックンロール，ロック，ファンク，ヒップホップなど），ヨーロッパからの移民である白人たちがもち込んだ民謡の伝統（フォーク，カントリー，フォーク・ロックなど）に加え，1980年代以降のMTVの台頭と

ともに大衆化した音楽の総称であるポップ・ミュージックなどが含まれる。これらのジャンルは時代とともにクロスオーバーしながら進化してきた。

ジェンダーから見るポピュラー・ミュージックの歴史

　ジェンダーという観点から眺めると，いずれのジャンルも共通して，伝統的な性別役割分業に基づく男性性（能動的）と女性性（受動的）のイメージを視聴者に浸透させてきた。男性(アーティスト・創造者・生産者・演奏者)と，女性(ファン・受容者・消費者・追っかけ) というジェンダー化された二項対立である。ブルース，R&B，ソウルなどのブラック・ミュージックにおいては女性が歌手として活躍した例外があるとはいえ，1950年代までのポピュラー・ミュージックはおおむね男性主導型のメディア文化だった。

1950～70年代

　レイチェル・ヘンリー・カランズ＝シーハンによれば，女性が主体的に音楽創造に携わるようになったのは1960年代以降のフォーク・ミュージックやロックからである。公民権運動期にジョーン・バエズ，マリー・トラヴァース，ジャニス・ジョプリンなどが社会的な楽曲を歌い，1970年代の第二波フェミニズム運動の台頭と連動し，ジョニ・ミッチェル，キャロル・キング，ジュディ・コリンズ，カーリー・サイモンなどがシンガーソングライターとして頭角を現すようになる。女性がファンや歌手としてのみ音楽業界に受け入れられてきた歴史を振り返れば，女性がシンガーソングライターとして作曲をするという創造行為に携わるようになったのは大きな前進だった。1970年代以降のパンク・ロックでは，男性的な楽器とされてきたエレキギターを女性も演奏するようになり，パンクの女王と呼ばれたパティ・スミスは，中性的な外見で新たな女性ロック・アーティスト像を提示した。

1980～90年代

　1980年代後半には，ホイットニー・ヒューストン，ティナ・ターナー，ジャネット・ジャクソン，マライア・キャリーなどの女性ソロアーティストが高い歌唱力で歌姫と呼ばれ商業的にも成功した。1981年にMTVが誕生し，音楽が

映像とともに楽しまれるようになると，マドンナが歌詞と映像を利用して女性の性的な自己表現の可能性を追求した。伝統的に女性蔑視と結びついてきたといわれるヒップホップでは，クイーン・ラティファやソルト・ン・ペパなどが女性を肯定する作品を発表した。この時期，レイプされた体験に基づく楽曲を発表したトーリ・エイモスなどの若い世代のシンガーソングライターたちは，女性としての個人的な経験を綴った歌詞が，公に聞かれる芸術的な価値があるものであることを証明した。90年代にはライオット・ガール・ムーヴメントと呼ばれるレズビアンを含むフェミニストによるパンク文化も誕生し，性差別や同性愛嫌悪に挑戦した。1990年代後半以降はR&Bやヒップホップに影響されたローリン・ヒル，インディア・アリー，エリカ・バドゥ，アリシア・キーズに加え，フェミニストとしても知られるアラニス・モリセットや，女性主導の音楽フェスであるリリス・フェアを組織化したサラ・マクラクランなどが社会および音楽業界の女性差別を問い直した。

2000年代以降

　全米で同性婚が合法化された2010年代にはLGBTQの権利獲得およびジェンダー平等をめぐる楽曲を発表するレディ・ガガ，アリアナ・グランデ，テイラー・スウィフトや，ブラック・フェミニズムの文脈でも評価されるビヨンセをはじめ，多くの女性アーティストたちが自らをフェミニストと位置づけるようになる。2010年代は，音楽がオンライン上で流通することが主流となった時代でもある。ポピュラー・ミュージックは#MeToo運動などのツイッター発の社会運動とも連携し，ジェンダー平等とフェミニズムという思想を広めはじめた。

　2018年のグラミー賞[3]の授賞式は，ジェンダー不平等の撲滅を求めるパフォーマンスで話題となった。#Timesup運動（性差別の時代を終わりにしようという運動）に賛同する白い衣装を着た女性アーティストたちが，男性プロデューサーにより性的暴行を受けた歌手ケシャを囲んで歌ったのである。

現存する音楽界のジェンダー不平等

　ポピュラー・ミュージックというメディアは，伝統的に男性（アーティスト・

生産者・能動的）と女性（ファン・消費者・受動的）というイメージを流通させる媒体だった。しかし，特に1960年代以降の歴史を概観すると，時代とともに女性アーティストたちが活躍する機会が増加し，女性の抑圧に対する抗議意識が高まっていることがわかる。とはいえ，いまだに音楽業界にはジェンダーの不均衡が蔓延していることも忘れてはならない。南カリフォルニア大学の調査によれば，2019年の時点で，アメリカにおけるポピュラー・ミュージックの女性アーティストの割合は全体の21.7％，女性シンガーソングライターは12.5％，女性プロデューサーにいたっては2.6％にとどまっている。また，調査対象となった800曲のうち，男性のみが作曲した楽曲が56％だった一方，女性のみが作曲した楽曲は 1 ％のみだった（Stacy L. Smith の資料を参照のこと）。グラミー賞も男性中心である。2013年から2019年の期間に 5 つの音楽カテゴリーで1,064人がノミネートされたが，89.6％が男性，10.4％が女性だった。2018年以降，SNS 上では #GrammysSoMale（グラミー賞はあまりにも男性的だ）が広まり，男性主導型の音楽業界は，いままさに批判を受け変わろうとしている最中である。

4　テイラー・スウィフトのフェミニズム

デビュー当初──家父長制に従う「良い少女（Nice Girl）」

　ジェンダー平等が推進されつつあるポピュラー・ミュージック界において，テイラー・スィフトはひときわ強い存在感を放っている。2006年に16歳でデビュー・アルバムを発表し，2021年までにアルバム 9 作を発表したスウィフトは，2021年時点において，女性ソロアーティストとしては初めてグラミーの年間最優秀アルバム賞を 3 回受賞するという快挙を成し遂げている。初期のスウィフトの楽曲は，家父長制が理想とするジェンダー規範に順応する「良い少女（Nice Girl）」像を提示していた。しかし，プロデューサーにスカートのなかに手を入れられるというセクシュアル・ハラスメントの被害者となった経験を公にした2017年以降は，伝統的なジェンダー規範に挑戦する作品を発表し，自らをフェミニストとして位置づけるようになる。ジェンダーの観点から，デビュー当初から近年までのスウィフトの音楽作品（歌詞と MV）を比較考察してみよう。本章で紹介するスウィフトの MV 作品は，YouTube でも視聴可能

である。ぜひ，実際に音楽作品を視聴しながら，本章を読んでいただきたい。

　男性（アーティスト・生産者）と女性（ファン・消費者）という二項対立が長らく存在してきた音楽業界において，スウィフトはデビュー当初から自ら作詞作曲をこなすシンガーソングライターであることにこだわり続けている。ギターを演奏し作詞作曲することで，たとえ10代の少女であっても楽曲を創造する力を保持していることを見せつけた。

初期の楽曲分析——「ピクチャー・トゥ・バーン」（2006）

　女性の音楽創造の力を証明したとはいえ，デビュー当初のカントリーの楽曲には家父長制の価値観に従順な少女像ばかりが提示される。

　田舎の小さな町に住む白人少女の視点から高校生活や友情や恋愛についてを語る楽曲を収録するデビューアルバム『テイラー・スウィフト』（2006）は，家父長制に従順な少女像を描く作品だ。「ピクチャー・トゥ・バーン」は，10代の少女が彼女をふった少年と一緒にうつる写真を燃やしてしまおうと宣言する楽曲で，少女は歌詞でこのように語る——「あなたのくだらない旧型ピックアップ・トラックが嫌い／私には絶対運転させてくれなかった／あなたは嘘つくのがド手なレッドネック」。「レッドネック」というのは，白人の労働者階級を意味する侮蔑語であり（労働者階級の白人は常に首回りが日焼けして赤くなっていることを意味する），少女には運転をさせないという表現からは，この労働者階級の少年が，男性は運転席，女性は助手席が象徴するような，女性の従順さを重視していることが伝わる。少女は少年の身勝手さに内心怒りを覚えてはいるものの，決して少年の主導権に挑戦しない。歌詞には「もしあなたがわたしに謝りに来たら／パパが死ぬほど後悔させてくれるはず」と記され，少年を罰するのは彼女の父親の仕事なのだ。この少女は，ボーイフレンドや父親が優位に立つ家父長制の原則を受け入れているだけではなく，それに依存しながら生きている。

初期の楽曲分析——「ユー・ビロング・ウィズ・ミー」（2008）

　2作目アルバム『フィアレス』（2008）に収録される「ユー・ビロング・ウィズ・ミー」にもまた，家父長制を受け入れ，家父長制が理想とする女性の性的

純潔さを重視する少女が登場する。本楽曲の MV でスウィフトは眼鏡をかけた垢ぬけない純朴な高校生と，チアリーダーとしてスクール・カーストのトップにいるセクシーな高校生を，一人二役で演じている。

　純朴な眼鏡の高校生の視点から語られる歌詞は，2人の高校生が対照的なジェンダーの価値観をもっていることを伝える――「彼女がはくのはミニスカートで，私が着るのは T シャツ／彼女はチアリーダーの部長で，私はスタンド席の観客」，「彼女が履くのはハイヒールで，私はスニーカー」。真逆の性格づけをされた2人は，アメフト選手として人気の少年に恋をし，ライバル関係にある。MV のクライマックスとなるパーティーの場面では，赤いセクシーなドレスを着たチアリーダーの少女ではなく，純白のドレスで現れた純朴な少女が，少年の恋人として選ばれる。本楽曲は，チアリーダーの少女が象徴するセクシーさよりも，純白のドレスに身を包んだ純朴な少女が象徴する性的な純潔さ，すなわち，家父長制が理想とする少女像を肯定しているのだ。

　ドキュメンタリー『ミス・アメリカーナ』(2020)でスウィフト自身も告白するように，若き日のスウィフトは，彼女の作品に登場する従順無垢な少女たちと同様に「良い少女」であろうと努力してきた。その理由のひとつには，彼女がカントリー歌手としてデビューしたことがある。ナディーン・ハブスの研究によれば，カントリーは保守的な価値観をもつ労働者階級の白人層に好まれてきた。さらにカントリーのファン層の多くはトランプが属す共和党支持者で，家父長制規範と，規範から逸脱した女性への蔑視感情を内面化している場合も多い。スウィフトは保守的なファン層に心地よく受け入れる少女像を自ら演じ，作中に提示する必要があったのだ。

2010年代以降――家父長制・異性愛規範⁽⁴⁾へと抗議する「フェミニスト」

　2010年代中盤以降，スウィフトが20代半ばになった頃から，彼女は家父長制に従順な「良い少女」から，政治や社会に対する自身の考えを主張する「フェミニスト」として自己を位置づけはじめた。2018年にはこれまでの沈黙を破り共和党ではなく民主党を支持していることを表明し世間を驚かせてもいる。大和田俊之によれば，2010年代にはカントリー・ミュージックのファン層が「若年化し，女性化し，多民族化し」，「高齢の白人男性をファンの中心とする音楽

から，マイノリティの若い女性たちも聴く音楽へと変貌」を遂げつつあった。新たな女性ファン層のジェンダー平等への関心を反映するかのように，2010年代中盤以降のスウィフトの楽曲は，家父長制が理想としてきたジェンダー規範に挑戦しはじめた。

2010年代以降の楽曲分析——「バッド・ブラッド」（2014）

「バッド・ブラッド」のMVは，カントリー時代のスウィフト作品が好んで提示してきた家父長制に基づく性別役割分業——男性（能動的）と女性（受動的）——を問い直す作品である。アクション映画を想起させるMVでは，スウィフトと18人の女性たちが演じる近未来的な衣装をまとった戦闘者たちが，高層ビルで男性の一団と対等に戦う。スウィフトが演じる戦闘者は，仲間からの裏切りによりビルから落下するが，訓練キャンプに参加して戦闘能力を高め，最終的には女性たちのリーダーとして返り咲く。

男性と互角の戦闘力をもつ女性たちを映し出すMVは，女性が社会進出をし，他の才能ある女性と仲間になり，男性主導の社会において闘うことを促す作品としても解釈された。

2010年代以降の楽曲分析——「ザ・マン」（2019）

#MeToo運動が巻き起こる2019年の作品「ザ・マン」のMVは，ジェンダー平等達成への道のりに立ちはだかる問題として，家父長制において白人男性が保持する「特権」を批判する。1990年代から使用されはじめた「特権」という概念は，提唱者のペギー・マッキントッシュによれば，ある特定の個人や集団が，努力や苦労なく得ることのできる利益のことを意味している。アメリカ社会においては異性愛者でキリスト教徒の中産階級以上の白人男性が特権をもつグループと見なされるが，その理由は，白人男性として生まれただけで，女性や有色人種などのマイノリティ集団が容易には獲得できない社会的な利益や優先権を自動的に得ることができるからである。だが特権の保持者は，自らの特権に無自覚である場合が多く，自身の恵まれた地位を個人の才能や努力の成果として見なす傾向があるという。

このような特権の定義を「ザ・マン」に当てはめ分析してみよう。本作品の

MV において，スウィフトは男装し白人男性を演じている。この白人男性は，彼が白人かつ男性であるという理由だけで，努力や苦労なく有能な上司としての地位を保証され，職場では自信満々かつ偉そうに指示をし，電車では大股開きで座りたばこを吸い，バケーション先では美女に囲まれ高圧的にふるまい，テニスの試合では子どもじみた行動をする。このような無作法の数々は，彼が白人男性であるという理由により周囲から批判されることはない。

　一方で，彼は白人男性であるという理由だけで，周囲に高く評価され利益を得る。ほんの少し子どもと遊ぶだけで世最で最高の父親として賞賛され，老人になっても孫程の年齢の若い女性と結婚できる。「ザ・マン」は，白人男性が無自覚のうちに保持する特権の有害性を批判的に浮かび上がらせることで，白人男性が自動的に利益を得ることにより女性の不利益が増大する家父長制に基づく社会構造へと視聴者の注意を向けさせようとするのだ。

　「バッド・ブラッド」や「ザ・マン」に加え，LGBTQ 支援を目的とした2019年の「ユー・ニード・トゥ・カーム・ダウン」などの楽曲は，スウィフトが「良い少女」から，家父長制へと挑戦し，女性および LGBTQ の権利獲得のために政治や社会に参加する「フェミニスト」へと成長していった過程を示しているといえるだろう。

5　ポピュラー・フェミニズム，セレブリティ・フェミニズム

ポピュラー・フェミニズムの特色

　いま，スウィフトのような著名人がソーシャル・メディアやポピュラー・ミュージックなどの商業メディアを通じて大衆化させるフェミニズムは，ポピュラー・フェミニズム，あるいはセレブリティ・フェミニズムという総称で呼ばれている。2014年の MTV ビデオ・ミュージック・アワードで Feminist という文字の前で歌ったビヨンセや，2014年に UN Women 親善大使として国連本部でジェンダー平等をめぐるスピーチを行ったエマ・ワトソンなどがその一例である。

　ポピュラー・フェミニズムの特色として 2 点紹介したい（詳細は田中東子の「フェミニズムが『まあまあ』ポピュラーになりつつある社会で」に記されている）。一

点目は，これまで難解で近づきがたい印象を与えてきたフェミニズムを，商業メディアという万人がアクセスできる媒体により大衆化させたこと，2点目は，フェミニズムが女性から男性に向けられた敵対心に基づく運動であるという固定観念を覆すかのように，万人に好かれる感じの良さを前面に押し出したことである。たとえば，エマ・ワトソンのHeForSheキャンペーンは，フェミニズムが女性から男性に向けられた敵対心ではなく，男性自身をも男らしさというジェンダーの呪縛から解き放つ運動であると主張した。ポピュラー・フェミニストたちの活躍により，現在の英米ではフェミニズムがかつてないほど流行している。

ポピュラー・フェミニズムへの批判

　しかしながら，ポピュラー・フェミニズムに対する批判を認識することも重要だ。これらの批判を検証することで，私たちは，フェミニズムに階級格差や人種の問題を交差させて考えることができるようになる。

　ポピュラー・フェミニズムへの批判のひとつには，それが現段階では中産階級以上の女性の個人的なエンパワーメントを目的とし，労働者階級の女性が直面する問題とは無縁であることがある。スウィフトの作品を例にあげれば，「バッド・ブラッド」のMVに登場する女性戦闘者集団は，美しさ，若さ，スリムな体型と美貌という武器に加え，才能を伸ばすための訓練を受ける恵まれた環境を武器に資本主義の競争社会で生き残ってきた勝ち組女性を象徴しているようにもみえる。「バッド・ブラッド」が提示する成功した女性たちの存在は，経済的弱者の女性たちの存在を不可視化し，女性の階級格差に基づく分断を肯定しているようにも見えてしまうのだ。

　ポピュラー・フェミニズムへの2つ目の批判として，中心的な担い手が白人女性であるがゆえに，インターセクショナリティの視点が欠如していることがある。これは，白人男性の特権を批判する「ザ・マン」を発表したスウィフト自身もまた，白人という人種的な特権を保持しており，彼女のフェミニズムからは有色人種の女性たちが直面する問題が欠如していることにも見て取れる。この文脈において批判されるのは，スウィフトの「ワイルデスト・ドリームズ」(2014) のMVだ。本作品の舞台は西欧列強により植民地化されたアフリカだ

が，スウィフトが演じる白人女性の恋愛に焦点が当たり，現地の黒人たちの存在はほぼ無視されている。植民地化される黒人の存在を排除することで，アフリカという地は，白人女性が「最も野性的な夢」ともいえる彼女自身の性的欲望を追求するための夢の世界として表象される。「シェイク・イット・オフ」（2014）の MV では，スウィフトが過度にセクシーなダンスを踊るアフリカ系アメリカ人の女性ダンサーの前で一人控え目に踊る場面があり，スウィフトの白人女性としての純粋無垢なイメージが，性的対象として貶められた黒人女性との対比により強調されているとも批判された。このようにスウィフトのフェミニズムには，白人としての特権が無自覚のうちに反映され，有色人種女性の経験がないがしろにされてしまうという矛盾が内包されている。

　ポピュラー・フェミニズムは，階級や人種の点において矛盾や排除を内包しているにも関わらず，主流商業メディアの注目を独占している。これにより，これまで長きにわたり性に基づく抑圧や差別の撤廃を求めて社会運動を行ってきた草の根のフェミニズムの功績や，有色人種，労働者階級，第三世界の女性が抱える困難にも光を当ててきた**学術的なフェミニズム**[(5)]の存在が覆い隠されてしまう恐れもある。ベル・フックスが主張するように，伝統的にフェミニズムは差別や抑圧を生み出す社会構造（法律や政治の制度）および慣習（家父長制や異性愛規範）を問い直し，それらを変革するために，女性同士の排除なき連帯を重要視してきた。フェミニズムが理想とする連帯は，人種，階級，性的指向や性自認などにおいて排他的なものとなってはならないのである。このような伝統的なフェミニズム運動の方針と比較した際，スウィフトらのポピュラー・フェミニズムが，白人中心の個人主義，能力主義，商業主義に偏っており，人種や階級において排他的であるように見えてしまうことは否めない。

ポピュラー・フェミニズムの展望

　さまざまな方面からの批判があるとはいえ，音楽界のポピュラー・フェミニズムを全否定することも望ましいことではないだろう。特にアメリカにおいては，大衆メディアを通じて発信されるポピュラー・ミュージックが，人種，ジェンダー，セクシュアリティだけではなく政治や戦争をめぐる問題にも批判的に応答し，社会変革を巻き起こす動力となってきた長い歴史がある。このような

音楽による社会抗議という歴史の内に現代のポピュラー・ミュージックを介したフェミニズムを位置づけ，各作品の社会的意義を丁寧に分析していくことも必要だろう。

　事実，フェミニズム研究においても，ポピュラー・フェミニズムを全否定するよりもむしろ，それがどうすれば構造的なジェンダー不平等に挑戦する社会運動になりうるかという観点から議論を前進させようとする研究者も存在する。ジャネル・ホブソンは，ポピュラー・フェミニズムが草の根および学術的フェミニズムと対話をし，フェミニズム運動をさらに豊穣化させていく可能性について提唱する。ポピュラー・フェミニストと位置づけられることも多いビヨンセの音楽作品は，近年では学術的フェミニズムの研究者たちにより高評価され大学の授業の教材にもなった。同じくポピュラー・フェミニストと見なされるエマ・ワトソンはベル・フックスの読者であることを公表している。ワトソンのスピーチが，若い世代のフェミニスト活動家として女性教育の必要性を訴えノーベル平和賞を受賞したマララ・ユスフザイに影響を与えた可能性もある。このように，学術的，草の根，そしてポピュラーなフェミニズムが互いの存在を否定し合うのではなく，対話により結びついていくという展望が示唆されているのである。

　オーディエンス・スタディーズ[6]の「アクティヴ・オーディエンス」という考え方を導入することで，ポピュラー・フェミニズムの可能性を追求する動きもある。アクティヴ・オーディエンスとは，メディアのオーディエンスが情報をただ鵜呑みにするだけの受動的な存在ではなく，与えられた情報を各々の状況において批判的に解釈し，自分たちの文化を新たに形成する能動的な創造者になりうることを意味する。オーディエンスの能動性や批判的思考力を考慮に入れた際，ポピュラー・フェミニズムを，その問題点をも含め批判的に受容するオーディエンスの存在が浮上してくるだろう。実例を挙げれば，スー・ジャクソンはニュージーランドのフェミニズムクラブに所属する15歳から18歳の少女にインタビューをし，少女たちがエマ・ワトソン，ビヨンセ，テイラー・スウィフトなどのスターが発信するポピュラー・フェミニズムを批判的に受容し，インターセクショナリティとアクティヴィズムの欠如という問題点について議論する力を有していることを明らかにした。もちろん，被験者となった少女たち

はフェミニズムクラブで教育を受けた知識のある少女たちである。だが，ティーン世代の多くがソーシャル・メディアやポピュラー文化を通じてフェミニズムについての情報を得る現代，ポピュラー・フェミニズムが若い世代に学びの機会を提供し，議論の場となることで，ジェンダー平等をめぐる社会的関心を高めていくことも期待されている。

　ポピュラー・フェミニストとして批判されるテイラー・スウィフト自身もまた，彼女自身のフェミニズムの問題点について批判的に問い直すようになった一人だ。2019年にスウィフトは彼女自身の特権を反省的に振り返り，「私は子どもの頃，白人の特権について知らなかったけれど，それ自体が特権だったということです。そして，今もなお，私は自分自身を教育するために日々努力しています」と発言した。スウィフトは彼女自身のフェミニズムに宿ってきた特権性や排除性を自覚し，彼女の音楽作品がはたして他者の痛みに寄り添うことができるのかどうかについて思いを巡らせているのではないか。

　最後に，本章の内容をまとめたい。21世紀のアメリカは，女性蔑視と，それに抗議するフェミニズム運動が，ソーシャル・メディアを通じてかつてない勢いで大衆化する時代だ。女性がもっぱら受動的なファンや消費者として位置づけられてきたメディア文化であるポピュラー・ミュージックにおいても，2010年代後半以降，アーティストたちが大衆メディアを通じて発信するポピュラー・フェミニズムが人気となっている。ポピュラー・フェミニズムはインターセクショナリティの欠如および商業主義という問題を内包するが，ジェンダー平等をめぐる議論を活性化させていく可能性ももちうる。メディアの発信者と受信者とが双方向型メディアの台頭によって分かちがたく結びつく現代，いかにメディアがジェンダーをめぐる価値観を反映し，形成し，変容させていくかについて，私たちも常日頃から意識的かつ批判的に考える必要があるだろう。

佐久間由梨

注
(1)　対象が女性であるというだけで誘発される憎しみ，侮蔑，偏見のこと。男性から女性だけではなく，女性から他の女性へと向けられることもある。女性がミソジ

ニーを内面化し，女性としての自己を男性に劣るものとして嫌悪することをもある。

(2)　父親あるいは最年長の男性が家長となり，権力が代々男系の家族へと継承されていくシステム。男性がすべて，あるいは大部分の権力と特権を独占する社会構造のことを意味する。

(3)　音楽市場の活性化と文化教養の発展を目的とする団体レコーディング・アカデミーにより主催され，毎年，広範な音楽ジャンルにおいて突出したアーティストの栄誉を称える。授賞式典および受賞者のパフォーマンスはテレビ放映される。

(4)　男性と女性を二項対立的に捉え，異性愛のみを正常な性的指向のあり方とし，同性愛を異常や逸脱であると見なす規範。

(5)　大学等の研究機関を中心に育まれたフェミニズムおよび理論。階級格差に着目するマルクス主義フェミニズム，植民地主義の影響を考慮するポストコロニアル・フェミニズム，人種という観点を導入するブラック・フェミニズムなど多様な分野が存在する。

(6)　メディアを送信者のメッセージを伝える一方向的な伝達手段としてではなく，オーディエンスが批判的かつ能動的にメッセージを受容し意味解釈や交渉を行う場と見なす研究分野。

────── さらに考えるために ──────

ハンナ・マッケン他（最所篤子・福井久美子訳）『フェミニズム大図鑑』三省堂，2020年

フェミニズムには長い歴史があり，時代や地域により主張や目的も多種多様である。「大図鑑」と題される本書は，18世紀の初期フェミニズムから2010年代のオンライン・フェミニズムまで，欧米だけではなく，アジア，アフリカ，イスラム圏のフェミニズムまでを，カラー写真や図表とともにわかりやすく紹介する。フェミニズムの全体像を把握することに加え，家父長制やインターセクショナリティ，#MeToo運動や万人向けのフェミニズムなどについて知識を得ることができる。

ポール・ホドキンソン（土屋武久訳）『メディア文化研究への招待──多様性を読み解く理論と視点』ミネルヴァ書房，2016年

メディアをめぐる幅広い基礎知識をこの一冊で得ることができる。メディアの諸要素（テクノロジー，産業，コンテンツ，ユーザー）を紹介する第Ⅰ部，メディアと権力の関係性を読み解く第Ⅱ部に加え，メディアを人種，エスニシティ，ジェンダー，セクシュアリティから論じる第Ⅲ部がある。「メディア・ジェンダー・セクシュアリティ」と題された11章では，メディアが構築するジェンダー規範についての議論に続き，ポスト・フェミニズムという視座からの『セックス・アンド・ザ・シティ』分析もある。

田中東子『メディア文化とジェンダーの政治学──第三波フェミニズムの視点から』
世界思想社，2012年
メディア文化とジェンダーをめぐる理論や研究の方法論を学術的に学びたい人に
とっての必読書である。1990年代以降のポスト・フェミニズムおよびグローバル
化・ネットワーク化された社会状況において展開される第三波フェミニズムを，
ジェンダー研究，メディア文化論，カルチュラル・スタディーズなどの研究成果を
紹介しながら論じる。主婦向けのテレビ番組，オリンピックやスポーツ，コスプレ
といった日本の事例が分析され，女性たちのメディア文化実践がもつ政治性が解き
明かされる。

読書案内

Banet-Weiser, Sarah. *Empowered : Popular Feminism and Popular Misogyny*. Durham and London : Duke UP, 2018.

Currans-Sheehan, Rachel Henry. "From Madonna to Lilith and Back Again : Women, Feminists, and Pop Music in the United States," in *You've Come A Long Way, Baby : Women, Politics, and Popular Culture*, ed. Goren, Lilly J. University Press of Kentucky, 2009 : 53–70.

Hobson, Janell. "Celebrity Feminism : More than a Gateway," *Signs : Journal of Women in Culture and Society*, vol. 42, no. 4 (June 2017) : 999–1007.

フックス，ベル（堀田碧訳）『フェミニズムはみんなのもの──情熱の政治学』エトセトラブックス，2020年。

Hubbs, Nadine. *Rednecks, Queers, and Country Music*. Berkeley : University of California Press, 2014.

Jackson, Sue. "'A Very Basic View of Feminism' : Feminist Girls and Meanings of (Celebrity)Feminism," *Feminist Media Studies*, published online(May 2020), https://www-tandfonline-com.ez.wul.waseda.ac.jp/doi/full/10.1080/14680777.2020.1762236.

Leavy, Patricia and Trier-Bieniek, Adrienne. "Introduction to Gender & Pop Culture," in *Gender and Pop Culture : A Text-Reader*, ed. Patricia Leavy, Rotterdam : Sense Publishers, 2014, 2 –25.

マッケン，ハンナ他（最所篤子・福井久美子訳）『フェミニズム大図鑑』三省堂，2020年。

McIntosh, Peggy. "White Privilege : Unpacking the Invisible Knapsack," *Peace & Freedom Magazine* (July/August 1989) : 10–12.

大和田俊之「アメリカ音楽の新しい地図　トランプ後の文化＝政治　テイラー・スウィフトとカントリー・ポップの政治学」『web ちくま』http : //www.webchikuma.jp/articles/-/606（2021年4月16日アクセス）。

Smith, Stacy L. et al., "Inclusion in the Recording Studio? : Gender and Race/Ethnicity of Artists, Songwriters & Producers across 800 Popular Songs from 2012–2019," USC Annenberg Inclusion Initiative, 2020, http://assets.uscannenberg.org/docs/aii-inclusion-recording-studio-20200117.pdf.

ソルニット，レベッカ（渡辺由佳里訳）『それを，真の名で呼ぶならば――危機の時代と言葉の力』岩波書店，2020年。

田中東子「フェミニズムが『まあまあ』ポピュラーになりつつある社会で」『早稲田文学』22号，2020年，118-127頁。

田中東子『メディア文化とジェンダーの政治学――第三波フェミニズムの視点から』，世界思想社，2012年，83-121頁。

吉原真理「現代アメリカ『性』のキーワード」『東大塾アメリカ講義――トランプのアメリカを読む』矢口祐人編，東京大学出版会，2020年，157-187頁。

第11章

ブラック・フェミニズムとインターセクショナリティ

―人種・階級・ジェンダー・セクシュアリティ―

ニューヨーク女性財団（NYWF）のイベントに参加したオパール・トメティ（左），ア
リシア・ガーザ（中央），パトリース・カーン＝カラーズ（右）（2015年5月14日，ニュー
ヨーク市）
（出所）Photo by Slaven Vlasic/Getty Images for The New York Women's Foundation.

キーワード　人種　階級　ジェンダー　セクシュアリティ

　度重なる警察と自警団の暴力により，黒人の命が奪われてきたことへの異議
申し立てとして起きたブラック・ライヴズ・マター（BLM）運動は，警察暴力
とそれを支えてきた刑罰国家，人種主義を根底から問い直すものである。アリ
シア・ガーザ，パトリース・カーン゠カラーズ，オパール・トメティというク
イアを含む3人の黒人女性が立ち上げた運動に多くの人が共鳴し，人種，階級，
ジェンダー，セクシュアリティ，国籍の境界を越えて参加した。

　BLM運動はインターセクショナリティ（交差性）という考え方を中心に据え
る。このインターセクショナリティという概念はどのような歴史的文脈のなか
で生み出されたのだろうか。本章ではブラック・フェミニズムの思想的展開と
インターセクショナリティという概念の形成を，具体的な活動家，知識人の軌
跡をたどることで検討する。

1　黒人女性が経験する重層的差別

インターセクショナリティという概念＝分析枠組み

　ブラック・ライヴズ・マター・グローバル・ネットワーク財団を共同創設し
たアリシア・ガーザ（1981-），パトリース・カーン゠カラーズ（1983-），オパー
ル・トメティ（1984-）の主張は人種，階級，ジェンダー，セクシュアリティ，
国境の垣根を越えて多くの人びとの心を捉え，共感を呼び起こした。彼女たち
の運動に言及せずに，ブラック・フェミニズムの〈いま〉を語ることは難しい。

　しかし彼女たちの背後には，目に見える，あるいは見えない無数のブラック・
フェミニストの営みがあった。その主張には，奴隷制下から今日に至るまで，
黒人，女性，移民，貧困層，性的マイノリティの権利を求めて，声を上げ続け
たブラック・フェミニストたちの声が重ねられている。人種，階級，ジェンダー，
セクシュアリティ，国籍などのカテゴリーがそれぞれ別個にではなく，相互に
関係し，人びとの経験を形づくっていることを示すインターセクショナリティ
（交差性）は，そうした多重の声のなかから生み出された概念＝分析枠組みであ
る。

　本章では黒人女性による，〈知〉の創造に焦点をあてる。主として20世紀に
活躍したブラック・フェミニストのなかから何名かを紹介し，インターセク

ショナリティという概念がどのような背景のもとで形成されたのかを探る。黒人女性の経験が，アメリカの黒人史のなかで，または女性史のなかで，周縁化されてきたことは繰り返し指摘されてきた。また，たとえ黒人女性の経験が綴られることがあったとしても，黒人女性は〈知〉の創り手と見なされてこなかったと歴史家のミア・ベイらは指摘する。

　黒人女性の歴史を語る際，エリートや中産階級の女性が貧困層に向けたまなざしを批判的に読み解く必要がある。歴史家のイヴリン・ブルックス・ヒギンボッサムは，19世紀末から20世紀初頭にかけてクラブや教会を拠点にした黒人女性の活動がいかに「リスペクタビリティ（品行方正さ）の政治」にとらわれていたのかを分析した。これらの女性たちは節度を保ち，勤勉で，節約に励み，性的に慎み深く行動することで，黒人全体に対するステレオタイプを打ち砕くことを目指したのである。「リスペクタブル」な女性として振舞うことは自らを性暴力から守ることにもなった。しかしこのことは，エリートや中産階級の女性が「リスペクタブル」な自らを「手本」と見なし，貧困層の女性たちを規律・統制することにもつながった。本章ではこうした「リスペクタビリティの政治」に注意を払いつつ，それを乗り越えようとした試みや，アメリカ社会における貧困，格差と不平等を問うた黒人女性の活動にも光をあてる。

　それではまず19世紀後半に黒人の権利，女性の権利のために声を上げた2人の活動家を取り上げたい。

黒人女性が置かれた「独特の立場」──ソジャーナ・トゥルースとアナ・ジュリア・クーパー

　アボリショニストで女性解放論者のソジャーナ・トゥルース（1797-1883）は，ニューヨーク州アルスター郡でイザベラ・バウムフリーとして生まれた。自由の身となってから，神の啓示を得てソジャーナ・トゥルースと改名し，布教者，預言者となり各地を演説して回った。トゥルースの演説のなかでもっとも有名なものは，1851年にオハイオ州アクロンで開催された女性の権利集会で述べた言葉であろう。トゥルースは自身の経験にもとづき，女性はか弱く判断能力に欠けるために投票権を与えるべきではないという議論に異議を唱えた。「私には男性と同じぐらい筋肉があり，男性と同じように働くことができます。土地

を耕し，作物を収穫し，殻をむき，たたき切り，刈り取ってきました。誰かそれ以上のことができる男性はいますか？」

　トゥルースの演説のなかでもっともよく引用されてきたのは，アクロン集会の企画者の一人フランシス・D・ゲージが12年後に記した言葉——強靭な身体を持ち，男性並みに働き，過酷な状況を生き抜いた経験をもとにトゥルースが放った「じゃあ，私は女性ではないのですか？」という質問——であろう。同時代の新聞記事にはこの言葉は掲載されておらず，トゥルースがこの言葉を述べた確証はない。しかしトゥルースのこの問いかけは多くの活動家，知識人に響きわたり，ブラック・フェミニズムを貫く問いとなった。

　黒人女性が経験する重層的な差別に目を向け，インターセクショナリティという概念の形成に大きな影響を与えた人物が，作家で教育者，活動家のアナ・ジュリア・クーパー（1858-1964）である。ノース・カロライナ州ローリーで，奴隷化された母と母を所有していた白人の父の間に生まれたクーパーは，オバリン大学で学士号・修士号を取得後，ワシントンDCの高校で長きにわたり校長を務めた。しかし教育方針をめぐりDCの教育委員会と対立し辞任に追い込まれた。クーパーはその後パリのソルボンヌ大学で67歳の時に博士号を取得した。

　クーパーは著書『南部の声』（1892年）のなかで，黒人女性がアメリカ社会のなかで特有の位置に置かれていることを指摘した。「今日の黒人女性は，この国で独特の立場にある。……彼女は，女性の問題と人種問題の両方に直面している。しかしどちらにおいてもまだ知られていないか，認められていない」。そして「黒人女性だけが，"いつ，どこで始めるか"を宣言できるのです」と語り，黒人女性こそが黒人の未来を切り開くことができるのだと訴えた。黒人女性は神の下で黒人の再生を司る存在となり得るにも関わらず，黒人男性が女性たちの経験から目をそらしてきたと批判した。もし黒人男性の声が奪われてきたというならば，黒人女性は黒人のなかで沈黙させられた「声なき声」である。クーパーによれば，この「声なき声」を轟かせたのが「ユニークでたくましい鬼才」ソジャーナ・トゥルースであった。

　クーパーは白人の女性解放運動の担い手が人種差別に対して断固とした態度をとらなかったことも批判した。そして黒人女性は女性解放運動においても一

翼を担うべき存在だと訴えたのである。

　クーパーは著書のなかで（彼女が「沈黙した，声なき声」と呼んだ）黒人女性たちの「声」を代弁したが，どこまで大衆に目を向けていたのか，疑問視する研究者もいる。たとえばアメリカ文学者のメアリー・ヘレン・ワシントンはクーパーは敬虔，純潔，従順，家庭性を重んじる「真の女性らしさという崇拝」にとらわれており，労働者に寄り添う姿勢が欠如していた点を批判した。クーパーは「人種の引き上げ（racial uplift）」を目指す典型的なエリート中産階級女性だったというわけである。

　しかし，教員として，子どもたちと日々向き合ったクーパーは『南部の声』のなかで次のように語っていた点にも注目したい。「すべての弱者が，自身に当然向けられるべき配慮を得られるならば，女性，インディアン，黒人も権利を獲得し，すべての強者がついに［人びとを］公正に扱い，慈悲を重んじ，謙虚に歩むことを学ぶだろう」。この一文には社会的弱者と女性，先住民，黒人の未来をつなぎ，強者の世界観を変えようという思いが見える。

リンチとの闘い――アイダ・B・ウェルズ゠バーネット

　人種，階級，ジェンダー，セクシュアリティがいかに絡みあい，黒人に対する暴力を生み出したのかを示したのがジャーナリストで教育者，活動家のアイダ・B・ウェルズ゠バーネット（以下ウェルズ，1862-1931）である。ウェルズは，白人至上主義を維持するため，白人の暴徒とそれを支える警察権力が黒人に対し法の手続きを経ないリンチ（暴力的制裁）を行ってきたと訴えた。

　ウェルズは，1862年，ミシシッピ州ホリースプリングス市で奴隷制を生き抜いた両親のもとに生まれた。16歳の時に両親が相次いで黄熱病で亡くなったため，急遽大学を辞めて小学校の教員となり，祖母の力を借りながら兄弟を養った。その後大学に再び通い，教師の仕事を続けながら，メンフィスのバプティスト派黒人教会で発行された週刊新聞『フリー・スピーチ・アンド・ヘッドライト』の共同発行人を務め，寄稿した。大手の白人向け新聞は，黒人へのリンチを一般の殺人とは区別し，非難するどころか擁護する記事を掲載していた。このような状況下で，ウェルズは黒人に対する暴力の実態（被害者の名前，事件が起きた日時や場所，状況証拠等）と，被害者とその家族が経験した苦しみを明

らかにするため，調査に乗り出した。その際，白人が発行する新聞に掲載された統計資料を用いることで白人の反駁を封じつつ，その統計を解釈し直し，アメリカのみならずイギリスでも講演を行い，大西洋を越えて反リンチ運動を展開したのである。

　ウェルズが反リンチ運動に携わる契機となったのは，親しい友人が白人暴徒により惨殺された痛ましい事件だった。1892年3月，メンフィスで食料品店を営んでいたトーマス・モスら3名は，店の繁盛を快く思わなかった白人住民の襲撃を受け，もみ合った際に白人の警官と住民を撃ったことから逮捕された。メンフィスの大手新聞がモスらを「無実な」白人を襲撃した「犯罪者」として描いたことで，白人住民は刑務所を襲い，モスらを引きずり出し殺害したのである。ウェルズは，このリンチを「富や財産を築いた黒人」を弾圧し，抑え込むためのものと見なした。その後南部各地で起きたリンチ事件の真相究明のため現地に赴き，新聞記事を集め，その結果を小冊子『南部の恐怖——リンチのすべて』にまとめた。また3年後にはリンチに関するより詳細なパンフレット『鮮血の記録——統計一覧とアメリカ合衆国におけるリンチの理由と疑われるもの』を刊行した。ウェルズはリンチが行われた日時，場所，殺害の口実を示しながら，黒人たちがいかに公正な裁判や法手続きを経ずに冷酷に殺されたのかを示した。奴隷制下で「黒人の身体と魂」を支配していた南部の白人たちは，奴隷制廃止後，リンチという「新たな威圧のための制度」を生み出したとウェルズは語った。ウェルズは，リンチの背景として「反乱や暴動に関与した」ことが口実とされ，政府が暴力を野放しにして黒人市民を守ろうとしなかったこと，リンチが黒人男性による白人女性に対する攻撃の仇討ちという名目で行われたことを指摘した。特に，黒人男性と白人女性の結婚など，実際は同意に基づくものがレイプとして扱われた点に注意を促した。

　ウェルズがメンフィスにおけるモスらの殺害について記事を記した後，『フリー・スピーチ・アンド・ヘッドライト』社は白人暴徒によって放火され，度重なる脅迫に晒され，ウェルズはメンフィスを去ることを余儀なくされた。しかしシカゴに移住した後も，黒人に対する警察と民衆の暴力を問い続けた。

　ウェルズもまた，リスペクタビリティを盾に人種と性による差別と闘った知識人と言えるだろう。たとえば1885年に発表したコラム「女性の使命」では，

黒人女性に「怠惰さと無能さ」を捨て，「ひたむきで，思慮深く，純粋で，高潔な女らしさ」を追求するよう呼びかけた。黒人のイメージを変えるためには，黒人女性がリスペクタブルで道徳的に優れた存在にならなければならないと強調した。しかし，ウェルズ本人は危険を顧みずリンチの実態を追い続け，ペンという武器で闘うことで「真の女性らしさという崇拝」を突き崩す存在でもあった。

　ウェルズがリンチを分析する際，白人社会内部の格差に注目した点は重要である。「ニューオリンズにおける暴徒の支配」（1900年）と題された論考において，白人の暴徒による黒人への無差別の暴力は，市の評判を気にする白人富裕層にとって脅威となり，「市の信用を保つため」最終的には白人富裕層が暴徒の鎮圧に乗り出した点を指摘した。このような分析を通じて，ウェルズは黒人に対する警察と白人民衆による暴力に，いかにジェンダー，セクシュアリティ，階級をめぐる問題が介在しているのかを明らかにした。

2　自由を求めた闘いと黒人女性

警察暴力と移民排斥を問う——シャーロッタ・バス

　アメリカ西部でもっとも古い黒人新聞のひとつ『カリフォルニア・イーグル』紙の編集者兼発行人を40年にわたり務めたシャーロッタ・バス（1874-1969）も，警察および白人民衆による暴力と闘った黒人女性の一人である。

　1874年2月14日にサウス・カロライナ州サムターで生まれたバスは，1910年にロサンゼルスに移住した。カリフォルニアへの黒人の移住者のなかには，奴隷制解体後もジム・クロウ制度のもとで黒人を二級市民として扱う南部社会とは異なる世界が待っているはずだと期待した者が多数いたが，バスもその一人であった。

　しかしバスは「天使の街」と呼ばれるロサンゼルスにも厳然と居住区の境界線が引かれていることに気づいた。黒人をはじめ，有色の人びとや外国人は，特定の居住区に押しとどめられ，黒人の大半はサウス・セントラルと呼ばれる地域に暮らしていた。白人中産階級の住民が各地で住宅所有者協会をつくり，「制限的不動産約款」（住民同士，もしくは住民と不動産業者の間で結ばれた「望まし

くない人びと」を地域に入れないという取り決め）を締結した。もし居住区の境界を少しでも超えて住もうとするならば，クー・クラックス・クラン（KKK）のような白人至上主義者の団体が住民に度重なる脅迫行為を行った。

　第二次世界大戦下には，「自由，民主主義の砦」としてのアメリカを守るため挙国一致体制が敷かれたが，黒人は二級市民として差別を受けた。バスは白人の人種主義者を「アメリカのヒトラー」と呼び，黒人が絶えず暴力の恐怖に晒され，犠牲になってきたことを『カリフォルニア・イーグル』紙の社説を通して語り続けた。

　「制限的不動産約款」により，白人が住む地区から排斥の対象となったのは黒人だけではない。アジア系，メキシコ系，先住民，ユダヤ系，イタリア系も〈市民〉の境界の外に位置づけられており，だからこそ制限的不動産約款の違憲性を証明し，居住区隔離と闘うことはバスにとって「すべてのマイノリティ集団の闘い」であった。バスが特に力を注いだのは，メキシコ系移民の権利擁護である。大恐慌時，法的には「白人」であったはずのメキシコ系の人びとは「市民」の境界の外に押しやられていった。全アメリカ人労働者の4分の1近くが失業するなか，労働省が州政府や自治体と協力してメキシコ系労働者を本国へと送還する事業が行われた。その数は1929年から39年にかけて全米で50万人近くにのぼり，たとえ市民権をもっていてもメキシコ系と見なされた人びとは移民帰化局に呼び出された。ところが第二次世界大戦が勃発すると，労働力不足を補うため「ブラセロ・プログラム」（米国とメキシコ政府の間で締結された行政協定によって行われた，メキシコ人農業労働者導入政策）が始まった。このプログラムによりメキシコからの労働者が急増すると，反メキシコ系感情が高まり，1942年には悪名高いスリーピー・ラグーン事件が起こった。これは，スリーピー・ラグーンと呼ばれる場所でメキシコ系のホセ・ディアスの遺体が発見されたことに端を発し，近くの家で誕生日パーティーを開いていたメキシコ系青年らが尋問され，17名のメキシコ系アメリカ人青年が証拠不十分なまま逮捕された事件である。13日間の勾留の間，彼らは警察からの肉体的・精神的暴行を受け，有罪判決を受けた（1944年に無罪放免となった）。また翌年6月には，海軍の訓練校所属の白人青年と地域住民が暴徒化し，ズート・スーツをまとったメキシコ系や黒人青年を次々と襲った事件（ズート・スーツ暴動[1]）が起きた。

ロサンゼルスで発行されるさまざまな新聞はメキシコ系青年を「ならずもの」「チンピラ」と書きたてた。これに対しバスは，メディアがセンセーショナルな書き方をすることで発行部数を伸ばし，警察の暴力と人種憎悪を煽っている状況に警鐘を鳴らした。また，19名の陪審員の一人として，スリーピー・ラグーン事件裁判に関わり，メキシコ系アメリカ人に対する「理不尽な攻撃」と闘った。バスをはじめ，警察の横暴を批判する活動家，弁護士，知識人が起ちあがり，控訴審が開かれた結果，警察の対応が偏見に満ちていたことが認められ，17名は全員釈放された。こうしたバスの軌跡は，第二次世界大戦下のロサンゼルスにおいて黒人自由闘争がメキシコ系移民の排斥と闘う運動と連動して展開したことを示している。

バスは『カリフォルニア・イーグル』紙を手放した後，ルイーズ・トンプソン・パターソンやシャーリー・グラハム・デュボイスとともに1951年に「真実と正義のための滞在者（Sojourners for Truth and Justice）」を結成し，ジム・クロウ制度とアメリカの冷戦下の内政・外交政策に異議申し立てを行った。バスらがモデルとしたのは，組織名に名前を冠したソジャーナ・トゥルースと，アボリショニストのハリエット・タブマン（1822-1913）だった。バスはその後「自由のため，女性の権利のため，平和と正義，平等のため」最前線で闘う人びとが掲げた松明を受け継ぎ，戦争に費やされる650億ドルの大金を「新しい命を育むため」――職を提供し，教育と雇用訓練を行い，希望を若者に与え，小作農を解放し，新しい病院・医療施設を建設するために――用いることを宣言し，1952年に進歩党より黒人女性としてはじめて副大統領候補として出馬した。[2]

バスは人種主義，排外主義，性差別，軍国主義を問いただし，『カリフォルニア・イーグル』の紙面と政治の舞台で勇気をもって声を上げ続けた人物であった。

黒人自由闘争と女性たち――ローザ・パークスの60年にわたる闘い

1930年代後半から勢いを増し，第二次世界大戦後アメリカ社会を根底から揺さぶることになる黒人自由闘争／黒人解放運動を，数多くの女性が草の根や全米規模で支えた。たとえば，エラ・ベイカー（1903-1986）は，マーティン・ルーサー・キングが率いる南部キリスト教指導者会議（SCLC）が男性主導かつトッ

プ・ダウン型で運営されていることに疑問を抱き，学生が発言しやすい，より開かれた組織形態を目指して学生非暴力調整委員会（SNCC）の設立に力を注いだ。また，ファニー・ルー・ヘイマー（1917-1977）はミシシッピ州で有権者登録を推進し，1964年春には，白人学生のボランティアを導入し，フリーダムサマーと呼ばれる大規模な有権者登録運動を牽引した。ベイカーやヘイマーは，独自のミシシッピ自由民主党代表団を結成し，人種隔離を温存させてきた州の民主党の方針を厳しく批判した。後述するパウリ・マリーやジョニー・ティルモン，バーバラ・スミスも，黒人自由闘争を支えた人びとの一員である。

　しかし黒人自由闘争の歴史は長いあいだシスジェンダー（性自認と生まれたときに割り当てられた性別が一致している人）でヘテロセクシュアルな男性中心に描かれてきた。シスジェンダーの女性も，トランスジェンダー，レズビアンの人びとの経験も黒人自由闘争をめぐるナラティヴの周縁に位置づけられてきた。シスジェンダーの女性や，トランスジェンダー，レズビアンの人びとの営みに注目することは，黒人自由闘争，女性解放運動，ゲイやレズビアンの解放運動，貧困層の運動，ベトナム反戦運動がいかに結びつき，相互に影響を与え，緊張と連携と対話のなかで展開したのかを示すだろう。

　黒人自由闘争の歴史においておそらくもっとも注目を集めてきたシスジェンダー女性はローザ・パークス（1913-2005）であろう。パークスは1955年12月1日にアラバマ州モントゴメリーの公共バスにおいて，白人に座席を譲る行為を拒んだことで時の人となった。パークス逮捕後，黒人住民がモントゴメリーにおける公共バスを381日間にわたりボイコットした結果，連邦最高裁判所は市の公共バスにおける人種隔離を禁じる画期的な判決を下した。このバス・ボイコット運動の成功以降，パークスは長年にわたり「公民権運動の母」「公民権のファースト・レディ」と見なされてきた。

　しかし，バスの座席を白人に譲るのを拒んで逮捕された乗客はパークスが初めてではない。1955年だけに注目しても，クローデット・コルヴィン，オーレリア・ブラウダー，スージー・マクドナルド，メアリー・ルイーズ・スミスの4人が原告となり，座席を白人利用者に譲るのを拒んで逮捕されたことに対して裁判を起こしていた（「ブラウダー対ゲイル裁判」）。パークスが逮捕される以前から，バス・ボイコット運動の計画も着々と練られていた。そうしたなか，「も

の静か」で「品位」があり，既婚者でかつ勤労者である大人の「リスペクタブル」な女性パークスが，運動への支持を獲得するうえで適任であると見なされたのである。バス・ボイコット運動は，デパートの裁縫師として一日労働に明け暮れた女性が，「偶然」にも座席を譲るのを拒否した行動を契機とし突如起こったものとして語られることとなった。

　実のところ，パークスは60年にわたって黒人自由闘争に従事していた。1913年２月４日にアラバマ州タスキーギで生まれたパークスは，全米黒人向上協会（NAACP）を拠点に，黒人に対する暴力と対峙し，公正な裁判を求めて闘った。1931年にアラバマ州で起きたスコッツボロ事件（９人の黒人青少年が貨物列車内で２人の白人女性をレイプしたかどで証拠不在のまま逮捕され，死刑判決を受けたものの，のちに全員が釈放となった事件）の際，夫レイモンドとともに少年たちの支援活動を行った。その後NAACPモントゴメリー支部の秘書を務め，有権者登録運動に従事しつつ，1944年に白人男性による集団レイプの被害にあった黒人女性のレイシー・テイラーを支援するため，「公正な裁判のための委員会」を設置した。アラバマ州各地をまわりながら，黒人に対する暴力の実態を明らかにし，公正な裁きを求めた。1945年のアトランタや46年のジャクソンヴィルにおけるNAACPの会議では「真の友人」であり，「師」と仰ぐエラ・ベイカーと交流した。ボイコット事件が起きた1955年夏には，労働者の権利擁護と人種平等を掲げたハイランダー・フォーク・スクールに参加し，セプティマ・クラーク（1898-1987）をはじめ多くの活動家とともに社会運動の経験を積んだ。こうした闘いの延長上に1955年12月１日の事件が起きたのである。

　バス・ボイコット運動の歴史は，パークスと，ボイコット運動成功のために結成されたモントゴメリー向上協会マーティン・ルーサー・キング会長の２人を軸に語られてきたが，その背後には公共バスにおける人種隔離の合法性を長年にわたり問題にし，草の根レベルでボイコットを支えてきた人びとの活動があった。

　パークスの闘いは12月１日の事件で終わったわけではない。仕事を失い，日常的に脅迫に晒されるなか，夫とともにモントゴメリーを離れ，ヴァージニア州ハンプトンを経てミシガン州デトロイトに移り住んだ。民主党下院議員となったジョン・コニャーズのもとで1965年からスタッフとして働きつつ，セル

マ大行進（1965年）や貧者の行進（1968年）に参加し，声を上げた。またローザ・レイモンド・パークス自己開発教育センターを創設し，黒人史の教育と若いリーダーの育成に力を注いだ。パークスは自伝のなかで，人びとは今でも「私がバスの席を譲るのを拒否したあの1955年の夕方の出来事について，尋ねたがります」と語ったが，1955年12月1日の事件は，パークスにとって，差別的な司法制度と闘い，黒人の解放を追求し，若年層の教育支援に力を注いだ活動の一頁に過ぎなかった。パークスは1994年に刊行した自伝のなかで，「過去40年間に得た成果に甘んじないことが大切だと思います」と語り，若者同士が殺し合ったり，高齢者が家に強盗に入られたり，「人が，肌の色のせいで，警官から呼び止められ，暴行を受ける」たびに，私たちの「自由が脅かされている」と警告していたことにあらためて注目したい。

3　「周縁から中心へ」──ブラック・フェミニズムの思想的展開

「ジェーン・クロウ」とは何か──パウリ・マリー

　人種平等とジェンダーの公正さを分かち難いものとして概念化し，黒人と女性の権利獲得に寄与したのが弁護士，法学者，活動家，牧師のパウリ・マリー（1910-1985）である。1911年11月2日に，メリーランド州ボルティモアでアナ・ポーリーン・マリーとして生まれたマリーは，3歳の時に母を病気で亡くし，父は精神を病むなか，母方の親族に育てられた。祖先には奴隷化された人，自由黒人の農民，チェロキー族の先住民，白人のクエーカー教徒，奴隷主（エンスレイヴァー）と多様な人びとがいた。

　マリーは男性的な服装をし，ヘテロセクシュアルな女性と恋愛関係にあった。自身のセクシュアリティに悩み，ホルモンの投与や性転換手術を考えたこともあった。自身の名前を（女性的な名前である）ポーリーンから，（性別が明確でない）パウリに変更したのもそのような理由からであった。まだトランスジェンダーという言葉が存在しない時代に，マリーは自身を「インターセックス」と見なした。

　ニューヨークのハンター大学を1933年に卒業するものの大恐慌期で職探しに苦しんだマリーは，2つの体験をきっかけに弁護士を目指すようになった。ひ

とつはヴァージニア州ピッツバーグで，黒人用の座席が壊れていたために白人用の席に座ったことで逮捕されたこと，そして白人の土地所有者を殺した罪で死刑判決を受けたヴァージニア州の小作人オデル・ウォラーの支援活動を行ったことである（マリーらの活動により，フランクリン・ローズヴェルト大統領が州知事に減刑を求めたものの，ウォラーは処刑された）。この2つの経験をきっかけにマリーは，公民権を専門とする弁護士を目指し，ハワード大学ロースクールに進んだ。主席で卒業したマリーだったが，通常は主席の学生に与えられるハーバード大学院への入学許可は女性であることを理由に認められなかった。マリーはのちにイエール大学で黒人として初めて法学博士号を取得した。

マリーは1950年に『人種と肌の色に関する州法』と題した書籍を出版した。これはのちに最高裁判事となるサーグッド・マーシャルが公民権運動の「バイブル」と呼んだ一冊である。マリーはあらゆる考えをもつアメリカ人に活用してもらえるよう，「できるだけコメントを挟まずに」700頁以上に及ぶこの本をまとめ上げた。人種隔離制度の違憲性とそれに抗うための法的根拠を示した本書は，ブラウン対教育委員会判決の礎となった。マリーは人種・肌の色による差別のみならず，「信条，宗教，国籍，外国人であること，祖先，性による差別」から人びとを守る仕組みが必要であると強調した。

マリーはジム・クロウと呼ばれる人種隔離制度とそれを支える法体系を念頭に，構造的な性差別を「ジェーン・クロウ」と名づけた。1961年に発足した女性の地位に関する大統領委員会（PCSW）の委員を務めた際，性差別と人種差別が似通っていることを指摘し，性差別もまた法の下での平等な保護を謳った憲法修正14条に違反するものだと主張した。1965年に発表した共著論文「ジェーン・クロウと法律──性差別と第7篇」においてはより明確に，性差別と人種差別が「驚くほど類似する」構造をもつことを明らかにし，公民権法を黒人の権利擁護のためだけなく，人権保護のための法律へと読み替えてゆく必要性を訴えた。マリーはPCSWの委員を務めた『新しい女性の創造』の著者であるベティ・フリーダンに対し，NAACPをモデルに，女性のための公民権組織を結成するよう呼びかけた。1966年6月に，アメリカ社会の本流に女性を完全に参加させることを目標に掲げ，ロビー活動や法廷闘争を展開する全米女性組織（NOW）が結成され，マリーは共同創設者の一人となった。当時駆け出しの弁

護士だったルース・ベイダー・ギンズバーグ（1993年に連邦最高裁判事となる）
が，憲法修正第14条が女性にも適用されるとした画期的な**リード対リード最高
裁判決**(3) (1971) においてマリーを共同執筆者としたのは，「ジェーン・クロウ」
を問い，法廷とアカデミズムと社会運動の場で闘ってきたマリーへの敬意によ
るものだ。

　マリーは，「あるときは黒人，別のときは女性，さらに別のときは労働者と
切り分けることはできない」と語った。人種，ジェンダー，セクシュアリティ
の境界に立ち，そこから既存の制度，法体系に挑んだマリーの闘いは，インター
セクショナリティの概念を下支えするものとなった。

「豊かな社会」における貧困──ジョニー・ティルモン

　貧窮状態にあるシングルの親とその子どもたちへの公的扶助プログラムであ
る要扶養児童家族扶助（AFDC）の受給者を束ねた組織が全米福祉権団体
（NWRO）である。1966年6月末，全米の25以上の都市で6,000人以上のAFDC
受給者が「福祉権」を訴えてデモ行進を行い，翌年夏に「十分な収入」「尊厳」
「正義」「民主主義」の四原則を掲げて組織を結成し，75年3月まで活動を行っ
た。NWROの議長（およびのちに事務局長）を務めたのがロサンゼルス出身の
シングルマザーであるジョニー・ティルモン（1926-1995）であった。

　1958年に経済学者ジョン・K・ガルブレイスは著書『ゆたかな社会』のなか
で，戦後アメリカがかつてない繁栄を享受する一方，豊かさから取り残された
「島」のよう地域が点在することに注意を促したが，大都市の黒人居住区はま
さに「豊かな社会」に浮く孤島のような存在だった。その黒人居住区のなかで
もっとも経済的に苦境を強いられていた集団のひとつがAFDCと呼ばれる生
活保護の受給者とその家族であった。

　NWROは厳寒のなか通学する際に防寒着を購入する費用や，暖房費の支給，
家賃滞納による退去に抗う権利など，衣食住という日々の生活の場において受
給者の生存権を求めて活動を行った。また，公的資金援助のもと秘密裏に行わ
れてきた不妊施術の実態を白日の下にさらし，同意なく施される不妊手術を阻
止し，自らの子どもを産み／育てる権利を求めて闘った。1969年8月，リチャー
ド・ニクソン大統領が児童を扶養するすべての家族に年間1,600ドル（4人家族

の場合）を給付する「家族支援計画[(4)]」を提案した際，この計画は「支援」どころか受給者をよりいっそうの貧困に追い込むものだと NWRO は反論した。そのうえで NWRO は「合衆国憲法のなかで保障された権利と自由を行使するために必要不可欠なもの」として保証所得の実現を目指した。

　福祉権運動は，アメリカ社会のなかで周縁化され，〈生〉を否定された AFDC 受給者による，自らと自らの家族の生存権を求めた運動であった。運動の中心にいたのは，「リスペクタブル」な女性の対極に位置づけられた，大都市に暮らす黒人女性のシングルマザーである。NWRO の設立以来事務局長を務めた公民権活動家ジョージ・ワイリーが脱退した後，事務局長に就任したティルモンの下で NWRO は女性解放運動に接近した。ティルモンは，雑誌『ミズ』創刊号に寄せた論考「福祉は女性に関わる問題である」のなかで，アメリカには自分のように「統計上の数字として扱われる人間」が何百万人もいること，福祉受給者となることは誰にでも起こりうることであり，特に家事・育児労働に従事するために有償労働を制限してきた女性には起こりうること，それゆえに福祉は「女性の問題」であると指摘した。NWRO の活動は，全米女性組織をはじめとする女性解放組織が「福祉」を「女性の問題」としてみるようになるきっかけとなった。

　ティルモンらが推し進めた福祉権運動は，黒人女性でシングルマザーの受給者の経験に根差したものであり，受給者の〈生〉を軽んじる社会のあり方を問い直し，その過程で〈福祉権〉という貧困層が生き抜くための思想的基盤をつくりだすものであった。それは黒人自由闘争の限界をふまえ，女性解放運動への期待をこめつつ，福祉受給者としての立ち位置から両運動を咀嚼し，架橋し，自らの権利拡大に努めるなかで生み落とされた視点であった。

人種，階級，ジェンダー，セクシュアリティの交錯
——コンバヒー・リヴァー・コレクティヴ

　人種主義，性差別，資本主義，ホモフォビア（同性愛嫌悪）と対峙し，「あらゆる抑圧の構造」と同時に闘うことで包括的なブラック・フェミニズムのヴィジョンを提示したのがコンバヒー・リヴァー・コレクティヴ[(5)]である。

　1973年，人種と性によって二重に差別を受けてきた黒人女性のニーズに応え

るため，**全米黒人フェミニスト組織**（NBFO）⁽⁶⁾が結成された。しかし，専門職
に従事するヘテロセクシュアルな女性が実権を握り人種統合を推し進めるなか，
NBFO本部の立場に賛同できなかったボストン支部のメンバーが袂を分かち，
1974年に別組織をつくった。

　コンバヒー・リヴァー・コレクティヴの共同創設者の一人バーバラ・スミス
（1946-）は，黒人自由闘争と白人フェミニストの運動の双方で周縁化されるな
か，「自分たちの場」を生み出す必要があったと語る。スミスは公民権団体に
おける性差別，女性嫌悪に加えて，NBFOのような黒人女性の団体における
ホモフォビアにも向き合わざるを得なかった。一方，白人中産階級が主導する
女性解放運動においても黒人女性は沈黙を強いられた。このような状況下で，
自分たちの重層的なアイデンティティに向き合い，そこから政治的な理論と実
践を行う〈場〉を創りだす必要があった。

　コンバヒー・リヴァー・コレクティヴの声明には，黒人女性の経験から出発
し，人種主義，性差別，ホモフォビア，資本主義と闘うブラック・フェミニズ
ムのヴィジョンを読みとることができる。まず，われわれの前には，ソジャー
ナ・トゥルースやハリエット・タブマンのような著名人から無名の人まで，無
数の黒人女性の活動家が存在したと述べた。そのうえで，黒人女性の経験を織
りなす「多重の構造」に着目し，そこから連動し，同時に起こる「抑圧のシス
テム」を分析し，そのシステムと闘うために行動を起こすことを目標に掲げた
のである。コンバヒー・リヴァー・コレクティヴが目指していたのは包括的で
開かれた運動の姿であった。スミスらは「人種，性，階級」がいかに同時に作
用して抑圧を生み出すのかに注意を向けたが，そのことは転じて，人種，エス
ニシティ，ジェンダー，国籍，性的指向を問わず，政治的な目標や優先事項を
共有する人とは誰とでも手を組み，共闘する姿勢へとつながった。

　スミスらの活動の原点にはベトナム反戦運動があった。第三世界の人びとと
の連帯を求め，アメリカ黒人をアメリカ国内で植民地化された存在と見なした。
スミスらは黒人女性を含めて有色の女性たちを「第三世界の女性」と呼んだ。
この国境を越えたヴィジョンもまた，コンバヒー・リヴァー・コレクティヴに
よる声明の特徴のひとつである。

「女性」のなかの人種，階級に基づく差別——ベル・フックス

　著述家，文化批評家，フェミニズムの理論家であるベル・フックス（本名は
グロリア・ジーン・ワトキンス，1952-2021）が問題にしたのは，女性解放運動が
覆い隠してきた「女性」のなかの人種，階級に基づく差別であった。女性たち
は「共通の抑圧」を語ることで連帯し，運動を推し進めてきた。しかしフック
スは現代フェミニズムの根幹に位置してきた「すべての女性は抑圧されている」
という主張に疑問を呈し，裕福な白人女性が「共通の抑圧」を雄弁に語るかげ
で黒人女性は沈黙を強いられてきたと指摘した。

　フックスにとって，冒頭で述べたソジャーナ・トゥルースは奴隷化された黒
人女性の境遇に目を向けさせ，黒人男性とすべての女性に選挙権を与えるよう
訴えた「革命的フェミニスト」であった。黒人男性と肩を並べて働かされてい
た黒人女性は，女性も男性と対等に労働できることを示す「生きた証人」だっ
た。同時にトゥルースのまなざしは女性参政権に異議を唱える男性だけでなく，
白人女性に対しても向けられていたとフックスは語る。

　黒人女性は，黒人自由闘争と女性解放運動の双方においても先駆的な役割を
担ってきたが，どちらにおいても周縁に追いやられた。フックスが俎上に載せ
るのは，白人中産・上流階級が主導してきた「第二波」と呼ばれる第二次世界
大戦後のフェミニズムである。「第二波」の運動を牽引したフリーダンは『新
しい女性の創造』のなかで，高等教育を受けキャリアを築いた後，結婚し家庭
に入り，主婦となった女性たちの苦悩と虚脱感を「**名前のない問題**」[7]として描
いた。しかしフックスは，この問題に悩まされているのは「余暇にも家庭にも
子どもにも買い物にも飽きて，自分の人生には，もっと何かあるはずだと高望
みしている専業主婦たちの状況」つまり，大学教育を受けた中産・上流階級の
白人既婚女性という，ごく一部の人びとに過ぎないと痛烈に批判した。

　フックスは「こうした白人の有閑階級の主婦特有の問題やジレンマ」は彼女
たちにとっては重要な問題だったかもしれないが，黒人女性を含む大多数の女
性にとっては差し迫った社会的な関心事ではないと喝破した。それは，フック
スに言わせれば，選ばれし集団の「自己陶酔，無神経，単なる感傷，そして言
いたい放題の事例研究のひとつ」に過ぎず，その他大半の女性は，経済的な問
題，人種差別といった切実な心配事を抱えていたのである。

　これはフリーダン個人の問題に留まらない。最大の問題は，ごく一部の集団のジレンマが現代フェミニズム思想の基礎を形づくった点にある。白人女性が家事・育児労働から解放され，白人男性と同じように専門職に就き社会で活躍することを目標に掲げるとき，いったい誰がその家事・育児労働を担うために駆り出されるのか。白人女性の「身代わり」になるのは黒人や有色で，労働者階級の女性たちではなかったのか。白人女性の「名前のない問題」を解決するために，家事・育児労働に動員される人びとにとっては，フェミニズムは「共通の抑圧」の名のもとに抑圧を強いるものとなり得るのだ。

　フックスは，自身がこうした問題を指摘するのはフリーダンが成し遂げた貢献を否定するためでも，女性解放運動の発展を阻害するためでもないと強調する。黒人女性はフェミニズムの運動を推し進め，理論を形づくるうえで，中心的な役割を果たしうることを指摘するためである。フェミニズムが人種主義や資本主義的な家父長制に取り込まれてしまうのではなく，「みんなのもの」となるための道筋を示すフックスの研究はインターセクショナリティという分析枠組みを生み出す源泉のひとつとなった。

4　インターセクショナリティという分析枠組み

単一軸を越えて──キンバリー・クレンショー

　フックスの「中心─周縁」という考え方は，フェミニズムの思想と実践の場において，誰が語りを独占してきたのかを示した。つまり，「第二波」と呼ばれる1960〜70年代の女性解放運動を牽引してきたのは，白人中産階級の女性であり，その過程で黒人女性が周縁に追いやられてきたことを指摘したうえで，黒人女性の経験から「中心」を問い直し，フェミニズムそのものを考え直す必要性を訴えたのである。

　1980年代末には，「女性」ないし「黒人」といったひとつのカテゴリーのなかで中心─周縁を転覆させるのではなく，複数のカテゴリーが「交差」する場に黒人女性の経験を位置づける〈知〉＝新たな分析枠組みが登場した。インターセクショナリティである。

　インターセクショナリティという言葉を編み出し，世に知らしめたのは法学

者で活動家のキンバリー・クレンショー（1959-）である。クレンショーは1989年に発表した論文のなかで，フェミニストの理論と反人種差別闘争の双方の場において，黒人女性の経験が周縁化されてきたことを指摘し，人種，あるいはジェンダーといった「単一軸に基づく分析」では黒人女性の経験の拡がり——多重性を捉えきることができないと述べた。そして黒人女性の原告の訴えに対して，裁判所がどのような判断を下してきたのかを分析し，性差別の判例においては白人女性の経験が，人種差別の判例においては黒人男性の経験が基準となってきたことを示した。

　クレンショーはインターセクショナリティの具体的なイメージとして，交差点を挙げる。四方向から車が往来する交差点で事故が発生する場合，ある方向から疾走してきた車によって引き起こされるケースもあるし，ときには全方向から交差点へ向かう車が衝突して起きる可能性もある。車の往来と社会にはびこる差別を重ねて考えてみるとよい，とクレンショーは提案する。

　クレンショーも冒頭で紹介したソジャーナ・トゥルースを引用する。トゥルースは，女性は弱く繊細であるために政治的な，責任を全うすることができないと考えた男性に挑戦するべく起ち上がった。奴隷として過酷な労働に耐えた自身の経験を語ることで，弱く可憐で庇護が必要な女性のイメージを打ち破ったのである。しかし，トゥルースのこの言葉は自らを「女性」の代表と見なし，「女性」のために語り続ける白人女性に対して向けられたものでもあった。白人女性が，黒人女性の歴史——そして自らの人種主義——に目を向けるよう呼びかけるものでもあったのだ。

　クレンショーは黒人自由闘争においても，フェミニズムにおいても，黒人女性の「交差する経験」を無視することはできない——単一軸に基づく分析では，黒人女性の歴史を理解することはできない——と訴えた。ここでは主として人種とジェンダーの「二重の差別」が問われている。しかし，階級やセクシュアリティなど，他の分析軸についてはどのように考えればよいのだろうか。インターセクショナリティという枠組みは黒人女性の以外の有色の女性にとってどのような可能性をもつものなのだろうか。

社会変革のための分析枠組み──パトリシア・ヒル・コリンズ

　ほぼ同時期にインターセクショナリティの理論化を行ったのが社会学者のパトリシア・ヒル・コリンズ（1948-）である。コリンズは，代表作である『黒人フェミニストの思想』（1990年）を，自分自身と「社会のなかで尊厳を否定され，沈黙を強いられてきた」アフリカ系アメリカ人女性の「声」を取り戻すために執筆したと語った。

　コリンズは黒人女性に対してさまざまなステレオタイプが生み出されてきたことを指摘し，このステレオタイプを「**支配イメージ**」と呼んだ。たとえばシングルマザーの福祉受給者に対する「自堕落で，性的に奔放で，福祉に依存する母親」像がその典型である。黒人女性の「声」を掻き消そうとする試みが繰り返されてきたが，それは黒人女性が「声」をもたなかったことを意味しない。黒人女性はむしろ，抑圧に抗い，自身のエンパワーメントのために「対抗の知」を生み出してきた。この抑圧と知の創造の相克こそ，ブラック・フェミニストの思想の中核を成すものだと指摘した。

　コリンズは黒人女性の知の創造に光をあてることで，「知識人」の定義そのものを問い直す。たとえばソジャーナ・トゥルースは奴隷化され，読み書きを学ぶ機会がなかったが，「女性」という概念そのものを問い直すことで知識人としての地位を確立した人物だと語る。

　コリンズにとって，インターセクショナリティとは，さまざまな人びとが参加する，協働の知的・政治的プロジェクトであり，社会変革のための総称である。その最大の特徴のひとつは，20世紀半ばに，黒人解放，女性解放といった目標を掲げた社会運動によって社会のあり方そのものが揺さぶられ，変革されたただなかに登場したという点にある。

　このように，コリンズはインターセクショナリティを新しい〈知〉の創造のプロジェクトとして捉え，社会変革のための分析枠組みとして提示した。それは，ブラック・フェミニストの思想を源泉としつつ，植民地主義，人種主義，性差別，ナショナリズムによって引き起こされた社会問題を相互に関連しあうものとして広く理解するために生み出された分析ツールである。

境界を越えて——アンジェラ・Y・デイヴィス

　哲学者で活動家のアンジェラ・Y・デイヴィス（1944-）もクレンショーやコリンズと並んでインターセクショナリティの理論を形づくってきた人物の一人である。ブラック・パンサー党員としての活動歴をもち，マルクス主義者であり，『女性・人種・階級』（1981年）を出版するなどフェミニズムの理論家としても名高いデイヴィスの思想と運動そのものがインターセクショナリティという考え方を推し進めてきたと言えよう。

　デイヴィスは黒人に対する警察暴力を問い，アメリカと世界における刑罰国家（the Penal State）の拡大に警鐘を鳴らし，反監獄運動を長年にわたり牽引してきた。この反監獄運動は，**サン・ラファエル法廷襲撃事件**[(9)]（1970年）の共犯者に仕立て上げられた後，無罪を勝ち取った自身の経験に基づくものでもあった。今日，アメリカ人は世界人口の5％を占める一方，刑務所や留置所に拘禁されている世界の囚人人口の25％を占める。監獄制度が公民権法成立以降に拡張した理由を，軍産複合体の台頭を思い起こさせるほどの規模で，産獄複合体が形成されたためであると指摘した。建設業から食品，保健医療設備に至るまで，刑事収容とは一見関わりのない企業が監獄制度の恒久化に強い利害関係をもつようになった。憲法修正第13条により奴隷制は廃止されたが，そこには「犯罪に対する刑罰として当事者が適法に宣告を受けた場合」を除くという「重要な例外規定」があったとデイヴィスは指摘した。南北戦争後，「黒人取締法」により放浪や労働現場からの離脱，労働契約違反，銃の所持，無礼な態度や行動等を理由に処罰されるなか，黒人は「犯罪者」として囚人貸出制度の下で強制労働に従事させられることとなった。これは奴隷制の再生としての側面をもっていた。囚人人口が激増したのは，ジム・クロウと呼ばれる人種隔離制度にメスを入れた1964年の公民権法および65年の投票権法成立以降のことであった。人種，肌の色による差別は過去の遺物となったはずだったが，拡大する刑罰国家の下で黒人の市民権は大幅に制限された。

　この「監獄ビジネス」は移民も標的にした。2001年9月11日の同時多発テロ事件以降，移民勾留センターのみならず留置所，刑務所に収監される移民の数が急増した。デイヴィスは，かつてバスが指摘したように，黒人の解放と移民の権利擁護を切り離すことはできない，移民の権利のための闘争は黒人自由闘

争の一部だと指摘する。

　今日，女性の囚人人口も急増している。デイヴィスは，刑罰国家の拡大が福祉の解体とともに進められた点を指摘した。シングルの親とその子どもたち向けの事業である AFDC は，事業の拡大と費用の増大を危惧する政治家，メディアによって批判に晒され解体に追い込まれた。失業・貧困が深刻化し，セーフティネットが奪われるなか産獄複合体が拡張したことは，貧しい親とその子もの生存権を脅かす状況となった。

　デイヴィスはジェンダー，セクシュアリティ，階級，ナショナリティを考慮せずに人種差別との闘いで勝利を収めることはできないと主張する。またコリンズと同様，デイヴィスは社会に変革をもたらすのは大衆運動であると指摘する。デイヴィスにとってインターセクショナリティは個別の社会運動をつなげ，より強力な大衆運動へと変えてゆくための枠組みであり，構造的・制度的変革をもたらすための思想に他ならない。

5　「変化のためのロードマップ」としてのインターセクショナリティ

インターセクショナリティとブラック・フェミニズム

　インターセクショナリティは，今日さまざまな学問分野における分析枠組みとなり，組織が掲げる目標として採用されるに至った。そしていまや「ダイバーシティ（多様性）」や「インクルージョン（包摂）」と並び，さまざまな場で目にする標語となった。

　クイア理論家のジャスビル・プアは，アメリカ黒人女性の経験をインターセクショナリティの中心に位置づける言説は，ブラック・フェミニストを一枚岩のものと捉えることでブラック・フェミニスト内の差異を見えなくし，さらに有色の女性たちのなかの差異をも隠蔽すると指摘する。インターセクショナリティを，ブラック・フェミニズムと同等のものと見なしてしまえば，アメリカ合衆国以外の，黒人女性以外の経験が脇に追いやられ，インターセクショナリティという概念がもつ広がり，トランスナショナルな視座を狭めるのではないかと懸念する人びともいる。

　一方，インターセクショナリティという言葉が独り歩きし，流行り言葉に成

り果てたのではないかと危惧する声もあがる。たとえばアフリカ系アメリカ人，ジェンダー，セクシュアリティ研究者のジェニファー・C・ナッシュは，女性学においてインターセクショナリティという枠組みが白人中心のフェミニズムを克服した「証左」として利用されてきたと指摘する。インターセクショナリティという言葉に埋め込まれたブラック・フェミニズムの歴史が捨象され，不平等や不正を問うという本来の目的が失われることへの危機感から，インターセクショナリティが「白人のものにされる」ことを批判する声は強い。

「誰も取り残されない」ための思想

　ここでパトリース・カーン゠カラーズ，オパール・トメティとともにBLM運動を創設したアリシア・ガーザの言葉を紹介したい。ガーザにとってBLM運動はインターセクショナリティの実践の〈場〉である。ガーザは，クレンショーの言葉を引用しながら，インターセクショナリティとは「誰も取り残されない」ための思想だと語る。それは人びとの抑圧に甲乙をつけ，誰がもっとも疎外されているのかを競うような「抑圧のオリンピック」ではない。また，「多様性や代表性」の同義語として使われることがあるが，表面的なレベルで周縁化された人びとをメンバーに加えることを目指すものでもない。インターセクショナリティとは，これまで人びとが社会からどのようにして／なぜ取り残されてきたのかを理解し，忘れ去られてきた人びとの存在を可視化することで「変化のためのロードマップを示すもの」である。

　本章を通して見てきたのは，インターセクショナリティという言葉には人種，階級，ジェンダー，セクシュアリティ，国境等が交差する場に身を置き，そこから社会の不平等と不正を問うてきた活動家，思想家，知識人が歩んだ軌跡が埋め込まれているという点だ。本章で取り上げたのはその一部分に過ぎない。インターセクショナリティは黒人女性の経験に根差しつつも，黒人女性のためだけのものではない。そこには黒人解放，警察暴力との対峙，移民の権利獲得，女性解放，多様な性のあり方の追求，貧困と格差を問いただす視点，国境を越えて不平等，不正と闘う人びととの連帯が刻まれている。それは差異を隠蔽するためのものではなく，社会に遍在するさまざまな権力構造に光をあて，その入り組んだ構造の解明と変革を目指す思想なのである。

土屋和代

注

(1) 1943年6月にロサンゼルスで起きた，海軍の訓練校に所属する白人青年が中心となりズートスーツをまとうメキシコ系や黒人の青年を襲撃した事件。前年に起きたスリーピー・ラグーン殺人事件の裁判と並び，メキシコ系住民への排斥感情の高まりを象徴する事件となった。

(2) 大統領候補となった弁護士のヴィンセント・ハリナン（国際港湾倉庫労働者組合初代会長ハリー・ブリッジスの弁護人として活躍し，法廷侮辱罪で収監された経験を有する）とともに選挙戦に臨み約14万票を獲得したものの，落選した。

(3) 死亡した子どもの財産権に関して，母親よりも父親を優先させるアイダホ州法を憲法違反である判断した1971年の最高裁判決。憲法修正第14条に記される平等保護条項を，女性を差別から守る根拠とし歴史的判決となった。

(4) 1969年8月にリチャード・ニクソン大統領が提唱した，4人家族に対して1,600ドルを支給する計画。家族に働き手が含まれていた場合，稼働所得とあわせて合計で3,920ドルまでの収入を認めるというものであった。

(5) 黒人女性で「地下鉄道」（黒人を北部やカナダに逃亡させる運動）に従事していた奴隷制廃止論者のハリエット・タブマンが1853年に750人の奴隷を解放したことで知られる。コンバヒー・リヴァー・コレクティヴはこの「解放のための政治的行動」をモデルとした。

(6) 1973年に，全米女性組織（NOW）のニューヨーク支部に集う弁護士のフロリンス（“フロ”）・ケネディと『ミズ』誌の編集者マーガレット・スローン―ハンターらが中心となり，黒人女性が直面する人種差別，性差別と闘うために創立された団体。1976年まで活動を行った。

(7) ベティ・フリーダンが『新しい女性の創造』（1963年）のなかで描いた，妻，母として完璧さを求められる郊外の（主として白人中産階級の）主婦たちの「得たいの知れない悩み」をさす。同書は12カ国語以上の言語に翻訳され世界各地でベストセラーとなった。

(8) パトリシア・ヒル・コリンズが用いた，人種差別，性差別，貧困などを「自然」で「不可避なもの」と見せるためのイデオロギーをさす言葉。白人家庭の家事・育児労働をすすんで行う「マミー」，黒人社会の「母権制」を批判する際に用いられる「家母長」などがある。

(9) 1970年8月7日，17歳のジョナサン・ジャクソンがサン・ラファエルのマリン郡法廷に出向き，判事ほか3人を人質にとり，兄ジョージを含む「ソルダッド・ブラザーズ」の釈放を求めた事件。裁判所の外で起きた警察官の射撃により，ジャクソンや判事を含む5名が死亡した。

─── さらに考えるために ───

Daina Ramey Berry and Kali Nicole Gross. *A Black Women's History of the United States*. Boston : Beacon Press, 2020. 兼子歩，坂下史子，土屋和代訳『アメリカ黒人女性史』（仮）勁草書房，2022年刊行予定
近年の研究成果をふまえて新たな黒人女性史像を示したテキスト。黒人女性史の訳書として，ポーラ・ギディングズの『アメリカ黒人女性解放史』（1989年），ジャクリーン・ジョーンズの『愛と哀──アメリカ黒人女性労働史』（1997年）があるが，本書は階級，セクシュアリティ，ナショナリティなど黒人女性内の差異・多様な経験を重んじつつ，各時代を生きた黒人女性の「声」をもとにアメリカ史を紡ぐ貴重な一冊である。

Patricia Hill Collins. *Intersectionality as Critical Social Theory*. Durham : Duke University Press, 2019.
『黒人フェミニストの思想』で知られる社会学者パトリシア・ヒル・コリンズによる，インターセクショナリティについての研究書。インターセクショナリティは多様な人びとが参加する協働の知的・政治的プロジェクトであり，異質な考えが混ざりあっていることこそがインターセクショナリティという思想の強みであるとコリンズは主張する。本章で紹介したアイダ・B・ウェルズ＝バーネットやパウリ・マリーについても分析している。

アリシア・ガーザ（人権学習コレクティブ訳）『世界を動かす変革の力──ブラック・ライブズ・マター共同代表からのメッセージ』明石書店，2021年
BLM運動の共同創設者である著者による自伝。ブラック・フェミニズムとの「出会い」，黒人コミュニティの組織化の経験を，同時代のアメリカ政治，社会の変遷のなかに位置づけ語る筆致は見事である。ガーザは人種，階級，ジェンダー，セクシュアリティをめぐる緊張から目を背けず，連帯・共闘の可能性を探る。BLM運動はハッシュタグによって突如生まれたかのように語られがちだが，著者は「オフラインで連帯して運動を起こすことが，必要な変革を遂げるための唯一の道なのだ」と強調する。

読書案内

Bay, Mia, Farah J. Griffin, Martha S. Jones, and Barbara D. Savage, eds. *Toward an Intellectual History of Black Women*. Chapel Hill : University of North Carolina Press, 2015.

Berry, Daina Ramey, and Gross, Kali Nicole. *A Black Women's History of the United States*. Boston : Beacon Press, 2020. 兼子歩，坂下史子，土屋和代訳『アメリカ黒人

女性史』(仮)勁草書房,2022年刊行予定。

Collins, Patricia Hill. *Intersectionality as Critical Social Theory*. Durham : Duke University Press, 2019.

Crenshaw, Kimberlé. "Demarginalizing the Intersection of Race and Sex : A Black Feminist Critique of Antidiscrimination Doctrine, Feminist Theory and Antiracist Politics." *University of Chicago Legal Forum* 1989, iss. 1, article 8 (1989) : 139–67.

デイヴィス,アンジェラ(上杉忍訳)『監獄ビジネス——グローバリズムと産獄複合体』岩波書店,2008年。

——(浅沼優子訳)『アンジェラ・デイヴィスの教え——自由とはたゆみなき闘い』河出書房新社,2021年。

DuRocher, Kristina. *Ida B. Wells : Social Reformer and Activist*. New York : Routledge, 2017.

ガーザ,アリシア(人権学習コレクティブ訳)『世界を動かす変革の力——ブラック・ライブズ・マター共同代表からのメッセージ』明石書店,2021年。

ギディングズ,ポーラ(河地和子訳)『アメリカ黒人女性解放史』時事通信社,1989年。

Hancock, Ange-Marie. *Intersectionality : An Intellectual History*. New York : Oxford University Press, 2016.

Higginbotham, Evelyn Brooks. *Righteous Discontent : The Women's Movement in the Black Baptist Church, 1880-1920*. Cambridge, Mass. : Harvard University Press, 1993.

フックス,ベル(柳沢圭子訳)『アメリカ黒人女性とフェミニズム——ベル・フックスの「私は女ではないの?」』明石書店,2010年。

——(野﨑佐和,毛塚翠訳)『ベル・フックスの「フェミニズム理論」——周辺から中心へ』あけび書房,2017年。

和泉真澄,坂下史子,土屋和代,三牧聖子,吉原真里『私たちが声を上げるとき——アメリカを変えた10の問い』集英社新書,2022年。

Nash, Jennifer C. *Black Feminism Reimagined : After Intersectionality*. Durham : Duke University Press, 2019.

ランスビー,バーバラ(藤永康政訳)『ブラック・ライヴズ・マター運動誕生の歴史』彩流社,2022年。

Rosenberg, Rosalind. *Jane Crow : The Life of Pauli Murray*. New York : Oxford University Press, 2017.

Taylor, Keeanga-Yamahtta, ed. and intro. *How We Get Free : Black Feminism and the Combahee River Collective*. Chicago : Haymarket Books, 2017.

Theoharis, Jeanne. *The Rebellious Life of Mrs. Rosa Parks*. Boston : Beacon Press, 2013.

土屋和代「生存権・保証所得・ブラックフェミニズム——アメリカの福祉権運動と〈一

九六八〉」『思想』1129号，2018年，105-29頁。

——「『誰のための民主主義か』——ロスアンジェルスにおける長い黒人自由闘争とシャーロッタ・バス」岩本裕子，西﨑緑編『自由と解放を求める人びと——アメリカ黒人の闘争と多面的な連携の歴史』彩流社，2021年。

第12章

宗教の自由のゆくえ

―アメリカ社会思想・キリスト教―

2016年大統領選挙での勝利の後，フロリダ州オーランドの凱旋政治集会で，メリー・クリスマスを唱えるトランプ
（出所）Photo by Orlando Sentinel /Getty Images

キーワード　宗教の自由　文化戦争　キリスト教ナショナリズム

　近年，アメリカでは「メリー・クリスマス／クリスマスおめでとう」を避け，キリスト教徒以外を意識して「ハッピー・ホリデーズ／いろんな祝日おめでとう」を使うことが増えている。日本では意識されないことも多いが，クリスマスはイエスの誕生を記念したキリスト教の祝日だ。ところが2016年大統領選で勝利したトランプは，選挙戦の最中からたびたび，「「メリー・クリスマス」を再び」といった発言で注目を浴びた。キリスト教徒のなかには，他宗教への行き過ぎた配慮に基づく「対クリスマス戦争」がしかけられていると考える人びとがおり，トランプはそうした立場への支持を表明したのである。クリスマスの挨拶をめぐるこの問題はなぜ，アメリカ大統領選挙にもかかわる政治的意義を帯びてしまったのだろうか。

1　建国の理想と挑戦

宗教の自由と「白人キリスト教国」アメリカ

　メリー・クリスマス論争の背景にあるのは，アメリカが宗教的にどのような国かについての意見対立だ。1791年に制定された合衆国憲法修正第1条は宗教の自由を定め，国教のような特権的宗教はアメリカにはないことになっている。だが同時に，プロテスタントのキリスト教がアメリカに及ぼしてきた影響は大きく，アメリカはキリスト教国だと考える人はいまだに多い。ここには互いに相容れない2つの立場があるようにも見えるが，本章では「宗教の自由」と「キリスト教国」の理想が，必ずしも対立するばかりではないかたちで作用してきた過程を歴史的にたどってゆく。

　さらに，これまで宗教に着目した研究は人種の要素を二次的なものとして扱いがちだったが，ブラック・ライヴズ・マターや，インターセクショナリティ／交差性概念の浸透もあり，両者の絡み合いを問いなおす研究が急速に進展している。トランプの人種主義と「メリー・クリスマス」の強調には何らか関係があるのではないか，アメリカがキリスト教国であるとの主張は，言外に白人のキリスト教国を想定していないかが，あらためて問われるなか，本章も宗教の自由と人種問題の交錯に可能な限り目を配る。

植民地における宗教の自由の実験

　自由の国アメリカで，宗教の自由は特に尊重されてきた。17世紀，北米英領植民地に入植したプロテスタントの一派ピューリタンは，迫害を逃れ宗教の自由を求めたアメリカ最初の移住者として伝説化されている。

　だが，宗教の自由の闘士としてのピューリタン像が強調される際にあまり語られないのは，ピューリタン自身が築いた植民地が不寛容だったことだ。マサチューセッツでは正しい信仰によって統べられた理想社会をつくろうと，教会員になるための資格を厳しくし，政治参加も男性教会員に限った。住民すべてに教会での礼拝参加を義務づけ，従わない者には罰を与えた。正しさを外れ社会を乱した者への迫害や追放，処刑を行った。ただし，為政者が特定の宗教を優遇し，はみ出す者を取り締まることは，19世紀頃までのヨーロッパとその植民地で一般的だった。北米英領植民地全般の宗教の自由度は，当時の西ヨーロッパと比べ特に高いわけではなかったが，極端に低いわけでもなかった。

　その一方，一部の植民地ではヨーロッパの一般水準を超えた自由が実現した。1636年，牧師ロジャー・ウィリアムズは，ピューリタン植民地の不寛容やネイティヴ・アメリカンの権利の軽視を批判して追放され，宗教の自由を定めた新たな植民地をつくった。これがロード・アイランド植民地の起源である。また，プロテスタントの一派であるフレンド派（クエーカー）のウィリアム・ペンらが築いたペンシルバニア植民地も，1701年に宗教の自由を定めた。

　ウィリアムズやクエーカーが宗教の自由を重視したのは，宗教を軽視したためではなかった。彼らは当時としては独特な，きわめて個人主義的な宗教観をもち，良心と宗教は自分と神の問題で，王であれ議会であれ，教会組織や聖職者であれ介入することはできないと考えた。個人主義的傾向は，教会による救いを強調したカトリック教会を否定して誕生したプロテスタントに共通するものではある。だが，多くの国家がプロテスタントの国教会を制定したことからもわかるとおり，**政教分離**や宗教の自由は，宗教改革の当然の帰結というわけではなかった。熱心なプロテスタンティズムは，ある場合には国教会制度に，またある場合には時代を先どる実験的自由の試みにつながり，アメリカは後者の道を進んでいった。

アメリカ独立と憲法修正第一条

　アメリカがイギリスから独立したのち，1791年の憲法修正第１条は宗教について２つを定め，宗教の自由は憲法に書きこまれた。第一に，連邦政府が国教会を制定することはできないこと。第二に，宗教の自由な実践を妨げることはできないことである。他国にさきがけたアメリカの宗教の自由実現には，ロード・アイランドやペンシルバニアで先行した実験に加え，２つの事情が作用していた。

　ひとつは，啓蒙主義の発展のなかではぐくまれた新たな寛容や自由の思想が，建国父祖と呼ばれる植民地のエリート層に浸透していたことだ。人間の理性の力を重視する啓蒙思想家たちは，国家や教会組織による宗教の強制，迫害を批判し，寛容と自由を論じた。特に，政教分離を唱えた17世紀イギリスの哲学者ジョン・ロックは，独立後のアメリカで宗教の自由を推進したトマス・ジェファソンや，ジェームズ・マディソンに影響を与えていた。

　加えて，植民地期以来の宗教的多様性は，ひとつの国教による統一が現実的でも理想的でもないような状況を生み出していた。植民地は経済的機会をもたらす場としても人びとをひきつけ，多様な地域から多様な宗教的背景をもった人びとが到来した。その多くはプロテスタントだったが，いくつもの教派に分かれており，どれかひとつを国教会化することへの不満は高まった。連邦政府が国教会をたてなかったのみならず，植民地時代に公定教会をもっていた諸州の多くも独立前後にそれらを廃止した。一部の州では続いた教会税徴収も19世紀前半には停止された。

　このように，独立したアメリカは宗教の自由の国家として出発した。だが，建国時のアメリカが自由と権利を掲げながら奴隷制を保持し，ネイティヴ・アメリカンの虐殺を続け，女性を二級市民としたように，自由の限界は宗教においても見られた。この時点のアメリカ人は，ほとんどがプロテスタントの白人で，キリスト教的理想国家というピューリタン以来の夢を継承しつつ，アメリカの多数派を形成した。このことは，カトリックや新宗教に属する宗教的少数者，そして，アフリカ出身の奴隷とその子孫や，ネイティヴ・アメリカンという「異教徒」の宗教の自由に影を落としていくことになった。

2　「事実上の国教」と不自由の19世紀

福音主義の興隆

　独立後の19世紀，アメリカでは**福音主義**⁽²⁾がプロテスタントの間に浸透して信仰熱を高め，教派を超えたプロテスタントの一体性を強化した。プロテスタンティズムは事実上の国教ともいうべき影響力をもち，アメリカはプロテスタントのキリスト教国だとの理解が広く共有された。その一方，この時代には移民や宗教的・思想的革新の結果，アメリカの宗教的多様性はさらに増し，少数派宗教がますます無視できない存在になっていた。

　アメリカの多数派をなした福音主義のプロテスタントは自由を重視し，アメリカの宗教の自由をたたえたが，その一方で，多数派としての立場から少数派に見解を押しつけたり，少数派を圧迫したりした。このことは矛盾しているようにも思われるが，彼らはプロテスタンティズムこそが，アメリカとその自由を支える特別な宗教だと考えていた。プロテスタンティズムを擁護し，宗教的少数派を敵視することはしばしば，迫害や不寛容ではなく，自由の敵からアメリカを守ることとして肯定された。

カトリックとモルモン教徒──自由の敵としての少数派宗教

　自由の敵と目された少数派宗教の代表がカトリックだった。独立時にごくわずかだったアメリカのカトリックは，19世紀以降移民によって急増した。宗教改革以来プロテスタントに引き継がれていた反カトリックはアメリカで反移民感情と結びつき，中央集権的で「専制的」なカトリック教会のもと，信徒が聖職者やローマ教皇の言いなりに投票し，アメリカの自由を脅かすといった陰謀論が深刻に受け止められた。1850年代には反移民・反カトリックを掲げた政党，アメリカン・パーティが国政にも影響を与えた。

　カトリックとプロテスタントは，公教育をめぐって衝突した。19世紀のアメリカでは宗教的に中立な教育を施す公立学校の建設が進んだが，中立性の理解はプロテスタントとカトリックの間で食い違った。プロテスタントは，英訳聖書を読むことは教育に不可欠な道徳の基礎であり，注釈や解説を省いた聖書本

文は真実そのもので中立的と考えた。一方，教会による教導を重視したカトリックにとって，本文だけの聖書を個人に預けて解釈を委ねることはまったく中立的ではなく，あまりにもプロテスタント的で受け入れがたい慣行だった。

　学校問題は多くの場合，多数派プロテスタントの意向に沿って決着されていった。英訳聖書使用に対するカトリックの不満を，プロテスタントは聖書自体への攻撃と見なして反発し，使用維持にこだわった。問題は移民カトリックが集住した都市で深刻化し，1844年にはフィラデルフィアでの暴動の一因ともなった。カトリックは独自の私立学校を建設して問題を回避しようとし，公的資金による助成を求めた。だがそれもまた，国教会樹立への接近であり，宗教の自由を脅かすとして，プロテスタント多数の議会で否定されていった。カトリックへの反感を背景に，19世紀末には宗教系学校への公的資金供与禁止を憲法に書き込もうというブレイン修正条項運動も起こり，連邦レベルでは失敗したものの，いくつかの州憲法には実際に条項が追加された。

　19世紀のプロテスタントが敵視したもうひとつの代表的グループがモルモン教だった。アメリカ生まれの新たなキリスト教の一派，モルモン教は，預言者ジョセフ・スミスの得た啓示に基づき，一夫多妻婚を神聖なものとしていた。モルモン教徒と周囲のプロテスタントとの間の衝突からスミスが殺害されると，モルモン教徒は他の白人がほとんどいなかった現在のユタ州に移住した。1847年，彼らは宗教の自由を享受できる自分たちだけの街，ソルトレイクシティ建設に着手し，やがて一夫多妻婚を公表した。

　だが，連邦政府はモルモン教徒を放ってはおかなかった。19世紀のプロテスタントの間では一夫一婦婚がそれまで以上に神聖視されるようになっており，一夫多妻婚は許しがたい不道徳として嫌悪された。スミスを引き継いだ指導者ブリガム・ヤングは，教会の長とユタ準州の知事を兼ねており，ヤングへの権力集中も「専制」「政教一致」への接近として懸念された。ユタが準州から州に昇格すれば，連邦政府のコントロールを離れたさらなる自治権（州権）が手に入ったはずだが，ユタの州昇格は見送られ続けた。その間，連邦政府は反一夫多妻婚法を次々成立させ，軍を派遣してヤングに知事を辞任させた（ユタ戦争）。1890年，モルモン教会は公式に一夫多妻婚を廃止し，直後に州に昇格したユタは州憲法に重婚禁止を書き込んだ。

　この過程でモルモン教徒は，一夫多妻婚を禁じる法律が憲法修正第一条に保障された宗教の自由を侵害しているとして裁判を起こした（レイノルズ対アメリカ合衆国判決）。しかし，連邦最高裁判所は「良好な秩序」の維持を理由としてその主張を認めず，憲法はモルモン教徒の一夫多妻婚を守らなかった。

奴隷制とキリスト教

　自由を重視したはずの19世紀アメリカのプロテスタントは奴隷制問題に関しても，自由の理念を一貫して追及したとは言い難かった。

　この時代に大きな影響力をふるった福音主義は，一面ではたしかに反奴隷制運動を促進した。福音主義の道徳改革熱は，世界のキリスト教化のために奴隷制を廃止しなければならないと考える活動家を生み出した。また，アフリカ人の奴隷化が，彼らが異教徒だったことでも正当化されていた。ゆえに，国際奴隷貿易停止でアメリカ生まれの奴隷が増加し，福音主義の影響もあいまってそのほとんどがキリスト教徒になると，彼らを奴隷化してもよいのかという疑問も深まったはずだった。

　しかし，奴隷制が社会経済の根幹を支えたアメリカ南部で，福音主義は人種主義と結びつき，奴隷制をキリスト教的社会秩序の一部として肯定するようになっていった。奴隷所有者たちは，アフリカ系の人びとは白人よりも劣っており，彼らを奴隷化し教え導くことがキリスト教的善行であると信じた。牧師たちも，主人に真面目に仕えることがキリスト教徒としての義務であると奴隷に説き聞かせた。ノアの息子ハムの子孫が呪われたという聖書の記述（ノアの呪い）は，その末裔とされたアフリカ系の人びとを奴隷化する根拠として頻繁に参照された。

　アメリカ北部でも，当初支持されたのは奴隷制即時廃止ではなく，所有者の自発的解放により，もと奴隷の自由黒人をアフリカに植民させる運動だった。アフリカ系の人びとの手でアフリカに文明とキリスト教を届けるという夢は，自由黒人自身に共有される場合もあったが，白人以外を排除したアメリカを守ろうとする人種主義と抜きがたく結びついてもいた。

　北部では南北戦争以前から自由黒人によって黒人教会が形成され，奴隷制時代には黒人独自の集まりが禁止されていた南部でも，南北戦争後には黒人教会が広まっていった。現代にまで続くアメリカ黒人プロテスタントの歴史のなか

からは，黒人霊歌やゴスペル音楽のような独自の宗教文化が生まれた。また，黒人教会はコミュニティの中心としても機能し，マーティン・ルーサー・キング・ジュニア牧師を指導者とする20世紀後半の公民権運動につながる伝統を育くんだ。聖書からの引用とともに万人の平等と自由を説いたキングの言葉は，同じ宗教を共有するアメリカ人の心を人種を超えて揺さぶった。

　このように，黒人教会が果たした役割は大きい。だが，人種別の教会という場はそもそも，キリスト教会のなかにすら人種主義が浸透していたからこそ必要とされたものでもあった。アメリカにおける福音主義の興隆は奴隷制の拡大と同時期であり，その少なくとも一部には，人種主義が深く刻み込まれた。また，カトリック修道会が奴隷の所有や売買に携わるなど，アメリカのカトリックも奴隷制と無縁ではなかった。南北戦争を経て奴隷制は廃止されたが，人種主義とキリスト教，そして両者の結びつきは，アメリカに大きな影響をもたらし続けた。

3　帝国化と自由の輸出の20世紀

アメリカ帝国と「異教徒」たち

　19世紀末，米西戦争とフィリピン等海外領土の獲得を大きな転機として，アメリカは世界帝国化の道を歩み，アメリカのプロテスタンティズムと宗教の自由は，国外にそれまで以上の大きな影響を及ぼすようになっていった。

　福音主義の宗教熱はすでに19世紀初頭から宣教団体を生み出しており，宗教の自由と宣教師をアメリカが国外に送り出す動きは始まっていた。たとえば，1853年のペリー来航を端緒に日米間の交流が始まると，日本は新たな布教先として注目され，アメリカ人宣教師も次々来日した。日本人への布教が違法だった期間も彼らは非公式に活動し，西欧諸国の圧力の下，日本は不平等条約撤廃を進めるなかでキリスト教を解禁した。

　さらに，アメリカは入植者たちの先住民制圧を経て成立した国家であり，布教の対象たる「異教徒」は，ヨーロッパ人到来のはるか以前から，やがてアメリカとなる土地に居住していた。入植者が土地を奪って入植地を拡大するにつれてネイティヴ・アメリカンの力は失われ，政府は彼らの伝統儀礼や神聖なダ

ンスを禁止したり，親から子どもを引き離してインディアン寄宿学校に集め，文明とキリスト教を教えこむようになった。北米におけるネイティヴ・アメリカンのキリスト教化は，スペインやフランスのカトリックがイギリス人プロテスタント以前に開始しており，プロテスタント諸教派に加えカトリック教会もこの過程に深く関わった。

　ネイティヴ・アメリカンの伝統と宗教生活を破壊する政策は，彼らが宗教をもたないとされたために，長らく問題視されなかった。多くのアメリカ人にとって，宗教はキリスト教によって代表されていた。聖典，体系化された教義，教会組織などを欠いたネイティヴ・アメリカンの宗教性はそれと大きく異なっており，宗教として尊重されるに値しない迷信や野蛮な習俗と見なされた。ネイティヴ・アメリカンはしばしば聖地も失ったが，聖書の言葉を宗教の根源とするキリスト教徒にその重要性は理解されにくかった。ネイティヴ・アメリカンは，アメリカが誇った宗教の自由の保護の埒外に置かれたのだ。

　多くのネイティヴ・アメリカンはキリスト教を自らの宗教としていったが，禁止された儀礼やダンスを宗教として提示し，自由な実践を回復しようという動きも進められた。1978年までかかったものの，アメリカ・インディアン宗教自由法が成立し，聖地へのアクセスや伝統儀礼を含む宗教実践が保護されることが明言された。とはいえこの法律に強制力はなく，その後の法改正によって保護強化はなされたものの，聖地問題の多くは未解決である。

宗教の自由外交の展開

　アメリカ国外でも宗教の自由を普遍的に実現しようという動きは，20世紀半ば以降いっそう目立つようになった。全体主義国家や，反宗教をイデオロギーの一部とした共産主義国家において，宗教は国家管理され，宗教の自由が制限された。これらの国家に対抗する過程，とりわけソ連との間の冷戦のなか，宗教の自由の国家としてのアメリカ像が強化され，アメリカ政府はそれを国際社会に向けてアピールした。1941年，ヨーロッパで勃発した第二次世界大戦への関与を主張したフランクリン・D・ローズヴェルト大統領は，守るべき4つの自由を掲げ，その2番目に礼拝の自由（freedom of worship）を数えた。1945年に日米間の戦争がアメリカ勝利で終わると，アメリカを中心としたGHQの指

導の下，日本の「国家神道」を解体し，宗教の自由を保護するための法整備が
進められた。アメリカの宗教の自由は日本にも直接的影響を与えたのだ。

　アメリカの影響下での日本の変化は，第二次世界大戦後，国際連合とその機
関を母体に，宗教の自由が基本的人権の一部として国際的に保護されていく過
程と軌を一にするものだった。宗教の自由は1948年の世界人権宣言，1966年の
国際人権規約に書き込まれ，1981年には「宗教又は信念に基づくすべての不寛
容及び差別の撤廃に関する宣言」が出された。これらの動きにおいて，国際連
合の中核国でもあるアメリカは，保護拡大を牽引した。

　アメリカの宗教の自由外交は，冷戦終結後，アメリカが世界唯一の超大国と
呼ばれるようになった1990年代にいっそう強化された。1993年には1月16日が
全国宗教の自由の日とされ，1998年には国際的宗教の自由法の下，世界各国の
宗教の自由の動向を調査するアメリカ合衆国宗教の自由委員会が設けられた。
宗教の自由の促進は，アメリカが世界に対してふるう力の道義的支えとなり，21
世紀の外交においても役割を果たしている。

ユダヤ・キリスト教のアメリカ

　アメリカが宗教の自由国家としての像を国際社会にアピールするようになっ
たのは，国内におけるプロテスタントの一強状態が揺らぎ，新たな「ユダヤ・
キリスト教」のアメリカという理解が生み出された時期でもあった。移民の世
代交代とアメリカ化が進み，カトリックとユダヤ教徒の多くがアメリカ生まれ
の2世，3世となった。一方のプロテスタントは，近代的学問成果を受容した
リベラル派と，それらを拒否した原理主義者ら保守派の間で分裂し，相対的に
影響力を落とした。プロテスタントの主流派となったリベラル派は，他宗派・
宗教に対する歩み寄りに積極的だった。

　これらの変化の下，ユダヤ・キリスト教という言葉は，すべてのアメリカ人
を包摂することのできる，宗教とほぼ同じ意味をもつ言葉として，アメリカの
ナショナリズムに取り込まれていった。1952年，次期大統領に選出されていた
ドワイト・D・アイゼンハワーは，「我々のような形態の政府は深い実感を伴
う宗教的信仰の上に建てられていない限り意味をなさない，そして私はそれが
何であれかまわない」と述べ，アメリカでそれは「ユダヤ・キリスト教の概念」

であると加えた。1960年大統領選挙ではケネディが勝利し，史上初のカトリックの米大統領が誕生した。1967年，社会学者ロバート・ベラーは，アメリカの市民宗教を論じ，アメリカ人のほとんどが共有するユダヤ・キリスト教に根ざした諸概念が，アメリカの政治において大きな役割を果たしていると指摘した。

　ユダヤ・キリスト教国としてのアメリカ論はたしかに，プロテスタントのみをアメリカの宗教と同一視する言説とは一線を画すものだったが，さまざまな限界をも備えていた。この概念は少数ながらアメリカに暮らしていた，非ユダヤ・キリスト教の宗教者を排除していた。また，反共イデオロギーが強化されるなか，共産主義者と無神論者は同一視され，宗教を否定したり，懐疑的であったりする者への社会的風当たりは強かった。さらに，ユダヤ・キリスト教を構成する宗教のうち，プロテスタントの優位は維持された。

　この概念の成立期である20世紀半ばに，アメリカの人種主義が公然と存続していたことにも注意すべきだ。移民カトリックやユダヤ教徒は多くがヨーロッパ出身者で，2世，3世は白人としてWASP（イギリス系白人プロテスタント）中心のアメリカに溶けこんでいった。アジア系移民は1965年の法改正まで差別され続けた。アフリカ系の人びとの自由はあらゆる面で制限され続け，状況の改善には公民権運動が必要だった。成立期のユダヤ・キリスト教のアメリカは多分に，黒人やアジア人を排除した白人のアメリカだったのである。

　第一次世界大戦後に活性化した第二次クー・クラックス・クラン（KKK）は，白人であることに加えアメリカ生まれでプロテスタントであることも重視し，黒人だけでなく移民や非プロテスタントも排撃対象とした。シンボルには十字架を取り入れ，夜間炎の十字架を立てる儀式を行って少数者を威圧した。

4　20世紀後半の世俗化と宗教右派

連邦最高裁判所のさまざまな判決

　20世紀半ば，連邦最高裁判所を頂点とした司法制度のなかでは，公的空間を脱宗教化（世俗化）する判決が積み重ねられた。憲法修正第1条は厳格な政教分離を定めているとの解釈が強まり，ジェファソンの書簡にあった国家と教会の「分離の壁」の語が参照された。これらの判決は諸宗教間の立場をより平等

炎の十字架を立てる KKK（1921年）。

にしたが，それは多数派宗教であるキリスト教，特にプロテスタンティズムが，それまで暗黙のうちに占めていた特権的地位を失うことでもあった。

変化の影響を大きく受けたのは，公立学校での宗教教育だった。カトリックらの反対にも関わらず，公立学校での聖書の使用は20世紀半ばまで多くの地域で継続されていた。また，教員の指導のもと集団で神に祈りをささげることも行われ，これらを法律で定めていた州もあった。だが，1962年（エンゲル対ヴァイターリ判決）と1963年（ペンシルバニア州アビントンタウンシップ学区対シェンプ判決）の連邦最高裁判所は，憲法修正第1条を根拠にこれらの慣行を違憲とした。

さらに，1973年には人工妊娠中絶が全米で合法化され（ロー対ウェイド判決），反対運動の中核的存在だったキリスト教徒たちに衝撃を与えた。彼らにとって，生殖コントロールは性と生殖とを切り離す不道徳であり，人工妊娠中絶は殺人と見なされた。合法化の根拠となったのは憲法修正第1条ではなく，修正第14条が保護するプライバシー権だったが，この判決は21世紀アメリカの宗教の自由の問題に大きく影響していくことになる。

1960年代以降は司法の外でもさまざまな変化が急速に起こった。これをリベラルな変化として肯定的に捉えた人ももちろんいたが，古き良きキリスト教道徳への反逆と見なし嫌う，保守的で宗教的な人も多かった。アメリカは保守と

リベラルの価値観に割れ，1990年代からは文化戦争という言葉も使われるように
なった。

宗教右派とキリスト教国論

　21世紀の現在，憲法修正第1条の理解は，20世紀後半の厳格な政教分離とは
異なる，国家と教会の協力を重視するものに変化している。その背景にあるの
は，保守的宗教者たちが公的空間に参入し文化戦争を戦い始めたことである。
彼らは政治にも積極的に関与するようになり，宗教右派が共和党の支持層とし
て注目されるようになった。

　宗教右派の中核を占めるのは**福音派**（エヴァンジェリカルズ）のプロテスタン
トたちだ。福音派はさまざまな問題の解決策として個人的な悔い改めの必要を
強調し，当初は布教と慈善に熱心でも政治活動では目立たなかった。だが1970
年代には有力福音派リーダーらがロビー団体をつくり，福音派の枠を超え，カ
トリックやモルモン教徒，ユダヤ教徒を含む宗教右派を政治的に結集させた。
宗教右派は1980年大統領選挙におけるレーガンの勝利に貢献し，以降共和党の
候補者が大統領になれるかどうかは，宗教右派の票をしっかりと固められるか
どうかに大きく依拠するようになったといわれる。

　宗教右派は公的空間への宗教の影響を拡大し，アメリカを宗教的にただすこ
とを目標としている。またその際，ユダヤ・キリスト教，分けてもプロテスタ
ンティズムが暗黙裡に宗教そのものと見なされがちだ。公立学校での祈りと聖
書の回復，人工妊娠中絶の再禁止を強く求めるほか，同性婚やトランスジェン
ダーの権利運動に反対するなど，性，結婚，家族の多様性に否定的だ。イスラ
エルの建国を聖書に記された終末預言の成就と見なすキリスト教シオニズムの
もと，外交問題に関してはイスラエル支持が強い。

　宗教右派の政治的主張はしばしば，かつてのアメリカが保持したユダヤ・キ
リスト教の伝統を回復するべきだという，過去の理想視とともに語られる。そ
して福音派の間では，アメリカはそもそもキリスト教国として建国され，歴史
文書からそれが確かめられるというキリスト教国論も支持されている。歴史研
究の専門家は，独立宣言や憲法を根拠にアメリカをキリスト教国と論じること
は無理があり，そうした議論は歴史を歪める修正主義だと批判している。だが，

失われた黄金期を回復せよとの呼びかけは，学問的正確さとは無関係に人気を
保っている。アメリカ建国は奴隷制や先住民虐殺と不可分の関係にあるが，建
国を美化するキリスト教国論はこうした歴史の負の側面に目を向けることが少
なく，白人至上主義との結びつきも指摘される。

宗教右派と宗教の自由

　アメリカをキリスト教国とする現代福音派の議論は，アメリカの宗教の自由
を否定するようにも思われるが，彼らはむしろ自分たちこそが宗教の自由のた
めに戦っていると主張している。20世紀の厳格な政教分離は，反宗教的な人間
中心主義（ヒューマニズム）を反映しており，少数派となった宗教者を抑圧して
いるというのだ。特に21世紀に入って，宗教右派が訴訟を起こし，宗教の自由
のより強力な保護を求める様子が目立つ。そのうちの何件かは連邦最高裁判所
で勝利しており，判例となって後世に長く影響することが見込まれている。

　たとえば，オバマ政権下の医療保険制度改革で，従業員向けの企業保険に避
妊を含めることが義務づけられると，福音派の経営者が宗教を理由に保険提供
を拒む訴訟を起こし，2014年に勝訴した（バーウェル対ホビーロビー社判決）。こ
のほか，宗教的な医療従事者が避妊や人工妊娠中絶への関与を拒否することに
ついては，さまざまなかたちで保護が拡大される傾向にある。また，福音派の
ケーキ店主が自分の宗教を理由に同性婚のウェディングケーキ製作を断ったこ
とで起こった訴訟も，2018年にケーキ店主側の主張を認めるかたちで決着した
（マスターピースケーキ店対コロラド州公民権委員会判決）。2015年前後，同性婚合
法化がもはや避けられないとみられるようになった時期には，宗教の自由をよ
り強力に守るための「宗教の自由回復法」がインディアナなど複数の州で相次
いで成立した。この動きは共和党の保守的政治家によって主導されており，同
性カップルへの差別的扱いを合法化するための法的準備であることが指摘され
た。

　さらに，宗教系慈善団体に対する公的資金供与はかつて政教分離違反と見な
されていたが，近年では宗教系を非宗教系と平等に扱うことが憲法修正第1条
の適切な理解であると考えられるようになった。宗教系学校への公的資金供与
は19世紀以来特に強く忌避されてきたが，2020年（エスピノーザ対モンタナ州歳

入局判決），2022年（カーソン対メイキン判決）には，宗教系学校を非宗教系学校と同様に扱うべしとの判決が積み重なった。各州が制定したブレイン修正条項はまだ違憲とされていないものの，その有効性はほぼ失われている。

　法律が違憲か合憲かを最終的に判断するのは連邦最高裁判所の9名の判事たちだが，トランプ政権の4年間に3名もが入れ替わり，その顔触れは保守化した。2022年の最高裁は宗教右派の悲願だった人工妊娠中絶の全面禁止を認め，（ドブス対ジャクソン女性健康機構判決）彼らが求める宗教の自由も，今後さらに強力に保護されるだろう。既に2022年の最高裁では，公立学校の福音派フットボールコーチが，選手らとともにフィールド上で神に祈りをささげることが合憲と認められた（ケネディ対ブレマートン学区判決）。この判決は，公立学校での祈り全般を復活させたい宗教右派から歓迎された。

5　21世紀の宗教の自由

　トランプが，「ハッピー・ホリデーズ」を避けてあえてメリー・クリスマスを唱えた背景にあったのは，アメリカがキリスト教国なのかどうかをめぐる議論だった。トランプは宗教右派の中でも白人福音派の強い支持を受けて2016年大統領選に勝利しており，以後4年間その期待を裏切らない言動を続けた。メリー・クリスマスの強調は，アメリカがキリスト教国たることを求める支持層に対するトランプの政治的アピールに他ならない。トランプは選挙戦の最中から宗教の自由の擁護も強調したが，それもやはり，支持層である宗教右派が，宗教の自由を強く訴えているという状況をふまえてのことだった。

　宗教の自由のような一見して中立的な概念が，特定陣営にのみ結びつけられる状況は奇妙にも思われる。だが本章で見てきたように，歴史を振り返るにつけても，この概念は決して不偏不党のものとはいえなかった。アメリカの歴史上，宗教の自由が少数派によって主張され，少数派を守った場合ももちろんあった。だが自由の国アメリカの根幹たる宗教の自由は，多数派宗教であるプロテスタンティズムと深く結びつき，しばしばその優位とアメリカ国家のパワー，そしてそこに染みついた人種主義を維持強化する役割を果たしてきた。

　宗教の自由が党派対立の具となるような昨今のアメリカの状況を前に，市民宗教の再生こそが乗り越えの道であるとの主張もみられる。本章でも紹介したベラーの市民宗教概念は，アメリカがまったくの世俗的国家でも，特定宗教のみが力をもつ不寛容な国家でもない独特の方法で統一を果たしていることを論じた。だが，現状を振り返るに，そこにはいくつかの困難が存在するだろう。

　困難の要因として第一に挙げられるのが，非ユダヤ・キリスト教徒の増加である。特に2010年代に入ってからは無宗教者の急増が顕著で，2015年発表のピューリサーチセンターの調査では人口の23％という歴史的に高い数値が出た。こうした状況のなか，宗教の自由はますます，一部の宗教者を特権的に扱うためのものとして機能しかねない。市民「宗教」が役割を果たし続けるためには，ユダヤ・キリスト教を宗教そのものと同一視するかのような前提は変更を迫られるだろう。

　第二には，市民宗教の中に人種主義がどの程度深く組み込まれているのかの再検証が必要だろう。2020年にブラック・ライヴズ・マターが再度盛り上がった際には，両者のかかわりの再考を促すようなトランプの行動が注目を集めた。首都ワシントンで大規模デモや放火・略奪までもが起こった末の6月1日，トランプはホワイトハウス庭先の記者会見で騒擾を批判した後，近隣のプロテスタント教会まで歩いて行ってその前に立ち，聖書を掲げ，引き連れた報道陣にその写真を撮らせた。直前には警察が催涙弾を用いて出動し，ホワイトハウス周辺にいた平和的デモ参加者を，理由を告げることもないまま強制的に解散させていた。

　トランプの行動は，偏狭で人種主義的なキリスト教ナショナリズムの顕れに過ぎないものだったのだろうか。それともこれこそがアメリカの法と秩序の回復であり，市民宗教の発現だったのだろうか。2020年選挙においてトランプは敗北したが，多様な人種的・宗教的背景をもつ人びとの共存は，異なる大統領の下でも容易に答えの出ない問いとして残り続けている。宗教の自由は今後もアメリカにおいて尊重され続けるだろう。だが，それがよりよき社会の実現という課題に対して，正負どちらの影響をより多くもたらすかは不透明に思われる。

佐藤清子

注

(1)　1791年の憲法修正第１条の制定は，アメリカ合衆国の政教分離をなしたと一般的に理解される。ただし，憲法上明記されたのは，国教会樹立禁止（国教会条項）と，宗教の自由な実践を妨げることの禁止（自由実践条項）で，「政教分離」の語それ自体は含まれていない。また，政教分離と訳される英語は separation of church and state であって，教会組織（宗教団体）と国家機関の分離が意味の中心をなす。解釈に幅はあるものの，アメリカ型政教分離のもとでは，政府による宗教団体や個人への特権付与や宗教差別・迫害が禁じられる。同時に，キング牧師の公民権運動から宗教右派の反人工妊娠中絶運動まで，宗教的価値観に基づく市民の政治運動は，アメリカ史上活発にみられるものである。

(2)　福音主義は，18世紀半ばの信仰復興運動（リバイバル）を端緒に，イギリスから北米植民地にも広まったプロテスタンティズムの一形態である。罪にまみれた自分がキリストに救われたことを経験として実感する「回心」を重視し，燃え立つ信仰心をエネルギーに生活を道徳的に律し，世界のキリスト教化に勤しむことをよしとする。福音主義が広範な熱狂をもたらした現象は歴史家によって「環大西洋リバイバル」や「大覚醒」と呼ばれ，アメリカでは独立後から19世紀初頭に第二の大覚醒が訪れたといわれる。

(3)　福音派は19世紀の福音主義を引き継ぐが，20世紀初頭の神学的リベラル─保守分裂を経て，保守派の系統から誕生した。リベラル神学が強調しなくなった，キリストの贖罪による救い，無謬の真理としての聖書信仰，聖霊による「生まれなおし（ボーン・アゲイン）」体験などを重視する。20世紀半ば以降，福音派はアメリカの覇権を背景に世界宣教を進め，ラジオやテレビなどの最新メディアも積極的に活用して影響を強めた。福音派はひとつの組織にまとまっているわけではなく，その内実は多様な個人である。宗教右派としての活動は目立つものの，宗教左派ともいうべきリベラルな価値観を持つ福音派も少なからず存在する。

(4)　1973年，合衆国連邦最高裁判所は，各州が州内の人工妊娠中絶を全面的に禁止することは憲法違反との判決を出した（ロー対ウェイド判決）。ただし，判決は各州が人工妊娠中絶に妊娠週数などを基準とした制限を付すことを禁じるものではなかった。プロライフ（生命擁護・人工妊娠中絶反対）派は，以来約半世紀の間，基準の厳格化を求める運動などを行いつつ，最終的にはロー判決を覆すことを目標に活動を続けた。2022年のドブス判決はその悲願の達成であり，各州は州内の人工妊娠中絶を全面禁止することもできるようになった。プロチョイス（選択擁護，人工妊娠中絶容認）派が有力な州では今後も引き続き，人工妊娠中絶は合法な選択肢として維持されるだろう。一方，プロライフ派が有力な州のいくつかでは，早くも2022年中に人工妊娠中絶の全面禁止が実現した。最終的には全米50州のうち約半分が全面禁止を法制化すると見込まれている。

―――――― さらに考えるために ――――――

スティーヴ・マックイーン監督『それでも夜は明ける』2013年
原作となったのは，12年間の奴隷生活を送った実在の人物ソロモン・ノーサップの半生記，*Twelve Years a Slave*（1853年。日本語訳は『12イヤーズ・ア・スレーブ』小岩雅美訳，花泉社，2014年）。奴隷制を描いた映画だが，奴隷制社会の中のキリスト教の役割にも注意を払ったつくりとなっているので，そうした観点からも視聴してみてほしい。なお，作品中暴力的な描写があるので，苦手な人にはお勧めしない。

マクレーン・ウェイ／チャップマン・ウェイ監督『ワイルド・ワイルド・カントリー』（Netflix，2018年）
1980年代のオレゴン州の田舎に，インド人宗教者ラジニーシを中心とするコミュニティが建設された。その拡大は周辺住民との軋轢を生み，コミュニティの「自衛」は，組織的犯罪にまでエスカレートした。作品はさまざまな資料と関係者インタビューを用いて，当時の事件の顛末に迫る。犯罪行為は許されないが，外国人を含む新宗教コミュニティへの差別的視線があったこともよくわかる。アメリカの宗教の自由の難しさを存分に見せてくれる作品。

ジョエル・エドガートン監督『ある少年の告白』2018年
ギャラード・コンリーの回顧録（2017年）に基づく映画。同性愛を否定する牧師夫妻のもとに生まれ，矯正施設に入所した経験を描く。矯正施設に対する批判が作品の大きなメッセージだが，この章とのかかわりでは，保守的な宗教者が同性愛をどのように理解しているか，そしてそのことが個人の人生にどのような困難を引き起こし得るかに特に着目してほしい。アメリカの文化戦争がいまを生きる人びとの問題として見えてくる作品。

読書案内

相川裕亮『ビリー・グラハムと「神の下の国家」アメリカ』新教出版社，2022年。
ベラー，R. N.（河合秀和訳）「アメリカの市民宗教」『社会変革と宗教倫理』未来社，1973年，343-375頁。
藤本龍児『アメリカの公共宗教――多元社会における精神性』NTT出版，2009年。
Gaston, K. Healan. *Imagining Judeo-Christian America : Religion, Secularism, and the Redefinition of Democracy*. Chicago and London : University of Chicago Press, 2019.
Gorski, Philip. *American Covenant : A History of Civil Religion from the Puritans to the Present*. Princeton and Oxford : Princeton University Press, 2017.

Green, Steven K. *Inventing a Christian America : The Myth of the Religious Founding*. Oxford ; New York : Oxford University Press, 2015.

Hamburger, Philip. *Separation of Church and State*. Cambridge, MA : Harvard University Press, 2002.

堀内一史『アメリカと宗教──保守化と政治化のゆくえ』中央公論新社，2010年。

黒﨑真『アメリカ黒人とキリスト教──葛藤の歴史とスピリチュアリティの諸相』神田外語大学出版局，2015年。

松本佐保『アメリカを動かす宗教ナショナリズム』筑摩書房，2021年。

森本あんり『不寛容論──アメリカが生んだ「共存」の哲学』新潮社，2020年。

ヌスバウム，マーサ（河野哲也，木原弘行，齋藤瞳，圓増文，石田京子，花形恵梨子，鈴木正彦，宮原優訳）『良心の自由──アメリカの宗教的平等の伝統』慶應義塾大学出版会，2011年。

大西直樹，千葉真編『歴史のなかの政教分離──英米におけるその起源と展開』彩流社，2006年。

佐藤清子「現代合衆国における歴史認識と信教の自由理解─キリスト教国論をめぐって」『東京大学宗教学年報』34号，2017年，45-60頁。

Su, Anna. *Exporting Freedom : Religious Liberty and American Power*. Cambridge, MA ; London, England : Harvard University Press, 2016.

Thomas, Jolyon Baraka. *Faking Liberties : Religious Freedom in American-Occupied Japan*. Chicago and London : University of Chicago Press, 2019.

トーマス，ジョリオン「「宗教の自由」をめぐるアメリカの分断状況──国内の論争と外交政策」池澤優編『政治化する宗教，宗教化する政治』岩波書店，2018年，165-182頁。

Turek, Lauren Frances. *To Bring the Good News to All Nations : Evangelical Influence on Human Rights and U. S. Foreign Relations*. Ithaca, New York : Cornell University Press, 2020.

内田綾子『アメリカ先住民の現代史──歴史的記憶と文化継承』名古屋大学出版会，2008年。

Wenger, Tisa Joy. *Religious Freedom : The Contested History of an American Ideal*. Chapel Hill : The University of North Carolina Press, 2017.

Wenger, Tisa Joy. *We Have a Religion : The 1920 s Pueblo Indian Dance Controversy and American Religious Freedom*. Chapel Hill : University of North Carolina Press, 2009.

Whitehead, Andrew L., and Samuel L. Perry. *Taking America Back for God : Christian Nationalism in the United States*. New York, NY : Oxford University Press, 2020.

Yukich, Grace, and Penny Edgell, eds. *Religion is Raced : Understanding American Religion in the Twenty-First Century*. New York : NYU Press, 2020.

人名索引

事 項 索 引

《**執筆者紹介**》執筆順　＊は編著者

村田勝幸（むらた・かつゆき）第1章

2000年　東京大学大学院総合文化研究科地域文化研究専攻博士課程修了
2003年　博士（学術，東京大学）
現　在　北海道大学大学院文学研究院教授
著　書　"Solidarity Based Not on Sameness : Aspects of the Black-Palestine Connection," *The Japanese Journal of American Studies,* 28（June 2017）: 25-46.
　　　　『アフリカ・ディアスポラのニューヨーク——多様性が生み出す人種連帯のかたち』彩流社，2012年
　　　　『〈アメリカ人〉の境界とラティーノ・エスニシティ——「非合法移民問題」の社会文化史』東京大学出版会，2007年

＊松原宏之（まつばら・ひろゆき）第2章，はしがき

※編著者紹介欄参照

三牧聖子（みまき・せいこ）第3章

2012年　博士（学術，東京大学）
現　在　同志社大学大学院グローバル・スタディーズ研究科准教授
著　書　『E. H. カーを読む』（共編著）ナカニシヤ出版，2022年
　　　　"Law Against Empire, or Law for Empire? - American Imagination and the International Legal Order in the Twentieth Century, *The Journal of Imperial and Commonwealth History* 49（3），2021
　　　　『戦争違法化運動の時代』名古屋大学出版会，2014年

鈴木　透（すずき・とおる）第4章

1992年　慶應義塾大学大学院文学研究科博士課程修了
現　在　慶応義塾大学法学部教授
著　書　『食の実験場アメリカ——ファーストフード帝国のゆくえ』中公新書，2019年
　　　　『スポーツ国家アメリカ——民主主義と巨大ビジネスのはざまで』中公新書，2018年
　　　　『実験国家アメリカの履歴書——社会・文化・歴史にみる統合と多元化の軌跡』（第2版）慶應義塾大学出版会，2016

＊藤永康政（ふじなが・やすまさ）第5章，はしがき

※編著者紹介欄参照

南川文里（みなみかわ・ふみのり）第6章

2001年　一橋大学大学院社会学研究科博士後期課程単位取得退学
2006年　博士（社会学，一橋大学）
現　在　同志社大学大学院グローバル・スタディーズ研究科教授
著　書　『アメリカ多文化社会論［新版］——「多からなる一」の系譜と現在』法律文化社，2022年
　　　　『未完の多文化主義——アメリカにおける人種，国家，多様性』東京大学出版会，2021年

『「日系アメリカ人」の歴史社会学——エスニシティ，人種，ナショナリズム』彩流社，2007年

高内悠貴（たかうち・ゆき）第7章

2021年　博士（歴史学，イリノイ大学アーバナ・シャンペーン校）
現　在　弘前大学人文社会科学部助教
著　書　「都市からの脱出——1970年代のゲイ解放運動における入植者植民主義の問題」『アメリカ史研究』42，2019年

庄司　香（しょうじ・かおり）第8章

2013年　博士（政治学，コロンビア大学）
現　在　学習院大学法学部政治学科教授
著　書　*Mixed-Member Electoral Systems in Constitutional Context : Taiwan, Japan, and Beyond*（共著）University of Michigan Press, 2016
　　　　『現代アメリカ——日米比較のなかで読む（ワードマップ）』（共著）新曜社，2014年

野村奈央（のむら・なお）第9章

2013年　東京大学大学院総合文化研究科地域文化研究専攻博士課程単位取得満期退学
現　在　埼玉大学人文社会科学研究科准教授
著　書　"Consumption in Practice : Gift-giving as Mutual Aid in Amish Direct Homes Sales." *NANO : New American Notes Online*, July 2017.
　　　　『日本人と日系人の物語——会話分析・ナラティヴ・語られる歴史』（共著）瀬織書房，2016年
　　　　Nomura, Nao, and Janneken Smucker. "From Fibers to Fieldwork : A Multifaceted Approach to Re-examining Amish Quilts." *Uncoverings* 27, 2006.

佐久間由梨（さくま・ゆり）第10章

2011年　博士（英文学，ウィスコンシン大学マディソン校）
現　在　早稲田大学教育学部英語英文学科教授
著　書　『ハーレム・ルネサンス——〈ニュー・ニグロ〉の文化社会批評』（共著）明石書房，2021年
　　　　「ブラック・ライヴズ・マター時代のジャズ——クリスチャン・スコット・アトゥンデ・アジュアとテリ・リン・キャリントンの即興実践」『現代思想　臨時増刊号　Black Lives Matter』青土社，2020年
　　　　「"From Freezing to Hot to Cool"『ジャズ』におけるジャズと暴力」『ユリイカ——特集トニ・モリスン』青土社，2019年

土屋和代（つちや・かずよ）第11章

2008年　カリフォルニア大学サンディエゴ校歴史学研究科博士課程修了
　　　　博士（歴史学，カリフォルニア大学サンディエゴ校）
現　在　東京大学大学院総合文化研究科地域文化研究専攻准教授
著　書　『私たちが声を上げるとき——アメリカを変えた10の問い』（共著）集英社新書，2022年

『自由と解放を求める人びと──アメリカ黒人の闘争と多面的な連携の歴史』（共著）彩流社，2021年

Reinventing Citizenship : Black Los Angeles, Korean Kawasaki, and Community Participation. University of Minnesota Press, 2014

佐藤清子 （さとう・せいこ）**第12章**

2014年　東京大学大学院人文社会系研究科博士課程単位取得満期退学

2017年　博士（文学，東京大学）

現　在　東京大学文学部・人文社会系研究科助教

著　書　「2020年のアメリカにおける宗教──コロナ・BLM・大統領選と信教の自由」『現代宗教2021』2021年

「アメリカの「伝統」の新たな挑戦──多様な宗教・非宗教の共存」藤原聖子編『世俗化後のグローバル宗教事情』（いま宗教に向きあう３）岩波書店，2018年

「信教の自由の下の宗教・宗派間対立──内外キリスト教連合とアンテベラム期合衆国の反カトリシズム」『史潮』82，2017年

《編著者紹介》

藤永康政（ふじなが・やすまさ）

1999年　東京大学大学院総合文化研究科地域文化研究専攻博士課程単位取得退学
現　在　日本女子大学文学部教授
著　書　『ブラック・ライヴズ・マター運動誕生の歴史』バーバラ・ランスビー（訳）彩流社, 2022年
　　　　『「ヘイト」の時代のアメリカ史——人種・民族・国籍を考える』（共著）彩流社, 2017年
　　　　『越境する1960年代——米国・日本・西欧の国際比較』（共著）彩流社, 2012年

松原宏之（まつばら・ひろゆき）

2001年　カリフォルニア大学サンタクルーズ校大学院歴史学研究科博士課程修了
2005年　博士（歴史学, カリフォルニア大学サンタクルーズ校）
現　在　立教大学文学部教授
著　書　「アメリカ革命後・市場革命下の〈救貧〉運動——19世紀前半ニューヨークの人間と社会」
　　　　『歴史学研究』第1007号（2021年3月）：10-19頁
　　　　「カルチュラル・ターン後の歴史学と叙述」歴史学研究会編『新自由主義時代の歴史学（第
　　　　四次現代歴史学の成果と課題1）』績文堂出版, 2017年
　　　　『虫喰う近代——1910年代社会衛生運動とアメリカの政治文化』ナカニシヤ出版, 2013年

「いま」を考えるアメリカ史

2022年9月30日　初版第1刷発行　　　　　　　　〈検印省略〉

定価はカバーに
表示しています

編　著　者　　藤　永　康　政
　　　　　　　松　原　宏　之
発　行　者　　杉　田　啓　三
印　刷　者　　藤　森　英　夫

発行所　株式会社　ミネルヴァ書房
607-8494　京都市山科区日ノ岡堤谷町1
電話代表　（075）581-5191
振替口座　01020-0-8076

©藤永, 松原ほか, 2022　　　　　　亜細亜印刷・藤沢製本

ISBN978-4-623-09444-8
Printed in Japan

梅崎透／坂下史子／宮田伊知郎 編著
よくわかるアメリカの歴史
B5・202頁
本体2,800円

巽孝之／宇沢美子 編著
よくわかるアメリカ文化史
B5・244頁
本体2,500円

和田光弘 編著
大学で学ぶアメリカ史
A5・344頁
本体3,000円

河崎信樹／河音琢郎／藤木剛康 編著
現代アメリカ政治経済入門
A5・290頁
本体2,800円

アミタフ・アチャリア 著　芦澤久仁子 訳
アメリカ世界秩序の終焉
四六・312頁
本体3,500円

冨田晃正 著
いまアメリカの通商政策に何が起こっているのか？
A5・304頁
本体7,000円

阿川尚之 著
どのアメリカ？
四六・272頁
本体2,600円

青野利彦／倉科一希／宮田伊知郎 編著
現代アメリカ政治外交史
A5・396頁
本体3,200円

アラン・テイラー 著　橋川健竜 訳
先住民 vs. 帝国　興亡のアメリカ史
四六・232頁
本体2,800円

笹田直人／野田研一／山里勝己 編著
アメリカ文化　55のキーワード
A5・298頁
本体2,500円

――――――― ミネルヴァ書房 ―――――――
https://www.minervashobo.co.jp/